Pythonによる
経済・経営分析のための
データサイエンス

分析の基礎から因果推論まで

原泰史 著

東京図書

◆本書では，Python 3.x 系および Google Colaboratory, Jupyter Lab, Jupyter Notebook を使用しています.

これらのプロダクトに関する URL：

Project Jupyter

https://jupyter.org/about

Python.org:

https://www.python.org/

Google Colaboratory:

https://colab.research.google.com/notebooks/welcome.ipynb?hl=ja

◎この本で扱っているサンプルデータおよび Notebook は, 東京図書 Web ページ (http://www.tokyo-tosho.co.jp) および筆者ホームページ (https://sites.google.com/view/yasushihara/, https://bit.ly/YHARA) から，ダウンロードすることができます。

まえがき

「データサイエンス」の先には、データを活用しビジネスや経済行動を日々ダイナミックに変化させる未来が待っています。本書の目的は、経済学や経営学のフレームワークを用いたデータ分析に関心のある読者が、日々の勉強や研究、仕事の中でデータを活用する手助けをすることです。そのため、本書ではプログラミング言語 Python を用いた分析手法について、その実行環境の構築からデータの取得および整理、基礎的な統計的分析の手法から、最近注目されつつある機械学習や因果推論の技法まで、包括的かつ具体的なコーディング方法に基づき紹介します。具体的には、(1.) Web サイトやデータベースからデータを取り出す方法、(2.) 入手したデータを分析可能な形式に整形する方法、(3.) 基礎統計や回帰分析などの統計処理を行う方法、(4.) 機械学習や因果推論、テキスト分析などを行う方法それぞれについて体系的に説明します。また、本書の特色として、Python によるコーディング時に起こる様々な疑問を解決する “困ったときの逆引き事典” が挙げられます。Python の基本的な利用方法、エラーメッセージが出た場合の対処方法、新しいパッケージを導入する方法などについても解説します。

本書の執筆にあたっては、多くの皆さんに励ましやコメントを頂きました。この場を借りて感謝をお伝え出来ればと思います; Andreas Pyka さん (University of Hohenheim)、Horst Hanusch さん (University of Augsburg)、Philippe Gorry さん (University of Bordeaux)、Sunil Mani さん (Centre for Development Studies)、Sébastien Lechevalier さん (École des hautes études en sciences sociales)、 Tang Wang さん (University of Central Florida)、工藤順一さん (Nakagawa Special Steel Vietnam Inc.)、岡室博之さん (一橋大学)、加藤雅俊さん (関西学院大学)、外木暁幸さん (東洋大学)、外木好美さん (立正大学)、岸川大樹さん (トヨタ自動車)、末角雄大さん (一橋大学)、伊倉康太さん (一橋大学)、土肥淳子さん (クラスメソッド株式会社)、新田隆司さん (一橋大学)、吉岡 (小林) 徹さん (一橋大学)、玉田俊平太さん (関西学院大学)、隅蔵康一さん (政策研究大学院大学)、軽部大さん (一橋大学)、古藤真規子さん (一橋大学)、黒田昌裕さん (慶應義塾大学)、今川智美さん (ビジネス・ブレークスルー大学)、山口翔太郎さん (University of Maryland)、児玉耕太さん (立命館大学)、小林永典さん (株式会社コプレック)、小泉周さん (自然科学研究機構)、松岡憲司さん (龍谷大学)、松浦寿幸さん (慶應義塾大学)、星野雄介さん (武蔵野大学)、清水洋さん (早稲田大学)、生稲史彦さん (中央大学)、赤池伸一さん (科学技術・学術政策研究所)、川島浩誉さん (電通コンサルティング)、池内健太さん (経済産業研究所)、池上重輔さん (早稲田大学)、中園宏幸さん (広島修道大学)、中嶋亮さん (慶応義塾大学)、中川功一さん (大阪大学)、長内厚さん (早稲田大学)、長岡貞男さん (東京経済大学)、辻田素子さん (龍谷大学)、田頭拓己さん (一橋大学)、渡邉真理子さん (学習院大学)、徳田昭雄さん (立命館大学)、入山章栄さん (早稲田大学)、八代"ドアラ"嘉美さん (神奈川県立保健福祉大学)、樋原伸彦さん (早稲田大学)、標葉隆馬さん (大阪大学)、服部泰宏さん (神戸大学)、平峰芳樹さん (帝国データバンク)、米倉誠一郎さん (法政大学)、北村慎也さん (帝国データバンク)、牧兼充さん (早稲田大学)、和田哲夫さん (学習院大学).... また本の構成にあたっては、東京図書の松井誠さんに大変お世話になりました。

本書の内容は一橋大学経済学部講義『経済学のための実践的データ分析』、学習院大学経済学部・経営学部講義『社会科学のための実践的データサイエンス』および、早稲田大学、慶應義塾大学、立命館大学、甲南大学、東北大学、政策研究大学院大学、組織学会年次大会等で実施した出張講義の内容をベースに構成しています。また、本書で取り上げた内容の実ビジネスでの適用可能性については、早稲田大学ビジネススクール、日本経済新聞社、日本精工、トヨタ自動車等での講演で、貴重なフィードバックを数多く得ることが出来ました。ここに深謝します。

最後に。2016年12月、月島のもんじゃ焼き屋での邂逅以来、七転八倒の人生をともに歩んでいる工藤 (原) 由佳さん。そして2020年9月、この世に生まれてきてくれた我らがベイビーのふたりに最大限の感謝を。

2020年12月　原 泰史

目　次

第 1 章　経済・経営分析のためのデータサイエンス　1

1.1　データサイエンスと社会科学で出来ること　1
1.2　理論と実践をつなげるには　9
1.3　本書のねらいと構成　11
1.4　Python とは?　12
1.5　統計ソフトの比較　13
1.6　本書で扱う事例について　16
1.7　本書の読み進め方　18
1.8　さらなる学習のために　19

第 2 章　はじめの一歩, Python を使ってみよう　21

2.1　Jupyter Notebook, Jupyter Lab および Spyder のインストール　21
2.1.1　Jupyter Lab の起動　24
2.1.2　Jupyter Notebook の起動　28
2.1.3　Spyder の起動方法　32
2.2　Google Colaboratory へのアクセスと、画面の見方　33
2.3　サンプルデータを読み込む -はじめの一歩　35

第3章　Python を使ってデータを集めよう　47
3.1　データを「つくる」 - Web スクレイピング …… 47
3.1.1　緊急事態宣言下のパチンコホールの営業状況を調べる …… 48
3.1.2　COVID-19 に関連する支援状況を把握する …… 55
3.2　データで「まなぶ」- Kaggle とデータセット …… 60
3.3　データを「つかう」(1) -政府統計データ …… 61
Column　法人番号で宮城県の企業の数をカウントしてみる …… 72
3.4　データを「つかう」(2) - Linked Open Data …… 81
Column　EDINET からデータを取得する …… 84
3.5　データを保存して、Excel などで使えるようにする …… 92
Column　データの可用性とプライバシー …… 94
練習問題 …… 96

第4章　Python による基礎的な統計分析　97
4.1　Python による基礎的な統計分析 …… 97
4.2　データを把握する (1)-型や特性を把握する …… 99
4.3　データを把握する (2) - 平均、分散、標準偏差を求める …… 102
4.4　データを把握する (3) – ヒストグラムを書く …… 106
4.5　データを把握する (4) – 変数間の関係性 …… 108
4.6　作業結果を保存する …… 116
4.7　データを把握する (5) - データの可視化手法; plotly, D3.js …… 116
練習問題 …… 118

第5章　Python による多変量解析–クロスセクション・パネルデータ　119
5.1　回帰分析の考え方 -最小二乗法 …… 119
5.2　データの種類 - クロスセクション・時系列データ・パネルデータ …… 121

5.2.1 クロスセクションデータ …… 121
5.2.2 時系列データ …… 122
5.2.3 パネルデータ …… 123
5.3 回帰分析 (1) 単回帰分析 …… 125
5.4 回帰分析 (2) ダミー変数と重回帰分析 …… 129
5.5 回帰分析 (3) 分析結果の解釈の方法 …… 134
Column Airbnb の価格分析 -空間情報の活用 …… 136
5.5.1 geocoding に必要なパッケージをインストールする …… 150
5.5.2 ランドマークの位置情報を取得する …… 151
5.5.3 ランドマークと、Airbnb ホストとの距離を測る …… 152
5.5.4 散布図やヒストグラムを求める …… 153
5.5.5 地図上にプロットする …… 156
5.5.6 回帰分析を行う …… 160
5.6 回帰分析 (4) 操作変数法 …… 162
5.7 パネルデータ分析 (1) データ構築 …… 169
5.8 パネルデータ分析 (2) Pooled OLS …… 173
5.9 パネルデータ分析 (3) 固定効果モデル …… 175
5.10 パネルデータ分析 (4) 変動効果モデル …… 178
5.11 パネルデータ分析 (5) モデルの比較 …… 180
練習問題 …… 182

第6章 応用編; 機械学習と因果推論とテキスト分析 183

6.1 応用編; 機械学習と因果推論とテキスト分析 …… 183
6.2 機械学習 (1) 決定木分析 …… 183
6.3 機械学習 (2) SVM …… 194
6.4 機械学習 (3) SGDRegressor …… 195

6.5　機械学習 (4) スパース推定 (Lasso) …… 196
6.6　リッジ推定 (Ridge) …… 201
6.7　モデルの比較 …… 203
6.8　因果推論 (1) 傾向スコアマッチング (PSM) …… 206
6.9　因果推論 (2) 回帰非連続デザイン …… 212
6.10　テキスト分析 (1) Twitter からデータを取得し、Mecab で分かち書きをする …… 220
6.11　テキスト分析 (2) Wordcloud …… 228
Column　社会科学の違いを「測る」 – Linked Open Data を使ったテキスト分析 …… 233
6.12　テキスト分析 (3) word2vec モデル …… 237
6.13　テキスト分析 (4) トピックモデル …… 246
6.14　さいごに …… 252

困ったときの逆引き事典　255

❶ Python で基本的なプログラミング構文を学ぶ　255

1　標準出力　255
2　数値演算　257
3　データ型の変換　258
4　for 文　259
5　enumerate 文　265
6　zip 文　267
7　enumerate と zip 文を一緒に使う　269
8　for 文を用いた多重ループ　269
9　itertools を使った多重ループ　271

10 if文 272
11 論理演算子 273
12 while文 274
13 無限ループと例外処理 276

❷ Python での基本的な数理計算 277
1 四則演算 278
2 三角関数と Math パッケージ 279
3 ベクトルの計算 282
4 行列の計算 284
5 Pandas を使った処理 289

❸ pip でパッケージを導入する 294

❹ パッケージのバージョンを確認する 297

❺ エラーコードの対処方法 298
1 Name is Not Defined な場合 298
2 データの型がそろっていない場合 299
3 砂山からダイヤモンドを探す方法 (エラーの倒し方) 307

索 引 309

第1章 経済・経営分析のためのデータサイエンス

このチャプターでは、データサイエンスのエッセンスについて、経済学や実証的な経営学の文脈での活用方法について解説します。

1.1 データサイエンスと社会科学で出来ること

「データ」は、実はそこら中に転がっています。それは大学の指導教官のノート PC の中、会社の上司のデスクトップの片隅、あるいは広大な Web 上の片隅に。突然思いついた数字のカケラもしくは、重要な取引過程を網羅した Excel ファイルやテキストエディタに書き残したメモ。ログファイル。それらが散らばっているが故に、我々はその価値をあまり理解できないまま暮らしてきました。ところが近年、データサイエンスやデジタルトランスフォーメーション (DX) という言葉とともにデータの重要性が強調されつつあります。

でも、なんとなく、これっていつもの流行り言葉な気がしますよね。

データ自体はこれまでもありましたし、そうしたデータを解析するための手法として、統計学や計量経済学という分野は長い時間をかけて発展してきました。データサイエンスという言葉で日本全国の大学のシラバスを検索すると、「データサイエンスというのはただの流行り言葉で、実態は計量経済学と何ひとつ変わりません」、という文言を見つけたこともあります。ただ、計量経済学とデータサイエンスの違いをまずひとつ挙げるとすれば、その参入障壁が極めて低くなったことにあります。これまで、統計分析を行うためには Stata や SPSS, SAS などといったソフトウェアを購入し、自らの分析環境にインストールする必要がありました。これらのソフトウェアに基づく統計分析とは異なり、本書で取り上げる Python や、多くのユーザーを有する R や Julia などは、オープンソースソフトウェア (OSS) として提供されています。それ故に、読者のみなさまが今この本を読んでいる手元に PC もしくは Mac, あるいはタブレットさえあれば、すぐにこれらの OSS を用いたデータ分析を行うことが可能なのです。

もうひとつ、データというのは随分発見や探索がしやすくなったように思えます。1995 年、僕は生まれてはじめてのインターネットを中学校の職員室で体験したのですが、今思えばそこに掲載されている情報は、黎明期の Yahoo! Japan や小室哲哉の"公式ホームページ"くらいで、職員室から 30 メートル歩いた先にある図書館に収められた情報の数百万分の一程度しかカバーされていませんでした。特に、中学生だった僕が読めるような日本語の情報に関しては。ところが、今はあらゆる公知 (パブリック) な情報のみならず、企業内の情報や家庭内のプライベートな情報まで、様々なデータがアプリやクラウドを介し世界中を飛び交っています。どんなことを考え、誰と会い、何を思い、なぜそう感じたかを、世界中の人々が自発的にログを記録する仕組みとしてのソーシャルメディアが普及してしばらく経ちましたし、Web の閲覧履歴に基づく広告が表示されることにも、私たちは随分慣れました。その中には、後述する Linked Open Data のように自由に活用することが許諾されたデータもありますし、一方 2020 年に生まれたばかりの僕の子どもの写真は、将来的なリスクを考えると、出来れば Google や bing 検索では出てこない場所に保持しておきたいものです。四半世紀が過ぎ、あらゆる事象はデータとして、インターネットの海の中、あるいはそれぞれの PC に刻まれ、記憶媒体が動作する限りは保持されるようになりました。

こうしたデータセットを組み合わせれば、様々な事象を定量的に解析することが可能になりつつあります。例えば、企業の研究開発から調達、生産、販売からマーケティングに至る一連のプロセスは、昔は企業内にしかデータがなく、かつ、それらは企業内でもバラバラに保存されていました。チャンドラー (1962)[1] がアメリカのデュポンやGMなどの企業が如何に現代企業 (Modern Enterprise) を構築したかを詳らかにする過程では、チャンドラーは、トップ・マネジメント(経営者) 間による手紙のやり取りをケース分析にあたる手がかりとして用いることで、企業の取引コストを最適化することが企業戦略と組織を形成したことを明らかにしました。このように、企業の内部行動を外部から観察できるのはその一部分に留まり、それ故に企業がどのようにして最適な行動を、周辺のマクロ的な環境変化に呼応しながら決定していったかを明らかにするのは、あくまで丹念な聞き取りや文献調査に依るところ大でした(定性分析)。ところが、こうした企業の行動の一部はその後100年ほどをかけ、だんだんと観察を行うための方法論が確立され、サーベイや財務諸表などの形で体系立てて収集されるようになりました。現在では、商用データベースと政府系のデータベースを組み合わせれば、企業の動態について、一定程度把握することが可能になりつつあります。

例えば、一橋大学大学院経済学研究科が共同研究を行う帝国データバンク社の企業信用調査データベースを用いれば、過去数十年にわたる産業内の企業行動の変遷や、企業数、参入や退出の割合についても観察することが出来ます (https://www7.econ.hit-u.ac.jp/tdb-caree/)。同様に、Elsevier 社の Scopus[2] や Clarivate Analytics 社の Web of Science[3] を用いれば、企業や大学が、どのような分野で、どのような学術論文を公刊してきたか、あるいは、ノーベル賞を受賞するような重要な研究はどのタイミングで着想され、どのように研究コミュニティに普及していったかを観察することが出来ます。さらに、企業の研究開発活動の成果の一端は、USPTO(米国特許庁) に基づく

[1] Alfred D. Chandler, Jr. (1962) Strategy and Structure, Chapters in the History of the Industrial Enterprise, The MIT Press (訳) アルフレッド・D・チャンドラー『組織は戦略に従う』
[2] https://www.scopus.com/home.uri
[3] https://www.webofknowledge.com

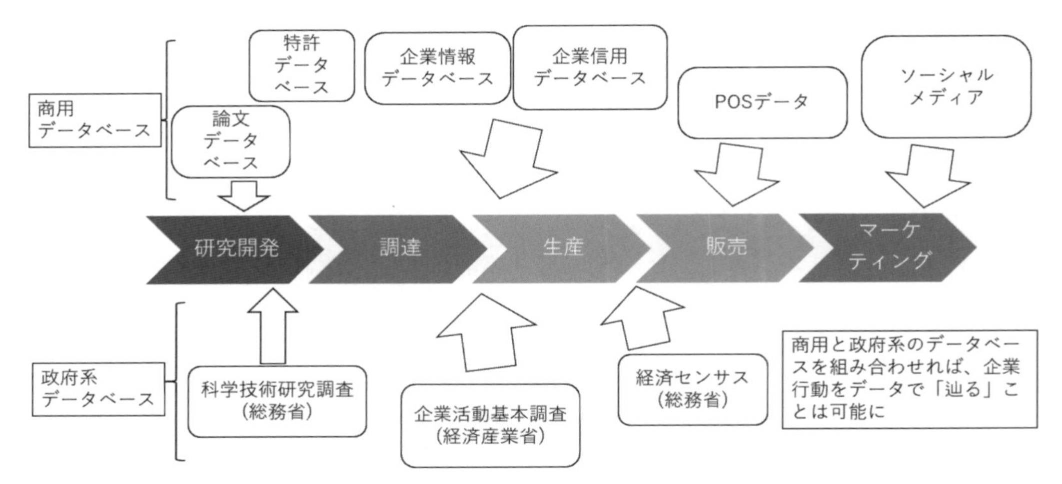

図 1.1　企業行動にかかわる商用と政府系データベース

Google Patents[4]、EPO (欧州特許庁) が提供する PATSTAT[5]、日本の特許庁が提供する J-PlatPat[6] や知的財産研究所が提供する研究用特許データベースである IIP パテントデータベース[7] などの特許データベースを用いることで、注力する分野の変遷や特許数について把握したり、あるいは、自然言語処理を用いれば企業戦略との近接性についても測定することが出来ます。また、特にスタートアップがベンチャー・キャピタル (VC) やコーポレートベンチャーキャピタル (CVC) から資金を調達し自社のビジネスを成長させたかは、INITIAL (旧 Entrepedia)[8] や Startup DB[9] などの資金調達データベースを観察すれば、スタートアップの資金調達におけるいくつかのパターンを把握することが出来ます。こうして企業が開発した製品についても、もしそれが消費財に近

[4] https://patents.google.com
[5] https://www.epo.org/searching-for-patents/business/patstat.html
[6] https://www.j-platpat.inpit.go.jp/
[7] https://www.iip.or.jp/patentdb/
[8] https://initial.inc/
[9] https://startup-db.com/

いのであればインテージなどが提供するPOSデータを用いて、販売価格や販売数について把握できます。また、こうして販売した製品やソリューションが、どのように市場で受け入れられているか。その一部は、Twitter[10]やInstagram[11]などのソーシャルメディアから情報を収集することで、ある程度類推することが可能です。また、こうした企業行動は商用データベースのみならず、政府系のデータベースを用いても分析することが出来ます。例えば経済産業省の企業活動基本調査[12]、総務省統計局の科学技術研究調査[13]、経済センサス[14]などの政府系調査データからも把握することが出来ます[15]。これらの政府系サーベイデータのいくつかは煩雑な手続きを経ないとデータセットそのものが入手できないのが隔靴搔痒ではありますが、一部については、オンライン上でExcelやCSV、APIやLinked Open Dataなどの形で提供されています。本書では、それらの一部の利用方法についてご紹介します。

さらに付け加えると、現代ではこうした企業外から観察した、あるいはサーベイにより収集したデータに頼ることなく、本来企業内に存在するデータセットを用いれば、企業内の様々な状況を解析することが可能になりつつあります。もし社内の研究開発の人的リソースの配分を最適化したいのであれば、これまでに研究開発で利用してきた過去のあらゆる人材について、年次で辿れるように加工したパネルデータを作成し、それを特許や論文の個々人の生産数や前方引用数、あるいは製品の売上高と紐づけ解析する数理モデルを作成すれば、個々人の生産性に関するKPIとして活用しうる指標を作成出来るかもしれません。あるいは、類似サービスを提供する競合他社がWeb上で提供し

[10] https://twitter.com/
[11] https://www.instagram.com/
[12] https://www.meti.go.jp/statistics/tyo/kikatu/index.html
[13] https://www.stat.go.jp/data/kagaku/index.html
[14] https://www.stat.go.jp/data/e-census/index.html
[15] たとえば Yamaguchi, Nitta, Hara, Shimizu (2020) Who explores further? Evidence on R&D outsourcing from the survey of research and development, R&D Management. https://doi.org/10.1111/radm.12437, では、特許データと科学技術研究調査データを企業レベルで接合することで、オープンイノベーションの役割について定量的に明らかにしています。

ているサービスの平均提供価格やサービスの評価について、Web スクレイピング を用いデータを収集すれば、他社を市場から退出させうる最適価格を設定することが可能になるかもしれません。企業内に様々な形で介在するログデータや、バラバラの Excel として放置されているデータを、機械学習の学習データや数理モデルのパラメータとして利用できる状態に加工・編集すること。これにより、従来にも増して、企業の様々なレベルでの意思決定をエビデンスに基づき実行することは、極めて参入障壁が低くなりつつあります。もちろん、こうした様々なデータを企業内の部署の壁を越えて接合しあうことは、かなりの困難が伴う作業であることは想像に難くないところです (筆者は 2000 年代に、7 年間「IT スタートアップ」と呼ばれるところに勤めていましたが、いわゆる当時の IT 企業でも、データを接合しあい解析することは困難だったことを覚えています)。ともあれ、こうした社内にあるデータセットを単独で利用したり、商用データベースや政府系データベースと組み合わせれば、企業の行動についてかなり細かなところまでデータとして追うことが可能になりつつあります。

もしかしたら、「デジタル化」と書くべきかもしれませんね。

もうひとつは、データを活用することが「外付け」ではなく、「自分ごと」になりつつあることです。紙媒体をはじめ、従来は連続型でアナログだった情報を、離散型でデジタル化したデータにすることで通信あるいは集約できる状態にすることで、規模の経済性ないしはネットワーク効果を実現する。もしくは、multi-sided network を作り出す。こうしたテーゼは、実は 1984 年に今井賢一先生が『情報ネットワーク社会』[16] を記されてからほとんど変わっていません。1980 年代は OA 化、1990 年代は PC 化、1995 年はインターネットと Windows95、2000 年は IT 化、2005 年は仮想化、2010 年はクラウド化、2015 年は IoT (インターネットオブシングス)、そして 2020 年は DX (デジタルトランスフォーメーション) 化... アナログであるものをデジタルにすることにより、経済効率性や社会の便益を向上させようとする取り組みを、我々の世界はこの半世紀近

[16] 今井賢一 (1984) 情報ネットワーク社会, https://www.iwanami.co.jp/book/b267708.html

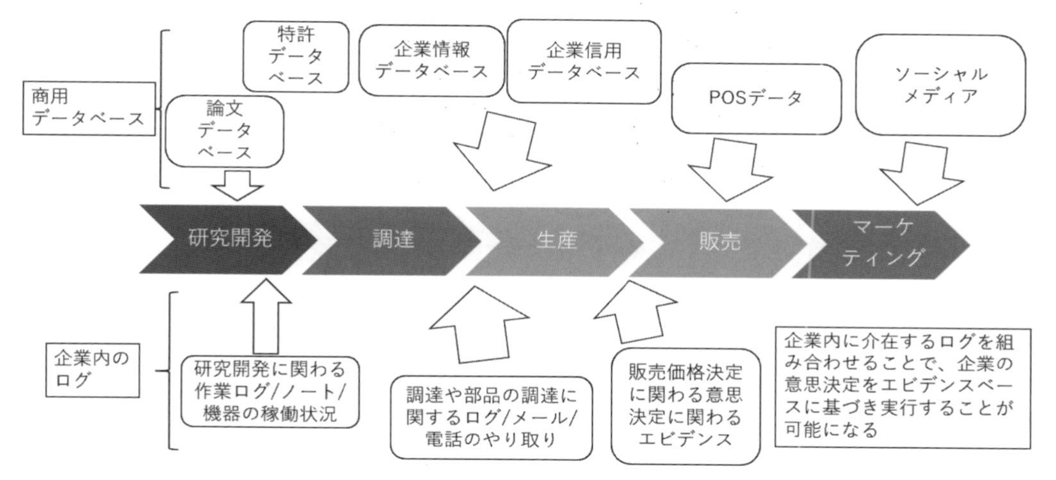

図 1.2　企業行動にかかわる商用 DB と社内ログ

く何度も繰り返し提唱し進化させてきました。では、こうした言葉は単なる同じ製品を焼き直して販売するためのセールストークなのでしょうか？ デザインオブオブソレッセンス (Design of Obsolescence)？ もしくは、いつまで経ってもデジタルに成りきれない、テレワークで出来るはずの仕事を対面でやりたがり、重要な書類にはハンコを押したがり、わざわざ満員電車に揺られ家まで帰りたがる私たちのどうにもならない形質を示しているのでしょうか？

筆者の理解では、データサイエンスや DX 化と、これまでのデジタルに向けた大きな違いは、いかにそうした取り組みを誰かに頼むことなく、自分で出来るようにするかに、著しい差があるように思えています。外注するか、内製化するかの違いとも言えるでしょうか。データの保持や管理や処理をそうした職能を有する組織や個人に依頼するのではなく、自らが率先して処理できるようにする。また、そうしたデータ分析が可能となるように、データレイク (Data Lake) を整備する。このとき、テキストがそのまま収められている非構造データや、頻繁に構造が変わる半構造データもひとつのレポジトリに保管し、必要に応じデータを取り出し組み合わせることで、様々な統計的な処理や機械学習などに基づく予測を実現可能にする。すでに構造化されている統計データや行政データのみならず、口コミやSNS、社内のシステムログや営業データを縦横無尽に組み合わせることで、複合的な分析を可能にする。

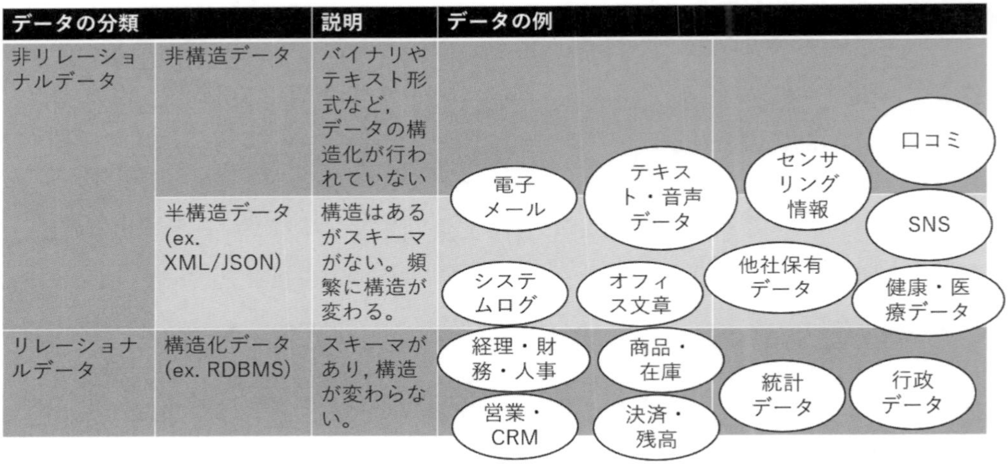

データの分類		説明	データの例
非リレーショナルデータ	非構造データ	バイナリやテキスト形式など，データの構造化が行われていない	電子メール、テキスト・音声データ、センサリング情報、口コミ
	半構造データ (ex. XML/JSON)	構造はあるがスキーマがない。頻繁に構造が変わる。	SNS、システムログ、オフィス文章、他社保有データ、健康・医療データ
リレーショナルデータ	構造化データ (ex. RDBMS)	スキーマがあり，構造が変わらない。	経理・財務・人事、商品・在庫、統計データ、行政データ、営業・CRM、決済・残高

図 1.3　データの種類 (引用: 『RDB 技術者のための NoSQL ガイド』(秀和システム, 2016 年))

これらの取り組みにより、データに基づく意思決定を行うことを実現することが出来ます。これまで経験やなんとなくの思い込みで進めてきたことを、データを用いて数量的に分析することが、「その気さえあれば、自分で」誰もが、サンクコストなしに実行できるのが 21 世紀も 20 年くらい過ぎた現状ではないかと考えています。

ここでもうひとつ重要なポイントは、データそれ自体は何も私たちには教えてくれないことです。もし今この本を読んでいるあなたが経済学部の学生であれば、ゼミナールや講義で「相関性と因果性」の話を一度は聞かされたことがあるかもしれません。ニコラス・ケイジの出演映画が年あたりに多ければ多いほど、年あたりの溺死の数にプラスの影響はあるのかもしれませんが、誰にとっても、ニコラス・ケイジのあの曖昧な笑顔と溺死の因果パスについて明らかにするのは、かなり骨の折れる作業になりそうです。こうした因果性を特定するときに、必要になるのが学術的な理論であり、この本が対象にしている経済学、あるいは実証的な規範を有する経営学は特に近年、データと理論を組み合わせることで飛躍的な発展を遂げています。

1.2 理論と実践をつなげるには

さて、正直なところ統計学や計量経済学を学んでいれば、実はデータ分析自体は何とかなる気がしています。ただ、これを書いてしまうとこの本の先を読む方がいなくなりそうです。そこで、まずは昔話からはじめてみたいと思います。

たとえば、15 年前の私のケースはこんな感じでした。2005 年に IT スタートアップ(その当時は IT ベンチャーと呼称するほうが一般的だったように思えます) で働いていたとき、価格競争に突入していた仮想化サーバ市場の中で、業界最安値のサービスを投入することになりました。一番安いサービスが 2,980 円で、次が 3,980 円。ミドルレンジモデルが 6,980 円で、ハイエンドモデルが 9,980 円。僕は 20 歳そこそこで、六甲山を毎日山登りして、経済学部の学部生として勉強しつつ、帰りにプロ野球の試合に行くことを我慢しながら、仮想化サーバの設定をしたりして暮らしていました。ところが、学部で習っていた経済学の話とは異なり、実際に売れたのは 3,980 円のサービスでした。営業やサポートの人たちと、昼ご飯を食べているときに「なんでこうなるんだろうね？価格が一番安いものが売れるはずなのに。」と問われ、急に頭の中で思い浮かんだのが、大教室で大ベテランの先生が不機嫌そうに講義しながら教えてくれた相対価格という考え方でした。聞きかじったばかりの相対価格で自社サービスの価格レンジを調べたところ、どうやら一番お得感があるのは3,980円のサービスであることが分かったのでした。・・・今思うと、すごく稚拙な経済学の使い方をしていた気がします。この思い出話からの教訓は、やはり因果性を推論するための理論的知識や、あるいは特定の事象についてのドメイン知識は、事象について深く理解しデータ分析を行うときに極めて重要になるということです。

理論的な知識とデータを組み合わせることで、今までなんとなく認識していたことや、なんとなく判断していたことをデータに基づき分析出来るようになる。これが世の中でデータサイエンスと呼ばれていることの本質と考えています。かくして、この本ではデータ分析にあたり必要なエッセンスについて、出来るだけ網羅的に捉えていこうと考えています。

もうひとつのポイントは、前節でも書いたようにデータの入手可能性が極めて高くなったことです。この本を執筆するにあたり参考にしたのは、慶応義塾大学の松浦寿幸先生による『Stataによるデータ分析』でした(以下Stata本)。Stata本の初版が執筆・公刊された2010年当時、インターネットは世の中にありふれつつありましたが、まだまだスマートフォンは普及の真っ最中で、なにより、多変量データをURLを介して取得したり、あるいは、Webスクレイピングの技法を用いてデータをまとめて取得することは困難な時代でした。ところが、今ではKaggleから多変量データを見つけてきたり、Webに転がっているデータを探し出したり、あるいは、社内の「神エクセル」の中に埋まっている様々な業務データを取り出し解析することが、10年前に比べると大変容易になりました。こうした、データの入手性や可用性の著しい変化も、「データサイエンス」という言葉が指し示している事象のひとつではないかと思います。

1.3 本書のねらいと構成

かくして、この本では (1) データの集め方, (2) データの前処理の仕方, (3) データの分析の仕方、それぞれにフォーカスを当てています。組織内に存在するけれど、Excel あるいはCSV のままになっていて、平均やグラフ化をする程度にとどまっているデータをPython を用いることで、因果性の推定を行う。あるいは、そこまでに至らないとはしても、線形的な回帰分析を行うことで、特定の変数間の関係性について把握できるようにする。かつ、こうした手続きを追加コストなく、出来るだけ無償で行えるようにする、というのが本書の狙いであります。そのため、前述したStata本とは異なる特色として、データの取得の仕方について比較的いろいろな事例を紹介するように努めています。また、線形回帰およびパネルデータの分析の具体的な手法に加え、スパース推定や傾向スコアマッチングなど因果推論の技法についても併せて紹介しています。

本書の主な対象者としては、こんな感じの皆さんを想定しています。

- **経済学部の学部生**。数学が嫌いだから経済学部に来たのに、どうやら今の経済学というのは数学や数字を色々と使うらしい (と、教室やZoom の向こう側で教授が熱っぽく語っている)。統計ソフトは大学の情報処理室で使えるけれど、自分のPC やタブレットでもより細かな分析を実行してみたい。
- **経営学部の学部生**。数学が嫌いだから経営学部に来たのに、どうやら今の経営学というのは数字をたくさん使うらしい (と、教室やZoom の向こう側やYouTube の経営学チャンネルで教授が熱っぽく語っている)。統計ソフトは大学の情報処理室で使えるけれど、自分のPC やタブレットでもより細かな分析を実施してみたい。
- **MBA(ビジネススクール) の学生**。今の会社は楽しいけれど、なんとなくキャリアの踊り場にいる感じがして、もう少し自分のスキルを磨きたくて、上司に教えてもらったビジネススクールに通ってみることにした。夜のニュース番組で、○○アナの隣に座ってコメンテーターをしていた経営学者のゼミに入ってみたら、どうやら「定量的分析」というのをやらないといけないらしい。どうしよう！ 学部のとき数学超絶苦手だったのに！

- **社会人**。上司がデータサイエンスやデジタルトランスフォーメーション（DX）など、なんとなくの流行り言葉にすぐに乗っかるタイプ。メンドクサイ。ただ、今回のお題の「DX で社内の無駄な数字を明らかにするぞ！」はちょっと真剣にやってみようかと思っている。おそらく、上司が一番ムダなことがわかるはず！

かくして、本書の主なターゲットは初学者から初心者を卒業するあたりまでの皆様を想定しています。もしかしたら、すでに Python や統計的な分析をある程度自習したみなさんにとっては、若干物足りない内容になっているかもしれません。ただ、学習というのは最初の一歩を踏み出すのが大変で、本の購入などをきっかけに、データ分析という生業そのものの楽しさをまずは見出してもらうことを、本書の最大の目的にしています。この本をきっかけにデータ分析をはじめて、様々な分析を行うその途中では、この本ではカバーしきれていない分析方法などを採用する必要もあるでしょう。そのときは他の書籍や、ググった先の Web サイトや、共同研究相手の教授からさらなる高度な情報を入手していただければと考えています[17]。

1.4 Python とは?

本書では、プログラミング言語である Python を用いたデータ分析の手法についてメインに紹介しています。Python のメリットとして、

[17] F1 ファンにしか伝わらない例えをすると、この本は今宮純さんの解説のような内容を目指しています。

- オープンソースソフトウェアであり、無償で入手出来ること
- データの入手や加工などのライブラリが豊富なこと
- インターネット上に多くの事例が紹介されていること
- 機械学習のライブラリが充実していること

などが挙げられます。もちろん、統計的な分析を行うのであれば、2020年現在はRやJuliaを用いることも十分考慮すべきでしょう。しかし、本書では、データの取得や前処理のライブラリの豊富さに一日の長があると判断し、Pythonでの記法を中心にご紹介しています。

また、Pythonには大まかにわけてPython2.x系とPython3.x系が存在し、記法にいくつかの違いがあります[18]。本書では、Python 3.x系での記法に基づき実際のコーディング例をご紹介することにします。

1.5 統計ソフトの比較

さて、本章にてご紹介してきたように経済学、あるいは実証的な経営学では過去にも多くの統計ソフトが用いられてきました。

とある、1960年代から活躍してきた経済学者の方に以前お伺いしたことがあるのですが、1970年代当時はFortranをベースに実証分析したい内容をコーディングしたパンチカードを数日かけ用意して、東大某所にあった計算機センターに提出し、計算結果を半日から一日待つ。と、いうのが実証的な経済学を行うための方法論だったとのこと。

[18] 詳細な違いについては、「Python 2.7.x と 3.x の決定的な違いを例とともに」 https://postd.cc/the-key-differences-between-python-2-7-x-and-python-3-x-with-examples/ などをご参照ください。

そこから数十年経ち、現在ではそうした分析も、手元にノートPCさえあれば、もしくはGoogleかAmazonのインスタンスにアクセスできるタブレットもしくはスマートフォンさえあれば実行できる時代になりました。

その後、パーソナルコンピューターが学術ひいては個人の家庭にも普及し、自宅や研究室でのプログラミングが可能となり、次いで、TSP, SAS, Stata, SPSSやEViewsなど、数多くの統計ソフトがリリースされ、解説本が多く出版されてきました。こうした統計ソフトはそれぞれに特徴を有しており、SPSSの場合にはアンケート調査などの定性的な色彩の強いデータの分析および集約やビジュアライゼーションに、Stataの場合にはパネルデータなどの解析に、Eviewsの場合にはGARCHやVARなどの時系列データの分析に一日の長を有してきました。そして、こうした統計ソフトは、研究者がマスター(修士)もしくはドクター(博士)のトレーニングをどのように受けるかによってユーザ数が決まり、シェアを決定してきました。そして、大学の学部ではこうした統計ソフトに基づき講義が行われ、大学の情報処理室にインストールされたStataやSPSS, SASを用いて実証的な分析を学部生や大学院生が行える体制が2000年代のはじめには構築されたのでした。

図1.4のグラフは、2019年の一橋大学、早稲田大学、東京大学、慶応義塾大学の経済・経営系学部およびMBAの講義で利用されている統計ソフトについて、各大学のシラバス検索を用いて講義のシラバス上に登場する数をカウントしたものです。なお、今回はSPSS, Stata, SAS, Eviews, Pythonに加え、Excelもカウントしています。Rについては、完全一致(exact match)が難しいため省略しています。

SASやStataの利用数が多いこと、また、やはりExcelも数多く利用されていることが確認できると思います。さて、ここで考えなければならないのは、コストの問題です。本書では数少ない、経済学っぽいアプローチをとってみましょう。StataやSPSS, SASなどのソフトウェアは、今日、学生という身分を有していれば5-6万円程度の価格で自分自身のPC環境に導入することが出来ます。もしくは、前述の通り大学の情報処理室で利用することも出来るでしょう。多くの場合、学生は大学に所属する身分を続け

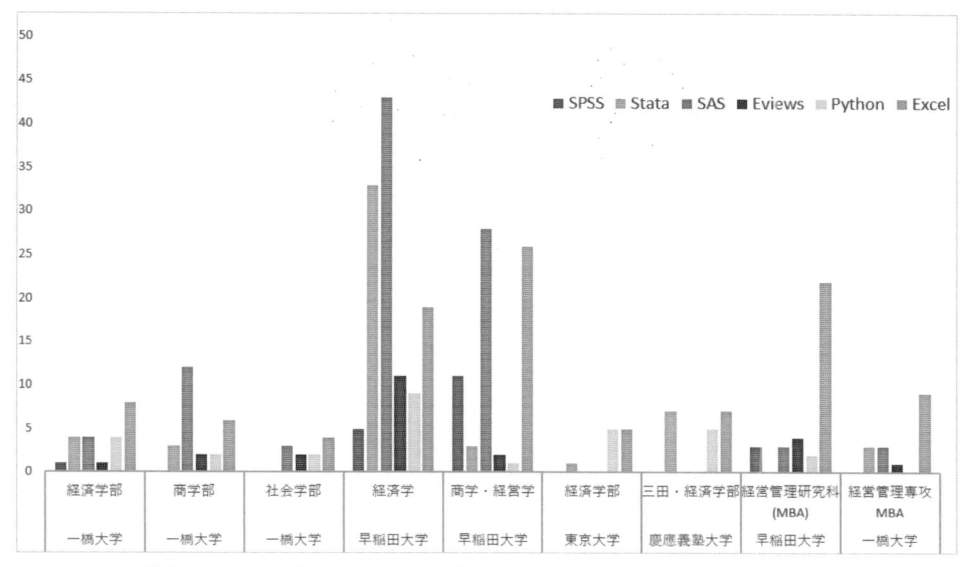

図 1.4　講義ごとの統計ソフト利用回数 (出所: 大学ごとのシラバス管理システム)

る間、つまり、マスターやドクターに進み、あるいはポスドクや教員になる限りは、アカデミック価格でこうした統計ソフトを継続して入手するか、あるいは大学組織からのソフトウェアの供給を受け続けることが出来ます。しかし、これはアカデミアという世界か、アカデミックな教育を受けている人間が多数派であるコンサルティングファームや研究所など、日本では極めて稀少な組織体でのみ通用する話になります。

使われないままのデータが数多眠っている多くの企業や組織の中では、アカデミック価格ではなく通常価格で提供されるこうした統計ソフトについて、稟議書を書き購入を申請することは極めて困難です (もしあなたが学生であれば、ピンと来ない話かもしれません。だけど、手元に数十万円のお金があり、それを予算制約のなかで利用するときに、ただグラフを書いてくれたり、有意な係数の在り方を示してくれる「だけの」統計ソフトに投資するという意思決定を、個人でも、組織でも実行することは極めて困難であることは、なんとなく想像していただけるのではないかなと思います)。

つまるところ、大学で学んだ学術的な知識に基づきデータを解釈するときに、統計ソフトの不在は著しく悪影響を及ぼす可能性があります。

そして人々は日々の暮らしの中で、Stata でパネルデータを回して固定効果モデルを作った記憶を忘れ、神エクセルの作者あるいは承継者になるのです。

それゆえに、近年では R, Julia, そして Python などオープンソースソフトウェアに基づく統計分析がかなりの勢いで普及しつつあります。まあ確かに、タダより便利なものはない (のかもしれない)。学部や大学院、MBA で学んだ統計学や計量経済学の知識、また経済学や経営学の理論を実際のビジネスの現場で活用するうえでは、オープンソースソフトウェアでデータ分析を行うことが、少なくとも 2020 年時点での最適解だと思います。

1.6 本書で扱う事例について

本書では、出来るだけ具体的なデータに基づきコーディングすることを目指しています。そのため、機械学習のコンペティションサイトである kaggle[19] が提供しているデータセットに基づき、様々なデータの分析例や処理例を示しています。またデータの取得では、2020 年時点で存在する Web サイトからデータを取得する方法について解説しています。

一度公刊すれば内容を差し替えることが困難なのは書籍の宿命ではありますが、データや Web サイトは日々変化して、本書に載せているコードがそのままでは動かないケースも今後出てくるかもしれません。しかしながら、そうしたときの対処方法として、(1.) Web 上でのサンプルコードの配布および (2.) エラーコードの対処方法につ

[19] https://www.kaggle.com/

いての解説についても盛り込むようにしています。「本が書いている通りに打ち込んだけれど、全然動かない！」ということがプログラミングという作業では、とてもよく起こります。それはまるで、英語教師に習った通りに、英語を実際のビジネスの場面で話しても、だいたいはそのシナリオ通りにはうまく物事は運ばず、心が折れるときのように。かくして、本書で取り上げている事例は、2020年現在のPythonおよびその関連ライブラリにて実行し、動作を確認しているコーディングになりますことをご承知おきいただければと思います。本書で取り上げている事例を通じてコーディングの流れや考え方をつかんでいただき、ご自身が直面している課題に応用していただけることを願うばかりです。

本書の最初にも明記していますが、Notebookやサンプルデータについては、東京図書のホームページや筆者のホームページにて頒布しています。本書と合わせ、こちらのサイトもご確認いただければと思います。

- 東京図書Webページ
  - `http://www.tokyo-tosho.co.jp`
- 筆者ホームページ
  - `https://sites.google.com/view/yasushihara/`
  - `https://bit.ly/YHARA`

なお、本書で利用している主なライブラリのバージョンは以下の通りです。今後のバージョンの変更によっては、本書に記載しているスクリプトが動作しない可能性があることをご承知おきください。

- Pandas; 1.0.3
- Numpy; 1.18.1
- Linearmodels; 4.17
- sklearn; 0.22.1

- Seaborn; 0.10.1
- gensim; 3.7.3
- SPARQLWrapper; 1.8.4
- tweepy; 3.7.0
- statsmodels; 0.11.1

1.7 本書の読み進め方

実のところ、僕は本を後ろの「あとがき」から読むのが好きなタイプです。ミステリーでも、最初に犯人を調べてから謎解きを楽しんだりします。・・・妻に話したところ、どうやらマイノリティであることがわかって驚いたのですが。

この本も、実のところ色々と内容を詰め込んでいるので、著者のオススメの読み進め方を記しておきます。

- 初心者の場合: まずは、第2章の「はじめの一歩」から読み進めていただくことをオススメします。2.3 にあります「サンプルデータを読み込む」を、まずは手元の Notebook 環境でも実行出来るようにしてください。また、「困ったときの逆引き事典」に記している"Python で基本的なプログラミング構文を学ぶ"は、武道の型を習うようなもので若干退屈に思えるかもしれませんが、是非一度お手元の Notebook や Google Colaboratory 上で、一通り実行していただけることを推奨します。
- 中級者の場合: 後半の回帰分析の章から読み進めていただいても問題ありませんが、R や他の言語をお使いいただいており、この本をキッカケに Python を履修される場合は、やはり「困ったときの逆引き事典」を逐次参照していただけると良いかと存じます。

1.8 さらなる学習のために

さて、本書はこれから300ページほど続くのですが、データサイエンスや計量経済学・統計学の中でも極めて一部分のみを取捨選択してご説明しています。そのため、本書と合わせて読んでいただくとご参考になりそうなWebサイトや書籍を、ここでご紹介することにします。残念ながら本書では、統計学や計量経済学の細かなテクニックやその理論的バックグラウンドまでは触れることが出来ていません。そのため、これらの書籍を合わせてご参照いただくことで、よりデータサイエンスや計量経済学、統計学に対する理解を深めていただければと考えています。

- Practical Econometrics and Data Science (Vilnius University, Faculty of Mathematics and Informatics), `http://web.vu.lt/mif/a.buteikis/wp-content/uploads/PE_Book/`
- Liner Model Estimation, `https://bashtage.github.io/linearmodels/doc/index.html`
- The Art of Statistics -Learning from Data. Series: Pelican Books, `https://www.penguin.co.uk/books/294/294857/learning-from-data/9780241258767.html`
- 『東京大学のデータサイエンティスト育成講座 Pythonで手を動かして学ぶデータ分析』(塚本邦尊、 山田典一、 大澤文孝、2019年: マイナビ), `https://book.mynavi.jp/ec/products/detail/id=102631`
- 『実証分析入門 データから「因果関係」を読み解く作法』(森田果, 2014年; 日本評論社), `https://www.nippyo.co.jp/shop/book/6554.html`
- 『ベーシック計量経済学（第2版）』(羽森茂之, 2009年; 中央経済社), `http://www2.kobe-u.ac.jp/~hamori/Jhamori/basicEcono.html`

- 『外資系金融のExcel作成術 表の見せ方&財務モデルの組み方』(慎泰俊, 2014年; 東洋経済新報社), https://str.toyokeizai.net/books/9784492557310/
- 『ビッグデータ統計解析入門—経済学部/経営学部で学ばない統計学』(照井伸彦, 2018年; 日本評論社), https://www.nippyo.co.jp/shop/book/7917.html

第2章 はじめの一歩, Python を使ってみよう

本書では、プログラミング言語 Python の 3.x 系を用いてデータ解析を進めていきます。その実行環境である、Jupyter Lab, Jupyter Notebook, Google Colaboratory の利用を開始する方法について解説します。また、Notebook 環境上でのデータ処理の流れについて、サンプルデータを用いて確認することにしましょう。

この章では、本書で用いる Python を動作させるための、Notebook 環境の導入方法や設定方法についてご説明します。この章では、Python および Notebook 環境を用いたデータ分析の入り口として、(1.) Notebook 環境の構築および、(2.) データの取得、(3.) データの保存などをまとめてご紹介します。Notebook 環境では、入力に対する実行結果を逐次確認することが出来るので、プログラムが正しく動作しているかどうか、直感的に確認することが出来ます。現在広く使われている Jupyter Lab、Jupyter Notebook, Google Colaboratory, Spyder それぞれの実行方法について、まずはご紹介したいと思います。

2.1 Jupyter Notebook, Jupyter Lab および Spyder のインストール

本書では、データ分析を行う過程で Notebook と言われるツールを用います。Notebook では、プログラミングにおける入力および出力結果を逐次確認することが出来ます。C や Fortran などのコンパイラ型言語と異なり、Python や Ruby などのインタープリター型言語では、実行速度はコンパイラ型に劣るものの、コーディングによる実行結果をその都度把握し修正することが出来ます。また Notebook では、こうした実行結果を図表含めひとつのウインドウ上で確認出来るようになっていることに特徴があります。こうした Notebook として現在主に使われているものに、(a.) Jupyter Lab および Jupyter (Classic) Notebook, (b.) Google Colaboratory のふたつがあります。この節ではまず、Jupyter Lab を導入する方法について解説します。

Notebook を導入するには、まず `https://www.anaconda.com/` にアクセスします。Web ブラウザの検索欄に"Anaconda" 、"Jupyter Lab"、もしくは "Jupyter Notebook"とタイプし検索すれば、検索結果のひとつめに出てくるかと思います。次の画面が表示されたことを確認し、Get Started をクリックします。

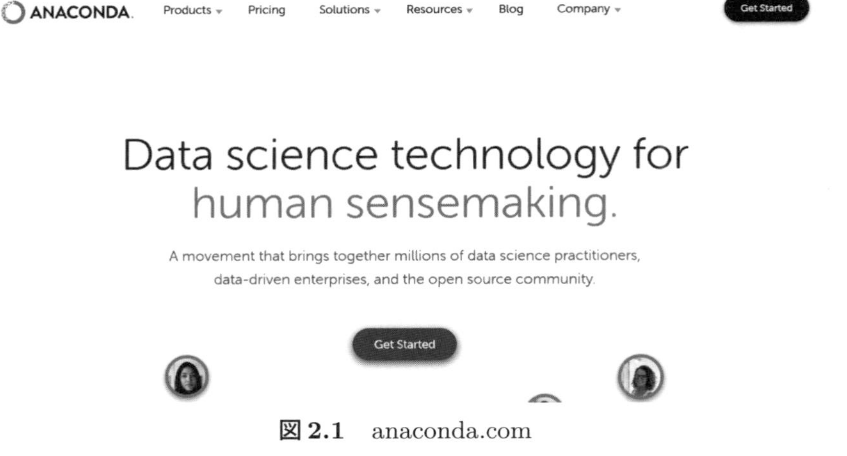

図 2.1　anaconda.com

続いて、"Hello! Let's Get Started!" と画面に表示されます。

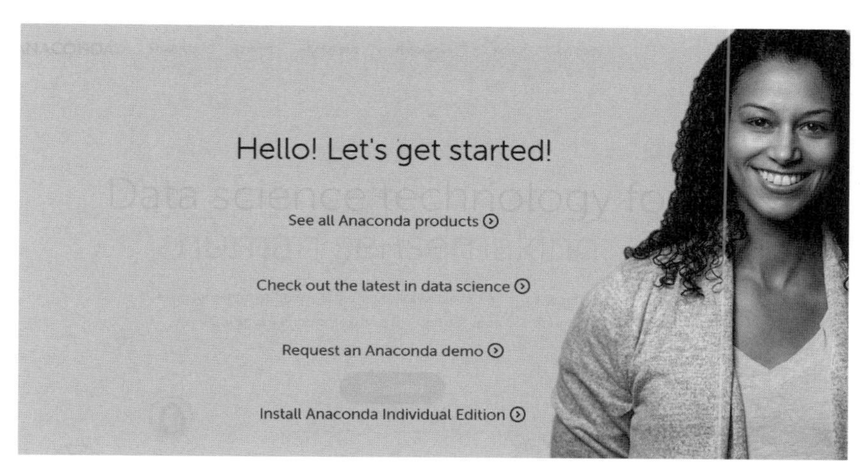

図 2.2　Let's get Started!

ここから"Install Anaconda Individual Edition" を選択し、Download をクリックするとページ下まで遷移します。現在お使いのオペレーティング・システム (OS) の種別 (Windows[ウインドウズ]/Mac OS[マック・オーエス]/Linux[リナックス]) に応じて、必要なパッケージを選択してください。なお、本書ではPython の主要なバージョンのうち、 Python 3.x 系をベースにご説明しています。そのため、本書に掲載しているサンプルコードやNotebook を実行する場合には、Python 3.x 系のAnaconda Installers をこちらのページよりダウンロードしてください。

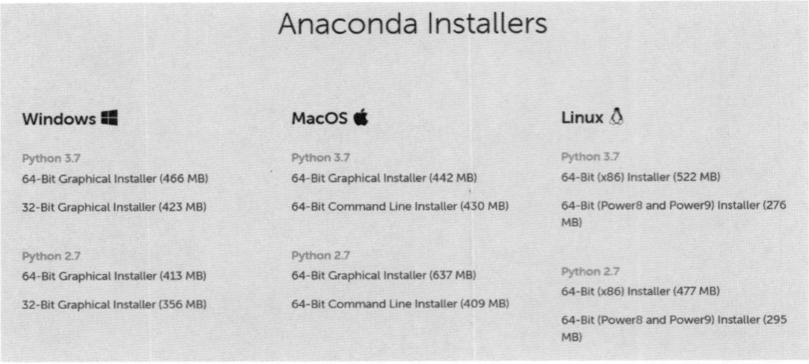

図 2.3　ディストリビューション (Windows/Mac/Linux) の選択

インストール中の設定はOS により異なりますが、Windows 10 の場合、インストールが終わると、図 2.4 のように Anaconda 3 (64bit) というプログラムが、Windows アイコンから参照できるプログラム一覧に追加されます。ここでは、Jupyter Lab もしくは Jupyter (Classic) Notebook の起動方法についてそれぞれ解説します。

2.1.1 Jupyter Lab の起動

まずは、Jupyter Lab を起動しましょう。Windows のスタートメニューに登録されたアイコンから、Anaconda Navigator を起動します。

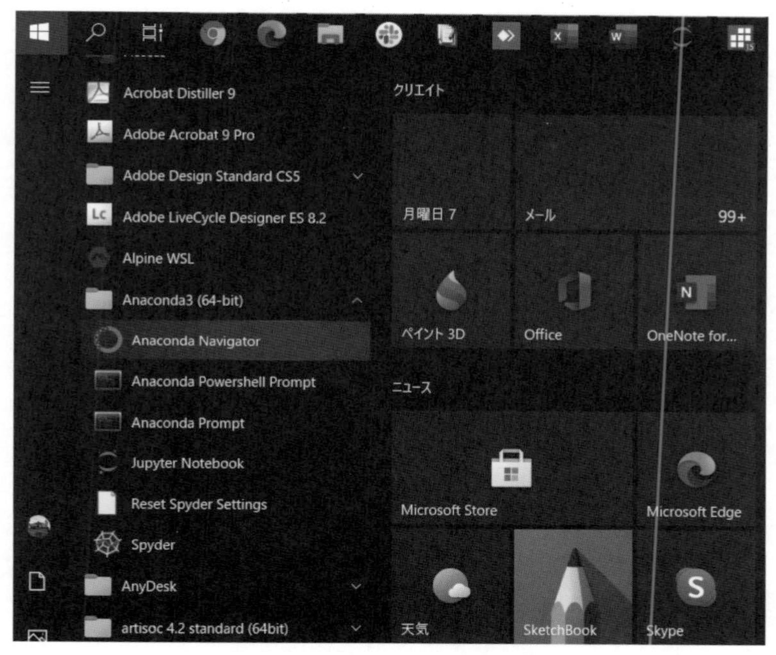

図 2.4　Anaconda Navigator を起動する

新しいウインドウが開き、Anaconda Navigator が起動します。この中から、jupyter-lab の "launch" をクリックします。

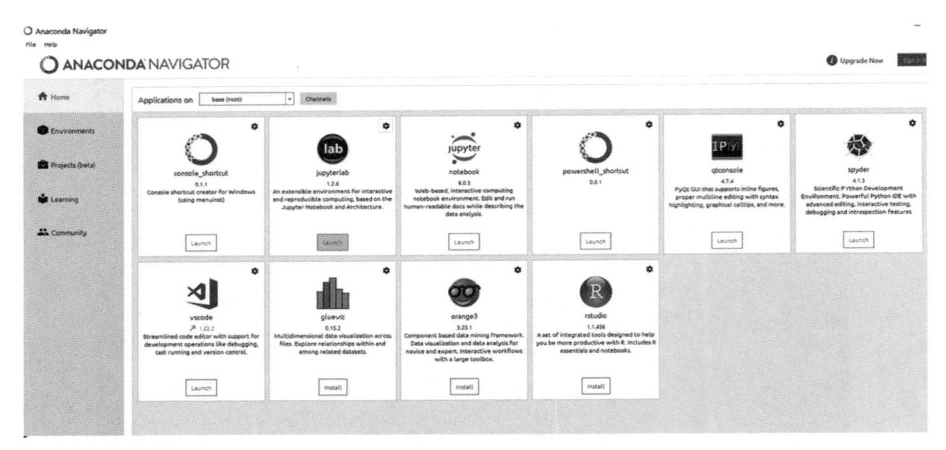

図 2.5　Jupyterlab を起動する

Web ブラウザに遷移し、左側に Windows のエクスプローラのようにファイルを選択出来るタブ、右側に Launcher と表示された画面が表示されます。自動的に遷移しない場合には、Web ブラウザ上に `http://localhost:8888/lab` と入力してください。

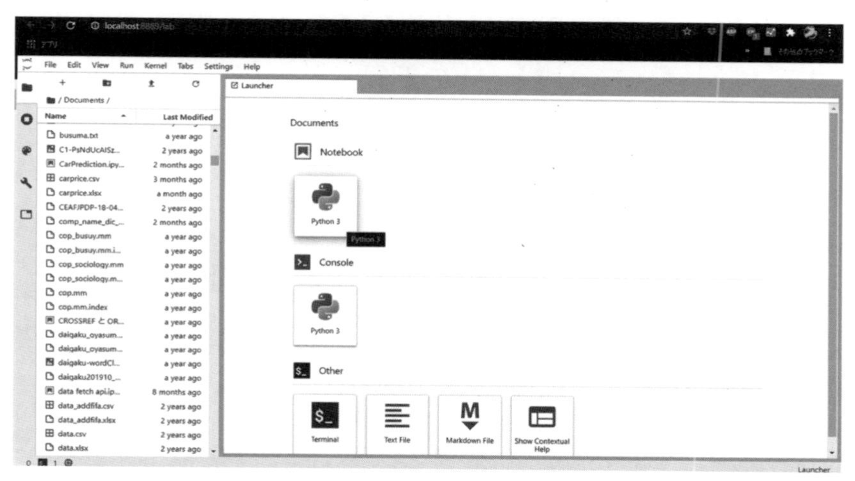

図 2.6　Jupyter Lab の初期画面

Python によるプログラミングを開始するには、画面中央にある Notebook "Python3" をクリックしてください。以下のような画面が表示されます。

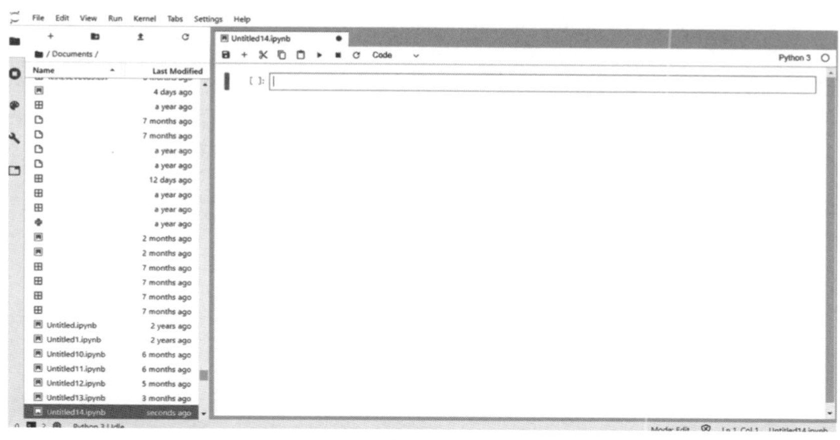

図 2.7　Jupyter Lab 上での Notebook 利用の開始

2.1.2 Jupyter Notebook の起動

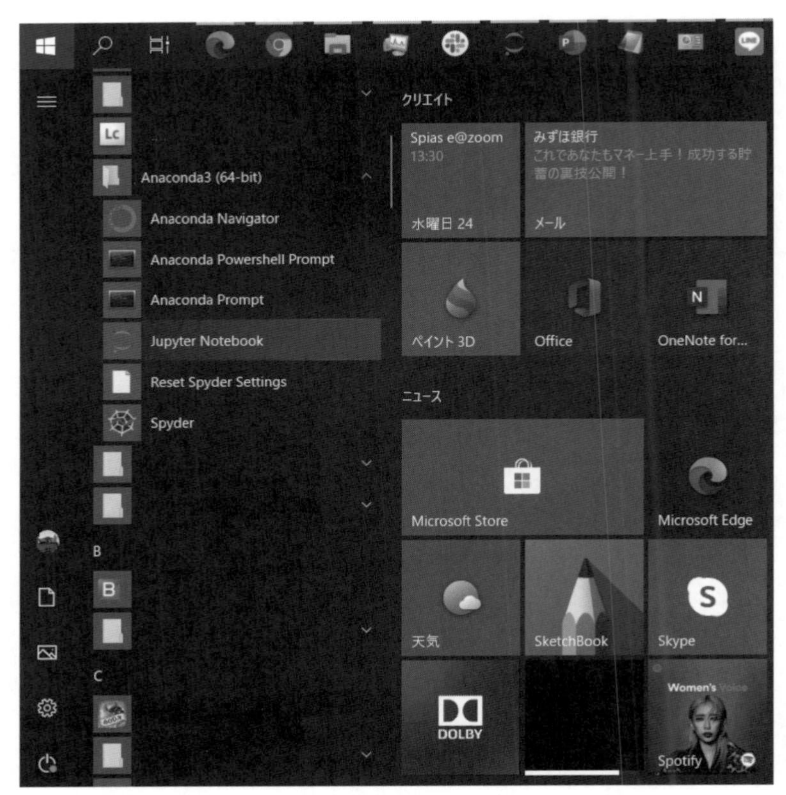

図 2.8　Jupyter Notebook の起動 (Windows 10 の場合)

続いて、Jupyter (Classic) Notebook を起動しましょう。スタートメニューに登録されたアイコンから Jupyter Notebook を選択します。Web ブラウザのタブに自動的に遷移し、以下のような画面が表示されます。自動的に表示されない場合には、お使い頂いている Google Chrome, Microsoft Edge などの Web ブラウザの URL バーに "http://localhost:8888" を入力してください。

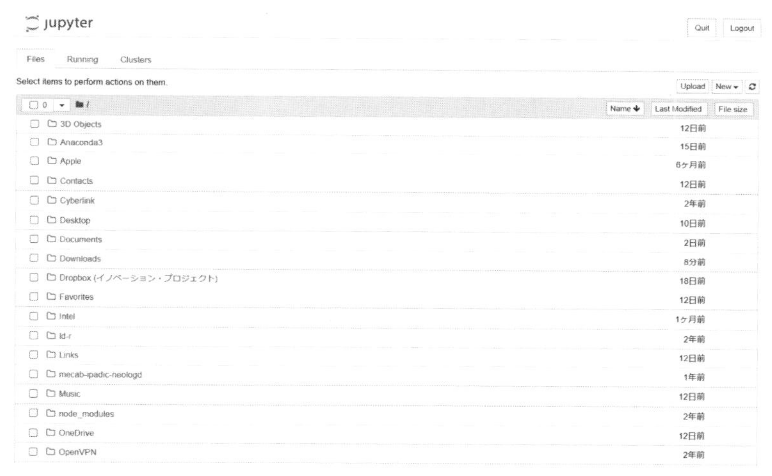

図 2.9　Jupyter Notebook のメイン画面

右上に New という表示が見つかるかと思います。そこをクリックし、"Terminal: Python3" を選択すると、以下のような空の Notebook が表示されます。

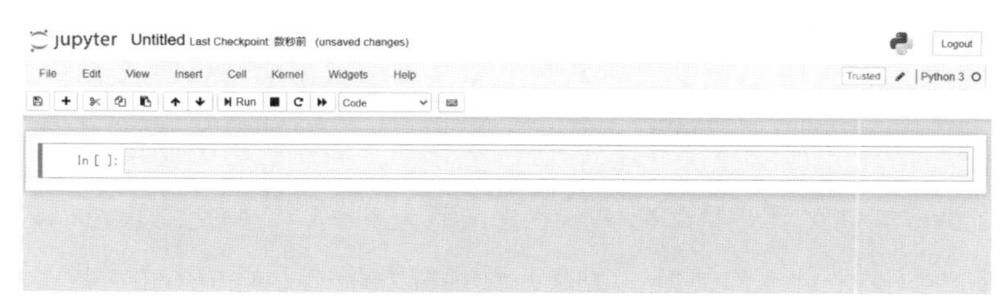

図 2.10　空の Notebook

さて、ここからがプログラミングのはじまりです。ここから本書の先でやっていくことを、簡潔に図で示してみたいと思います。実のところ、世の中でプログラミングと呼ばれていることのほとんどは、とてもシンプルな構造で出来上がっています。

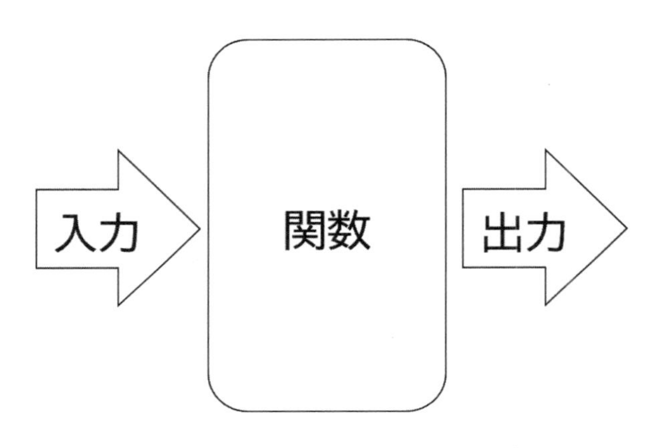

図 2.11　プログラミングの考え方

つまり、(1.) 入力があって、(2.) 関数により入力の処理を行い、(3.) 出力が生み出される。という構造です。何かしらの処理をしたい入力について、関数により何かしらの工夫を加えることで、自分のほしい出力を得る。そして、その出力にさらなる工夫を施したい場合には、さらに入力⇒関数⇒出力のサイクルを重ねていく。こんな繰り返しで、世の中のプログラミングのだいたいは出来上がっています。本書の場合にも、最初はただ入力した文字列をただ出力するだけからはじめますが、だんだんと、複雑で、一見すると何をやっているのかわからないことをして、何かしらの結果を出力していきます。是非これからプログラミングをするときに覚えておいていただきたいのは、実のところプログラミングという作業は、こうした単純な構造から成り立っているということなのです。そのため、例えば入力すべき内容の様式やお約束が誤っていたり、関数の使い方などが誤っていたりすると、期待した出力を得られないことになり、それはエラーコードという形で、何を間違えたかのヒントを与えてくれるのです[1]。

以上を踏まえ、まずはNotebookが動作するか確認しましょう。Jupyter LabまたはJupter Notebook上のIn: と書かれている枠内に、

```
1 print("Hello, World!")
```

と入力してみましょう。このとき、英数字は全角文字ではなく半角数字で書くことに注意してください。続いて、Run ボタンをクリックします。

以下のように、"Hello, World!" と出力されることが確認できると思います。こんにちは、世界。

続いてNotebookを保存するには、Jupyter Notebookの場合左上のUntitledと書かれている箇所にNotebookの名称を入力します。続いて、メニューバーの左端にあるフロッピーディスク(実物を観たことがない方も増えてきたかと思いますが・・・)をクリックします。

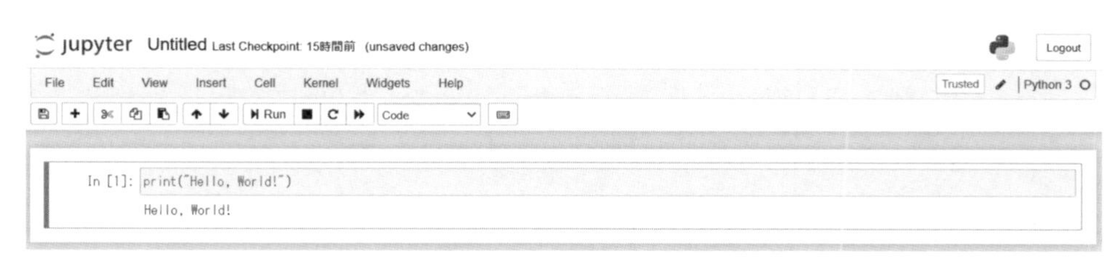

図 2.12 実行結果

これにより、Notebookに名前をつけた形で保存することが出来ます。

[1] エラーコードの見方や対処方法については、末尾の「困ったときの逆引き事典」をご参照ください。

2.1.3 Spyder の起動方法

Anaconda Navigator では Spyder というツールも提供されています。Anaconda Navigator 上から、Spyder を選び Launch をクリックします。

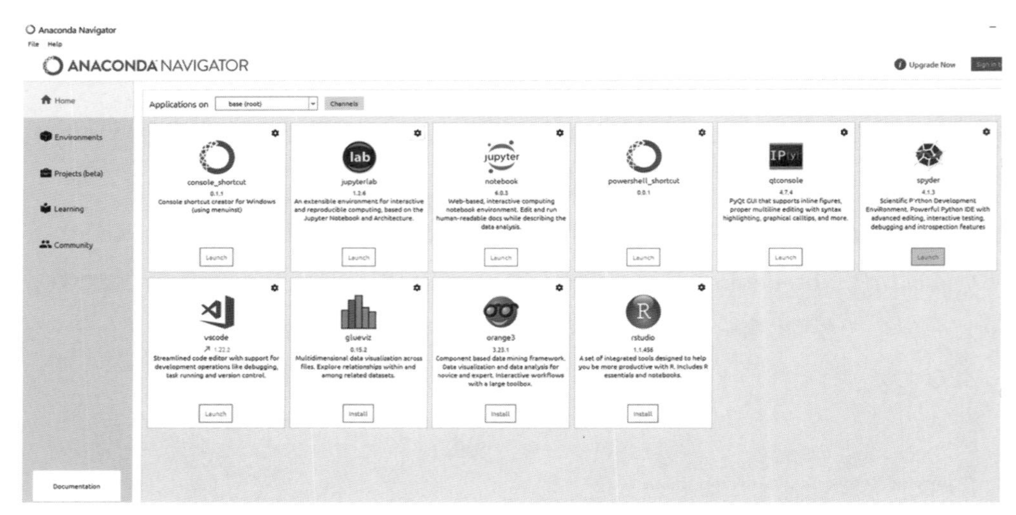

図 2.13 Spyder を Anaconda Navigator より起動する

こちらのツールでは、読み込んだデータセットの変数情報を都度確認することが出来ます。R を使われているみなさんにとっては、R Studio に似たインターフェースになっているのではないでしょうか？

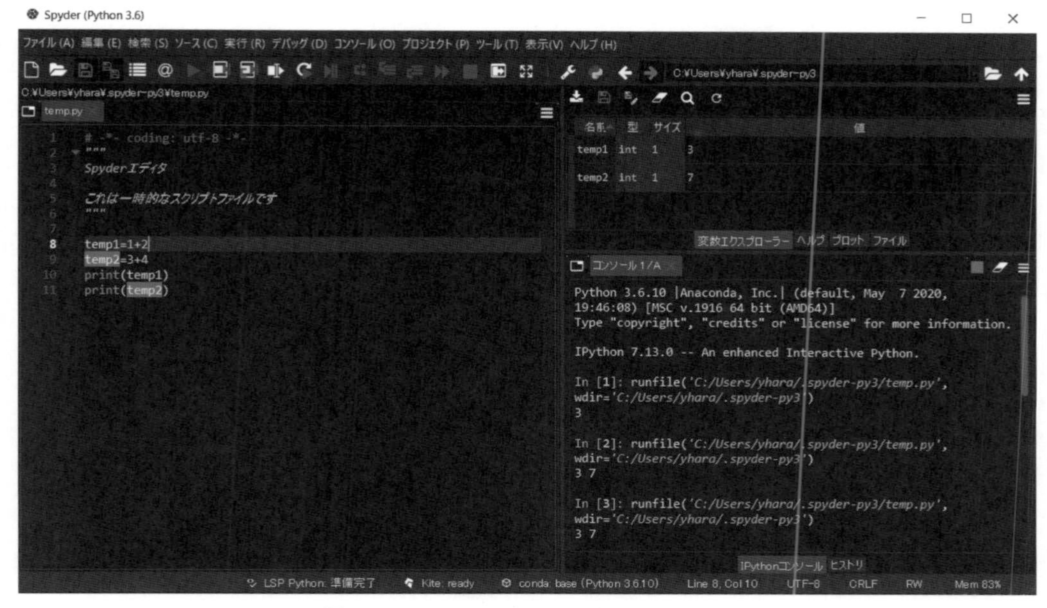

図 2.14 Spyder のインターフェース

2.2 Google Colaboratory へのアクセスと、画面の見方

Jupyter Lab/Jupyter Notebook はローカルな (≒自分の手元で動いている Mac や PC) 環境に Notebook を構築出来るので機密性のあるデータセットを分析する際に大変便利です。例えば、社外に持ち出すことが難しい人事データなどは、ローカル環境の Notebook を用いて分析することが妥当になるでしょう。しかしながら、コンピューティングリソースが現状使っているコンピューターの CPU やメモリ容量、SSD や HDD などの I/O 性能に基づくため、大規模なデータや複雑な分析に時間を要するケースがあります。そこで、Google が自社のクラウド上で提供する Notebook である

Google Colaboratory を利用する方法をご紹介したいと思います。

Google Colaboratory にアクセスするには、まずは Google や Bing 検索で "Google Colaboratory" とタイプするか、直接、`https://colab.research.google.com/notebooks/welcome.ipynb` と入力してください。

続いて、以下のような画面が表示されます。

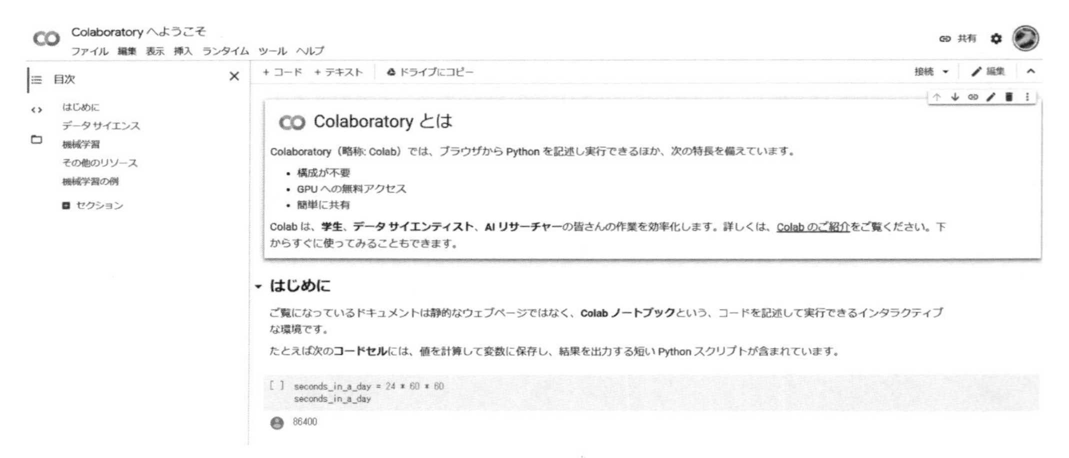

図 2.15 Google Colaboratory

新しい Notebook を作成するには, 左上 [ファイル] から"Notebook を新規作成" をクリックします。空の Notebook が表示されるので、コードを入力し、左側にある▶印の実行ボタンを押すことで、コードを実行することが出来ます。

試しに、Notebook 上で

```
1 print("こんにちは、世界！ ")
```

と入力してみましょう。

右上のインジケータが"接続中"から"初期化中"に変わり、RAM (メモリ) とディスク情報が表示されると、続いて結果が出力されます。

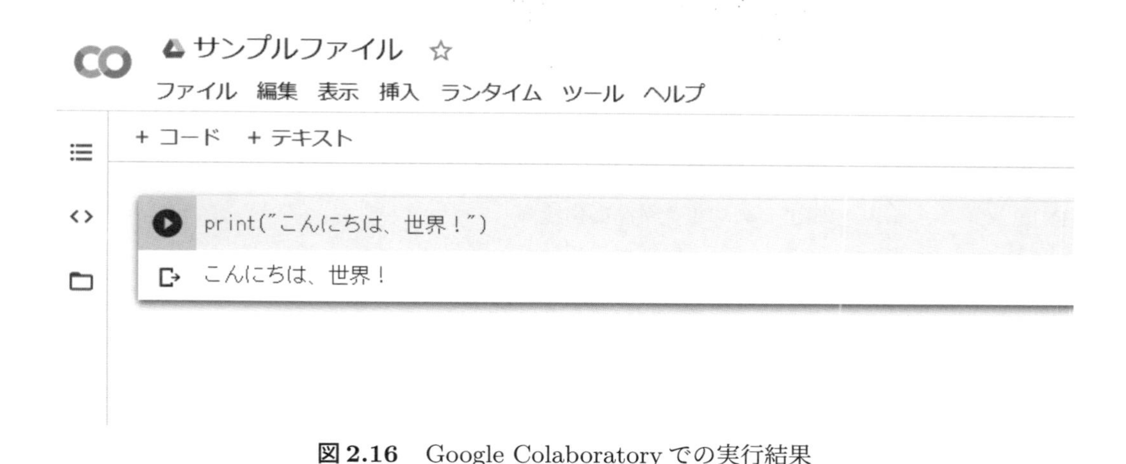

図 2.16 Google Colaboratory での実行結果

無事、テキストが出力されたことが確認出来ました。このように、Google Colaboratory では Jupyter Labs や Jupyter Notebook と似たインターフェースで、Python を用いたプログラミングを行うことが出来ます。

2.3 サンプルデータを読み込む -はじめの一歩

まずは最初の一歩として、Notebook 上にデータを読み込む作業を実施してみましょう。例えば Excel でデータを読み込むと、表形式でデータが表示されることはご覧になったことがあるかと思います。それと同じように、Notebook 上でもデータを読み込むことで、様々な処理をデータセットに対して行うことが可能になります。今回は、ウェブ上に存在するデータセットを直接読み出すことを試してみたいと思います。

今回利用するデータセットは、Scikit-learnパッケージが提供するボストンの住宅価格データです。データセットには、以下のような項目が含まれています。

変数名	概要
CRIM	町ごとの人口ひとりあたりの犯罪率
ZN	宅地比率
INDUS	町ごとの非小売業の面積比率
CHAS	チャールズ川へと道が繋がっているか否か
NOX	NOx 濃度
RM	住宅あたりの部屋数
LSTAT	低階層人口の比率
AGE	1940年以前に建てられた建物の割合
DIS	ボストンにおける5つの雇用中心地からの距離
RAD	放射状幹線道路からの距離
TAX	固定資産税率
PTRATIO	町における教師あたりの生徒数
B	黒人の比率
MEDV	所有者が住む住宅の価値のメディアン値

まずこの節では、データセットを取り出す方法のみご紹介したいと思います。次節以降で、こうしたデータを統計的に処理する方法について解説します。

このデータを取り出すには、以下のコマンドをNotebook上で実行します。

```
from sklearn import datasets
dataset = datasets.load_boston()
dataset
```

ここで、やっていることをひとつひとつ細かくみていきましょう。

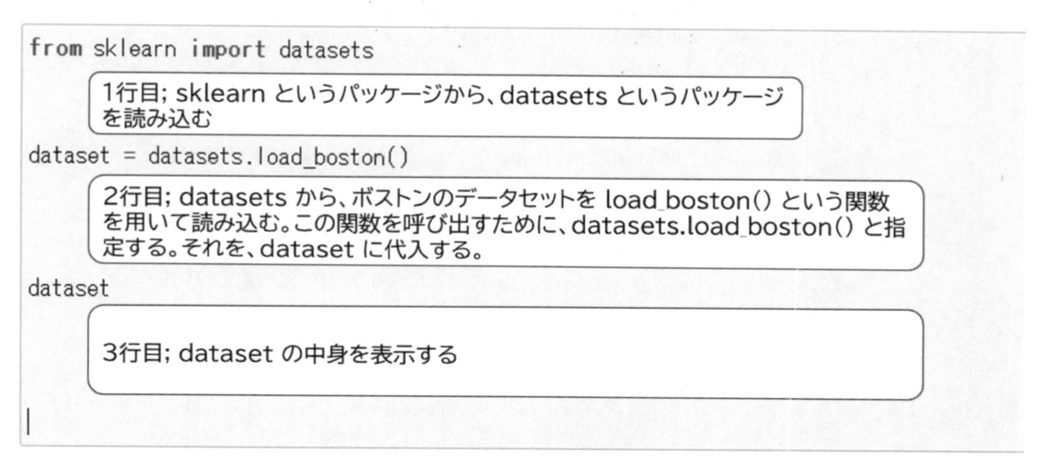
from sklearn import datasets
1行目; sklearn というパッケージから、datasets というパッケージを読み込む
dataset = datasets.load_boston()
2行目; datasets から、ボストンのデータセットを load_boston() という関数を用いて読み込む。この関数を呼び出すために、datasets.load_boston() と指定する。それを、dataset に代入する。
dataset
3行目; dataset の中身を表示する

図 2.17　データの読み込みで、何をしているのか一行ずつ細かくみてみましょう

一行目では、今回使う sklearn という数理計算を行うためのライブラリから datasets パッケージをインポートします。そのため、"from sklearn import datasets" と指定します。続いて二行目、datasets パッケージから load_boston() 関数を用いて、ボストン住宅価格のデータセットを読み込みます。そして、dataset という変数にその内容を代入しています。続いて、三行目では datasets のみを記述し、中身を確認しています。これらのコマンドを実行すると、以下のような結果が出力されます。

```
Out[9]: {'data': array([[6.3200e-03, 1.8000e+01, 2.3100e+00, ..., 1.5300e+01, 3.9690e+02,
                 4.9800e+00],
                [2.7310e-02, 0.0000e+00, 7.0700e+00, ..., 1.7800e+01, 3.9690e+02,
                 9.1400e+00],
                [2.7290e-02, 0.0000e+00, 7.0700e+00, ..., 1.7800e+01, 3.9283e+02,
                 4.0300e+00],
                ...,
                [6.0760e-02, 0.0000e+00, 1.1930e+01, ..., 2.1000e+01, 3.9690e+02,
                 5.6400e+00],
                [1.0959e-01, 0.0000e+00, 1.1930e+01, ..., 2.1000e+01, 3.9345e+02,
                 6.4800e+00],
                [4.7410e-02, 0.0000e+00, 1.1930e+01, ..., 2.1000e+01, 3.9690e+02,
                 7.8800e+00]]),
         'target': array([24. , 21.6, 34.7, 33.4, 36.2, 28.7, 22.9, 27.1, 16.5, 18.9, 15. ,
                18.9, 21.7, 20.4, 18.2, 19.9, 23.1, 17.5, 20.2, 18.2, 13.6, 19.6,
                15.2, 14.5, 15.6, 13.9, 16.6, 14.8, 18.4, 21. , 12.7, 14.5, 13.2,
                13.1, 13.5, 18.9, 20. , 21. , 24.7, 30.8, 34.9, 26.6, 25.3, 24.7,
                21.2, 19.3, 20. , 16.6, 14.4, 19.4, 19.7, 20.5, 25. , 23.4, 18.9,
                35.4, 24.7, 31.6, 23.3, 19.6, 18.7, 16. , 22.2, 25. , 33. , 23.5,
                19.4, 22. , 17.4, 20.9, 24.2, 21.7, 22.8, 23.4, 24.1, 21.4, 20. ,
                20.8, 21.2, 20.3, 28. , 23.9, 24.8, 22.9, 23.9, 26.6, 22.5, 22.2,
                23.6, 28.7, 22.6, 22. , 22.9, 25. , 20.6, 28.4, 21.4, 38.7, 43.8,
                33.2, 27.5, 26.5, 18.6, 19.3, 20.1, 19.5, 19.5, 20.4, 19.8, 19.4,
                21.7, 22.8, 18.8, 18.7, 18.5, 18.3, 21.2, 19.2, 20.4, 19.3, 22. ,
                20.3, 20.5, 17.3, 18.8, 21.4, 15.7, 16.2, 18. , 14.3, 19.2, 19.6,
                23. , 18.4, 15.6, 18.1, 17.4, 17.1, 13.3, 17.8, 14. , 14.4, 13.4,
                15.6, 11.8, 13.8, 15.6, 14.6, 17.8, 15.4, 21.5, 19.6, 15.3, 19.4,
                17. , 15.6, 13.1, 41.3, 24.3, 23.3, 27. , 50. , 50. , 50. , 22.7,
```

図 2.18　ボストンの住宅価格データを読み込む

データの中身がOut: に表示されますが、若干見づらいですね。そこで、項目の表示内容をPandas というパッケージを用いて調整してみたいと思います（注：Pandasの詳細については「困ったときの逆引き事典」をご参照ください）。ここでは、DataFrame というデータの表示・管理方式を利用します。

Notebook 上には以下のコマンドを一行ずつ入力します。

```
1 #pandas パッケージを利用する
2 import pandas as pd
```

```
3 #DataFrame に代入する
4 dataset2 = pd.DataFrame(dataset.data)
5 #列名を指定する
6 dataset2.columns = dataset.feature_names
7 #結果を出力する
8 dataset2
```

さて、ここではシャープ(#)が各行ごとに入っていることが確認できると思います。これはコメントと呼ばれているもので、コードの前後に付与することで、どのような作業を行っているのかの具体的な内容を英語もしくは日本語で明示しておくことが可能になります。コメントとして入力されている内容は、プログラミングの処理および出力には反映されません。複数人で作業を分担するときのみならず、ひとりでコーディング作業をする際にも、できるだけコメントで何を行っているか書いておくと、後々かなり便利です。しばらく前に書いたコードで、どのようなルーチン(手順)でコーディングを行っているかを、ただソースコードを読んだだけで思い出すのは結構面倒であったりします。

さて、今回行っている作業を一行ずつ追っていくと、以下の通りになります。

```
#pandas パッケージを利用する
import pandas as pd
```

1行目; pandas という名前のパッケージを読み込む。Pandas を打ち込むのは長いので、別名(エイリアス)として pd を使うことを宣言する

```
#DataFrame に代入する
dataset2=pd.DataFrame(dataset.data)
```

2行目; 一つ前のライブラリで作成した datasetのうち、data を Pandas の DataFrame 形式に変換する。このとき、dataset.data と指定すればデータ部分のみ取り出せる。pd.DataFrameの括弧内にdataset.data を代入し、それをdataset2 に代入する

```
#列名を指定する
dataset2.columns=dataset.feature_names
```

3行目; 列名を指定するため、dataset からfeature_names を取り出す。このとき、dataset.feature_names と指定すれば列名部分のみ取り出せる。それを、dataset2.columns に代入する

```
#結果を出力する
dataset2
```

4行目; dataset2 の内容を出力する

図 2.19　Pandas DataFrame への変換で、何をしているのか一行ずつ細かくみてみましょう

行っている作業は次の通りです。まず、Pandas パッケージを読み込み、pd という別名 (エイリアス) で読み出せるようにします (1 行目)。続いて、先ほど dataset に読み込んだデータのうち、実データが入っている data 部分を指定した形で、DataFrame 形式に変換したうえで、dataset2 変数に代入します (2 行目)。続いて、dataset 内にある変数名を取り出し、それを dataset2.columns に代入します (3 行目)。これで、dataset2 の列名として利用出来るようになります。最後に、dataset2 を表示します (4 行目)。

出力結果は以下のようになります。

Excel や Stata のテーブル表示と同じように、先頭行に変数名が表示された形でデータが表示されていることが確認できるかと思います。また、左端の一列目はデータの連番が表示されていること、先頭から 5 行目までと、末尾の 501 行目から 506 行目までのデータが表示されます。

	CRIM	ZN	INDUS	CHAS	NOX	RM	AGE	DIS	RAD	TAX	PTRATIO	B	LSTAT
0	0.00632	18.0	2.31	0.0	0.538	6.575	65.2	4.0900	1.0	296.0	15.3	396.90	4.98
1	0.02731	0.0	7.07	0.0	0.469	6.421	78.9	4.9671	2.0	242.0	17.8	396.90	9.14
2	0.02729	0.0	7.07	0.0	0.469	7.185	61.1	4.9671	2.0	242.0	17.8	392.83	4.03
3	0.03237	0.0	2.18	0.0	0.458	6.998	45.8	6.0622	3.0	222.0	18.7	394.63	2.94
4	0.06905	0.0	2.18	0.0	0.458	7.147	54.2	6.0622	3.0	222.0	18.7	396.90	5.33
...	...	...	...	...	...	...	...	...	...	...	...	...	...
501	0.06263	0.0	11.93	0.0	0.573	6.593	69.1	2.4786	1.0	273.0	21.0	391.99	9.67
502	0.04527	0.0	11.93	0.0	0.573	6.120	76.7	2.2875	1.0	273.0	21.0	396.90	9.08
503	0.06076	0.0	11.93	0.0	0.573	6.976	91.0	2.1675	1.0	273.0	21.0	396.90	5.64
504	0.10959	0.0	11.93	0.0	0.573	6.794	89.3	2.3889	1.0	273.0	21.0	393.45	6.48
505	0.04741	0.0	11.93	0.0	0.573	6.030	80.8	2.5050	1.0	273.0	21.0	396.90	7.88

506 rows × 13 columns

図 2.20　Pandas DataFrame に変換されたデータを確認しましょう

ここまでの作業をひとつのコードにまとめると、以下のようになります。

```
#sklearn から dataset を利用する
from sklearn import datasets
#pandas パッケージを利用する
import pandas as pd
#load_boston でデータセットのサンプルを読み込む
dataset = datasets.load_boston()
#DataFrame に代入する
dataset2=pd.DataFrame(dataset.data)
#列名を指定する
dataset2.columns=dataset.feature_names
```

```
11 #結果を出力する
12 dataset2
```

ここまでの作業を、実際の Jupyter Notebook および Google Colaboratory 上で行った結果のスクリーンショットを次ページに示します。紙面の都合上、本書では In: の部分に記載する「入力」ことコーディング部分、「出力」こと Out: 部分にアウトプットされる実行結果の部分が、順繰りに表示されることが確認できるかと存じます。

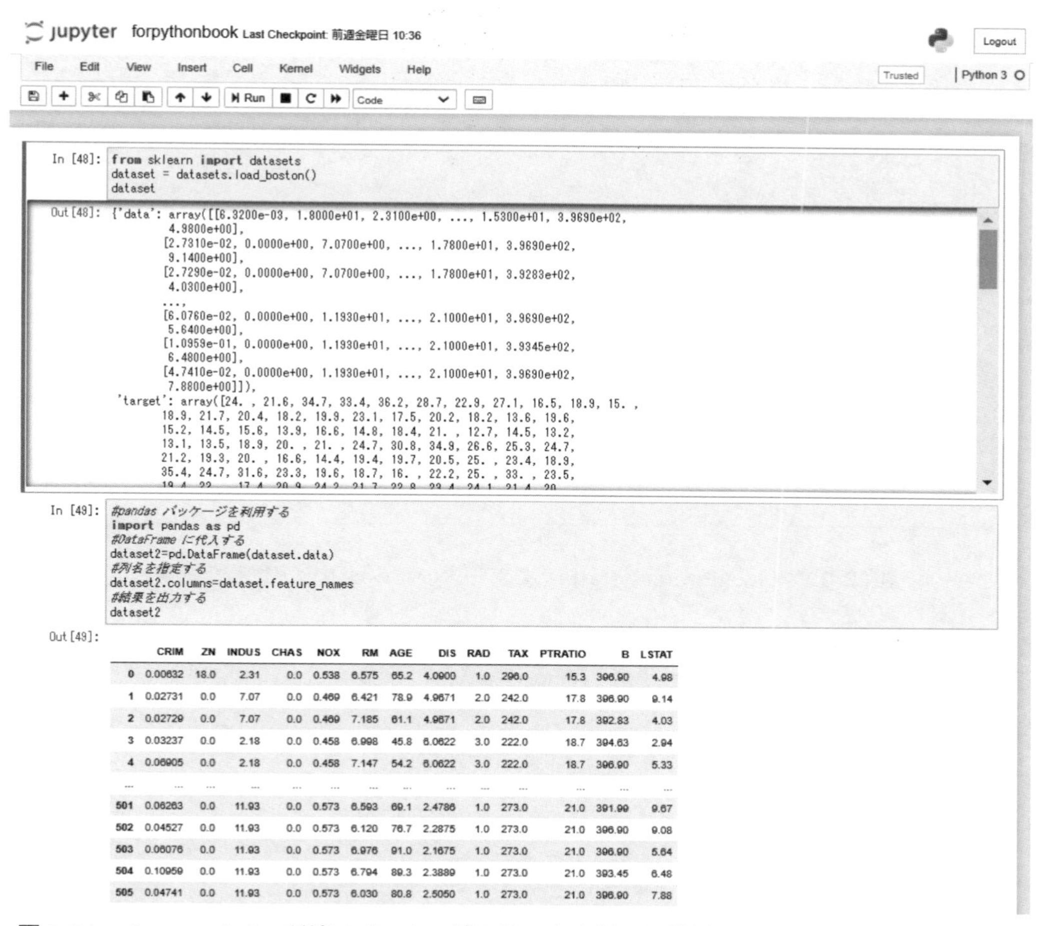

	CRIM	ZN	INDUS	CHAS	NOX	RM	AGE	DIS	RAD	TAX	PTRATIO	B	LSTAT
0	0.00632	18.0	2.31	0.0	0.538	6.575	65.2	4.0900	1.0	296.0	15.3	396.90	4.98
1	0.02731	0.0	7.07	0.0	0.469	6.421	78.9	4.9671	2.0	242.0	17.8	396.90	9.14
2	0.02729	0.0	7.07	0.0	0.469	7.185	61.1	4.9671	2.0	242.0	17.8	392.83	4.03
3	0.03237	0.0	2.18	0.0	0.458	6.998	45.8	6.0622	3.0	222.0	18.7	394.63	2.94
4	0.06905	0.0	2.18	0.0	0.458	7.147	54.2	6.0622	3.0	222.0	18.7	396.90	5.33
...	...	...	...	...	...	...	...	...	...	...	...	...	...
501	0.06263	0.0	11.93	0.0	0.573	6.593	69.1	2.4786	1.0	273.0	21.0	391.99	9.67
502	0.04527	0.0	11.93	0.0	0.573	6.120	76.7	2.2875	1.0	273.0	21.0	396.90	9.08
503	0.06076	0.0	11.93	0.0	0.573	6.976	91.0	2.1675	1.0	273.0	21.0	396.90	5.64
504	0.10959	0.0	11.93	0.0	0.573	6.794	89.3	2.3889	1.0	273.0	21.0	393.45	6.48
505	0.04741	0.0	11.93	0.0	0.573	6.030	80.8	2.5050	1.0	273.0	21.0	396.90	7.88

図 2.21 Jupyter Labs 環境でデータの読み込みを実行した結果 (Windows 10 上で実行した Google Chrome の場合)

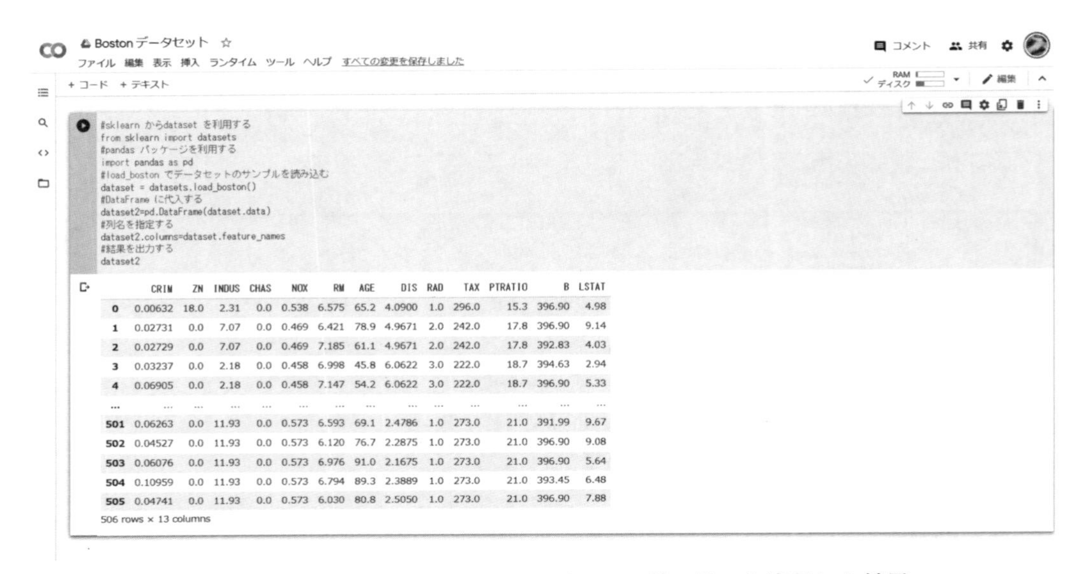

	CRIM	ZN	INDUS	CHAS	NOX	RM	AGE	DIS	RAD	TAX	PTRATIO	B	LSTAT
0	0.00632	18.0	2.31	0.0	0.538	6.575	65.2	4.0900	1.0	296.0	15.3	396.90	4.98
1	0.02731	0.0	7.07	0.0	0.469	6.421	78.9	4.9671	2.0	242.0	17.8	396.90	9.14
2	0.02729	0.0	7.07	0.0	0.469	7.185	61.1	4.9671	2.0	242.0	17.8	392.83	4.03
3	0.03237	0.0	2.18	0.0	0.458	6.998	45.8	6.0622	3.0	222.0	18.7	394.63	2.94
4	0.06905	0.0	2.18	0.0	0.458	7.147	54.2	6.0622	3.0	222.0	18.7	396.90	5.33
...	...	...	...	...	...	...	...	...	...	...	...	...	...
501	0.06263	0.0	11.93	0.0	0.573	6.593	69.1	2.4786	1.0	273.0	21.0	391.99	9.67
502	0.04527	0.0	11.93	0.0	0.573	6.120	76.7	2.2875	1.0	273.0	21.0	396.90	9.08
503	0.06076	0.0	11.93	0.0	0.573	6.976	91.0	2.1675	1.0	273.0	21.0	396.90	5.64
504	0.10959	0.0	11.93	0.0	0.573	6.794	89.3	2.3889	1.0	273.0	21.0	393.45	6.48
505	0.04741	0.0	11.93	0.0	0.573	6.030	80.8	2.5050	1.0	273.0	21.0	396.90	7.88

図 2.22 Google Colaboratory でデータの読み込みを実行した結果

また、このデータセットの中には不動産の価格 target も含まれています。これも合わせて DataFrame 形式に変換し、先程の変数リストと合わせて出力するには以下のコマンドを実行します。先程と違うポイントは、Pandas の concat 関数を用いて、データセットを横方向につなぎ合わせている点です。

```
1  #sklearn から dataset を利用する
2  from sklearn import datasets
3  #pandas パッケージを利用する
4  import pandas as pd
5  #load_boston でデータセットのサンプルを読み込む
6  dataset = datasets.load_boston()
7  #DataFrame に代入する
8  dataset2=pd.DataFrame(dataset.data)
9  #列名を指定する
10 dataset2.columns=dataset.feature_names
11 #価格を取り出す
12 dataset3=pd.DataFrame(dataset.target)
13 #列名を任意に指定する
14 dataset3.columns=['target']
15 #ふたつのデータセットを縦につなぎ合わせる
16 dataset4=pd.concat([dataset3, dataset2], axis=1)
17 #結果を出力する
18 dataset4
```

結果は以下のようになります。先程のデータセットに、不動産の価格 (target) が一列目に追記されていることが確認出来ると思います。

	target	CRIM	ZN	INDUS	CHAS	NOX	RM	AGE	DIS	RAD	TAX	PTRATIO	B	LSTAT
0	24.0	0.00632	18.0	2.31	0.0	0.538	6.575	65.2	4.0900	1.0	296.0	15.3	396.90	4.98
1	21.6	0.02731	0.0	7.07	0.0	0.469	6.421	78.9	4.9671	2.0	242.0	17.8	396.90	9.14
2	34.7	0.02729	0.0	7.07	0.0	0.469	7.185	61.1	4.9671	2.0	242.0	17.8	392.83	4.03
3	33.4	0.03237	0.0	2.18	0.0	0.458	6.998	45.8	6.0622	3.0	222.0	18.7	394.63	2.94
4	36.2	0.06905	0.0	2.18	0.0	0.458	7.147	54.2	6.0622	3.0	222.0	18.7	396.90	5.33
...	...	...	...	...	...	...	...	...	...	...	...	...	...	...
501	22.4	0.06263	0.0	11.93	0.0	0.573	6.593	69.1	2.4786	1.0	273.0	21.0	391.99	9.67
502	20.6	0.04527	0.0	11.93	0.0	0.573	6.120	76.7	2.2875	1.0	273.0	21.0	396.90	9.08
503	23.9	0.06076	0.0	11.93	0.0	0.573	6.976	91.0	2.1675	1.0	273.0	21.0	396.90	5.64
504	22.0	0.10959	0.0	11.93	0.0	0.573	6.794	89.3	2.3889	1.0	273.0	21.0	393.45	6.48
505	11.9	0.04741	0.0	11.93	0.0	0.573	6.030	80.8	2.5050	1.0	273.0	21.0	396.90	7.88

506 rows × 14 columns

図 2.23　Pandas DataFrame に変換されたデータを確認しましょう (target 追加バージョン)

こうしたデータセットを処理し統計的な結果を導き出す方法については、次章以降でご紹介したいと思います。

第3章 Pythonを使ってデータを集めよう

本章では、APIやLinked Open Data、Webスクレイピングを用いてデータの取得や整理を行う方法について解説します。

データ分析をするためには、当たり前のことのように聞こえるかもしれませんが、データそのものが必要です。従来、経済や経営に関わるデータ分析においては、統計表や、あらかじめExcel/CSV形式で提供されたデータを用いることがほとんどでした。しかしながら現在では、Webを介してデータを入手する手法がいくつも存在します。そのため、従来はデータが提供されておらず、定量的な分析が困難だった事象について、データを取得し分析することが可能になりつつあります。本章では、Webスクレイピングや API, Linked Open Data (SPARQL Endpoint) を用いたデータ取得の方法について順番にご紹介します。

なお、初学者の皆様はまずは次の章にスキップした後、ある程度Pythonでのコーディングに慣れて頂いた後再びこの章に戻ってきて頂くことをおすすめします。

3.1 データを「つくる」- Webスクレイピング

データを取得する方法として、近年よく用いられているのがWebスクレイピングです。スクレイピング (Scraping) という言葉の通り、Web上に溢れる様々な情報から、必要な項目・内容を取り出す一連の作業として、一般的には捉えられています。このセクションでは、Web スクレピングの主な手法と具体的な活用例および、スクレイピングを実行する際に注意すべきことについて合わせてご紹介します。

3.1.1 緊急事態宣言下のパチンコホールの営業状況を調べる

2020 年初頭から世界に広く伝搬した新型コロナウイルス感染症 (COVID-19) の感染拡大に関連して、密室空間であるとされるパチンコホールが営業し続けていることが、2020 年の 4 月から 5 月にかけて社会的に大きな話題となりました。テレビや新聞、Web メディアは、政府や地方自治体が自粛要請をしているのにも関わらず営業を続けるパチンコホールの様子を映し出していました。

図 3.1 パチンコホール (Photo by Michael Maggs, Wikimedia Commons)

しかし、なぜか、実際に全国のパチンコホールが緊急事態宣言下でどの程度の営業率なのか、色々なネットニュースを読んだりテレビのワイドショーを観ても、なかなか具体的な数字は出てこないのでした。

そこで、実際にデータを集めて解析してみることにしました。まず行ったのは、全国のパチンコホールの情報を一元的に掲載しているサイトを探索することでした。Twitter や 2 ちゃんねるベースのパチンコまとめサイトなどを探し回り、必要な情報が掲載されているサイトを探したところ、(1.) P-World, (2.) ここって昔パチンコ屋？ というサイトが日次の営業/休業情報をまとめてくれていることが確認出来ました。そこで、これらからデータを取得することにしました。

以下に、スクレイピング時のコードの具体例を示します。このコードでは、Pandas パッケージの read_html メソッドを用いることで、アクセスしたページの先にある table タグから、データをまとめて取得し、それを data3 という DataFrame に追記する作業を行っています。Table タグを抜き出した状態では、分析に不要な情報がたくさん含まれています。そこで、DataFrame の dropna というメソッドを用いることで、パチンコホールの (1.) 店名、(2.) 住所、(3.) 営業状況のデータのみを抽出しています[1]。

```
1  import pandas as pd
2  import numpy as np
3
4  list = ["hokkaido", "aomori","iwate", "miyagi", "akita",
    ↪  "yamagata", "fukushima", "ibaraki", "tochigi", "gunma",
```

[1] サイトの構造が変化し、現時点ではこのコードのままではスクレイピング出来ない可能性があることをご理解頂ければ幸いです

```
        "saitama", "chiba", "tokyo", "kanagawa", "niigata",
         ↪  "toyama", "ishikawa","fukui", "yamanashi",
         ↪  "nagano", "gifu",
        "shizuoka", "aichi", "mie","shiga", "kyoto",
         ↪  "osaka", "hyogo", "nara", "wakayama", "tottori",
         ↪  "shimane", "okayama",
        "hiroshima", "yamaguchi", "tokushima", "kagawa",
         ↪  "ehime", "kochi", "fukuoka", "saga", "nagasaki",
         ↪  "kumamoto", "oita",
       "miyazaki", "kagoshima", "okinawa"]

#list = ["tokyo"]
print(list)
url1 = 'http://koko-pachi.com/htm/korona.'

for j in range(len(list)):
    data3=pd.DataFrame()
    print(list[j])
    url2 = list[j]+".5.htm"
    url3=url1+url2
    #print(url3)
    dfs= pd.read_html(url3)
    data3=data3.append(dfs)

    #data3
```

```
24    #print(data3)
25    #データ整理用
26    #簡易的にラベルを付与する
27    data3.columns={'A','B','C','D','E','F', 'G', 'H'}
28
29    #不要な行を削除する
30    #data3=data3.dropna(how='all', axis=1)
31    #data3=data3.dropna(how='any')
32    data3=data3.drop('D', axis=1)
33    data3=data3.drop('E', axis=1)
34    data3=data3.drop('F', axis=1)
35    data3=data3.drop('G', axis=1)
36    data3=data3.drop('H', axis=1)
37    data3=data3.drop('B', axis=1)
38    data3=data3.drop('A', axis=1)
39    data3=data3.dropna(how='any')
40
41
42    #データの整理．余計な箇所を削除する
43    temp1=data3.loc[[0]]
44    temp1.reset_index(drop=True, inplace=True)
45    temp1.drop(temp1.tail(1).index, inplace=True)
46    temp1.drop(temp1.head(1).index, inplace=True)
47    temp1.drop(temp1.head(1).index, inplace=True)
48    temp1.reset_index(drop=True, inplace=True)
```

```
49
50      #データの整理. index を並べ直して, データを取り出す.
51      temp2=data3.loc[[1]]
52      temp2.reset_index(drop=True, inplace=True)
53      temp3=data3.loc[[2]]
54      temp3.reset_index(drop=True, inplace=True)
55
56      data5=pd.concat([temp1,temp2,temp3], axis=1)
57
58      label="pachinko_"+list[j]+"_20200609.csv"
59      data5.to_csv(label)
```

これにより、以下のようなパチンコホールの情報を取得できます。これに対し、正規表現による処理を加えることで、日付だけを取り出すことが可能になります。

こうして取得したデータを処理し、棒グラフとしてまとめてみました。緊急事態宣言や都道府県ごとの業界団体、地方自治体による勧告により、少しずつパチンコホールの休業率が上がっていくことが確認出来ます。正直なところ、メディアがパチンコホールの営業を問題視していたころには、ほとんどのパチンコホールはすでに休業状態だったことが確認出来ると思います。

```
45,東京都足立区綾瀬3-3-2第1星ビル,ダイナム 綾瀬東口店,休業(2020/04/07～2020/05/28)、再開(2020/05/29～)
49,東京都足立区綾瀬4-6-30高架下,MGM 綾瀬西口店,休業(2020/04/23～2020/05/26)、再開(2020/05/27～)
53,東京都足立区綾瀬4-9-27第一興商ビル,ニュークラウン 綾瀬店,休業(2020/04/25～2020/05/26)、再開(2020/05/27～)
57,東京都足立区伊興本町2-1-24,リブロン 竹の塚店,休業(2020/04/28～)、再開
61,東京都足立区一ツ家1-21-13,ニュースター 一ツ家店,休業(2020/04/08～2020/05/25)、再開(2020/05/26～)
65,東京都足立区弘道1-2-20ラプレーヌGS,甲子園 五反野店,休業(2020/04/08～2020/05/26)、再開(2020/05/27～)
69,東京都足立区鹿浜1-14-14,ことぶき 鹿浜店,休業(2020/04/11～2020/05/26)、再開(2020/05/27～)
73,東京都足立区舎人5-13-3大駒マンション,ロケットホール 舎人店,閉店(～2020/04/20)
77,東京都足立区西綾瀬2-23-17,ピア 五反野店,休業(2020/04/08～2020/05/28)、再開(2020/05/29～)
81,東京都足立区西新井1-5-1中田ビル,トーエー 大師前店,休業(2020/04/11～2020/05/26)、再開(2020/05/27～)
85,東京都足立区西新井栄町2-2-3牧野ビル,キューデン・アネックス 西新井店,休業(2020/04/08～2020/05/26)、再開(2020/05/27～)
89,東京都足立区西新井栄町2-7-2興和ビル,ヴィラージュ・キューデン 西新井店,休業(2020/04/08～2020/05/26)、再開(2020/05/27～)
93,東京都足立区西新井栄町2-7-5,(S)スラッシュ 西新井西口店,休業(2020/04/25～2020/05/06)、再開(2020/05/07～)
97,東京都足立区西新井本町1-16-17,ことぶき 大師店,休業(2020/04/11～2020/05/26)、再開(2020/05/27～)
101,東京都足立区西竹の塚2-3-351F,アクセス 竹の塚店,休業(2020/04/09～2020/05/28)、再開(2020/05/29～)
105,東京都足立区西保木間2-9-11,ラスベガス 竹の塚店,休業(2020/04/08～)
109,東京都足立区千住2-62-6,(S)オーシャン 北千住店,休業(2020/04/08～2020/05/26)、再開(2020/05/27～)
113,東京都足立区千住3-72白亜ビル,コンサートホール 北千住店,休業(2020/04/08～2020/05/29)、再開(2020/05/30～)
117,東京都足立区千住3-92丸井1F,ピーアーク 北千住店,休業(2020/04/08～2020/05/25)、再開(2020/05/26～)
121,東京都足立区千住橋戸町11,ピーアップル 千住大橋店,休業(2020/04/27～2020/05/06)、再開(2020/05/07～)
125,東京都足立区扇2-46-8,メッセ 扇店,休業(2020/04/08～2020/05/25)、再開(2020/05/26～)
129,東京都足立区足立4-38-7,ミカド 五反野店,休業(2020/04/08～2020/05/26)、再開(2020/05/27～)
133,東京都足立区谷在家1-23-15,ビッグスポーツ館 谷在家店,休業(2020/04/27～2020/05/06)、再開(2020/05/07～)
137,東京都足立区谷在家3-1-18(a),ことぶき 谷在家店,休業(2020/04/11～2020/05/26)、再開(2020/05/27～)
141,東京都足立区谷中2-22-18,ピーアーク ピーくんガーデン 綾瀬店,休業(2020/04/08～2020/05/25)、再開(2020/05/26～)
145,東京都足立区谷中3-1-15(a),ピーアーク 北綾瀬店,休業(2020/04/08～2020/05/25)、再開(2020/05/26～)
149,東京都足立区竹の塚1-41-3スタジオピーアーク1F,ピーアーク スタジオ 竹の塚店,休業(2020/04/08～2020/05/25)、再開(2020/05/26～)
153,東京都足立区竹の塚6-8-4(a),ピーアーク ピーくんプラザ 竹の塚店,休業(2020/04/08～2020/05/25)、再開(2020/05/26～)
157,東京都足立区入谷7-7-2,ニュー今津屋 入谷店,休業(2020/04/25～2020/05/06、2020/05/13～2020/05/25)、再開(2020/05/26～)
161,東京都足立区入谷8-14-6,パスカ ポートアリーナスポーツ館 入谷店,休業(2020/04/27～2020/05/06)、再開(2020/05/07～)
165,東京都足立区入谷9-14-8,アカダマ キャニオン 入谷店,閉店(～2020/04/12)
169,東京都足立区梅島1-13-9,宇宙センター 梅島店,休業(2020/04/25～2020/05/06)、再開(2020/05/07～)
173,東京都足立区梅島1-14-7,サンコー 梅島店,休業(2020/04/25～2020/05/10、2020/05/14～2020/05/25)、再開(2020/05/26～)
177,東京都足立区梅島3-31-10,Jクラブ 西新井店,休業(2020/04/24～2020/05/26)、再開(2020/05/27～)
181,東京都足立区平野1-15-6足立平野ビル,ことぶき 平野店,休業(2020/04/11～2020/05/26)、再開(2020/05/27～)
185,東京都足立区保木間5-25-23竹ノ塚インドア スポーツプラザ,ニューグランド 保木間店,休業(2020/04/25～2020/05/06)、再開(2020/05/07～)
189,東京都足立区堀之内1-15-17,マルハン 鹿浜店,休業(2020/04/08～2020/05/28)、再開(2020/05/29～)
193,東京都足立区六月1-23-1(旧)フジボール,メッセ 竹の塚店,休業(2020/04/08～2020/05/25)、再開(2020/05/26～)
197,東京都荒川区荒川5-19-5,コンサートホール 荒川店,休業(2020/04/08～2020/05/29)、再開(2020/05/30～)
201,東京都荒川区荒川6-2-6,ウインベル ウエスト 町屋店,休業(2020/04/08～2020/05/29)、再開(2020/05/30～)
205,東京都荒川区荒川7-49-1町屋ニュートーキョービル,ニュートーキョー 町屋店,休業(2020/04/11～2020/05/26)、再開(2020/05/27～)
```

図 3.2 パチンコホールのデータをまとめて取得する

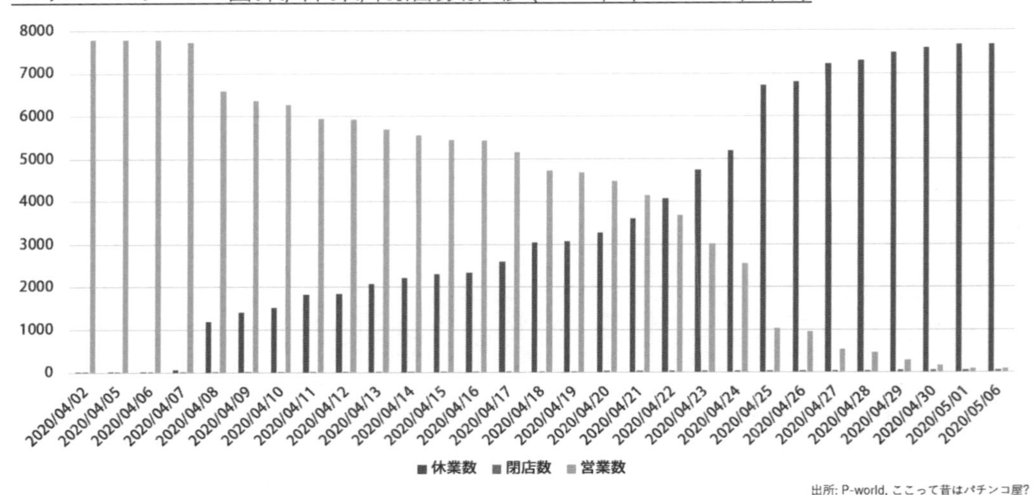

図 3.3 パチンコホールの営業状況推移 (2020/4/2 から 2020/5/6)

このパチンコホールの分析については現在学術論文として取りまとめている最中なのですが (2020 年 12 月現在)、結果の一部については 2020 年 6 月 5 日の日本経済新聞朝刊社会面「都内の繁華街「休業もう無理」要請の実効性に限界」に取り上げて頂きました。

データを見えるようにするだけで、思い込みや憶測で語られてきたことを、事実に基づいて話すことが出来るようになります。

3.1.2 COVID-19 に関連する支援状況を把握する

続いて、別のアプローチから COVID-19 に関するデータを取得した例をご紹介したいと思います。日本国内における COVID-19 の社会的影響は、2020 年 1 月以降から顕著になりました。結果、多くの企業が事業縮小や業態転換、あるいは倒産などの影響に直面しています[2]。こうした状況に対し、政府や地方自治体は企業や個人を対象とした補助金制度を設けることで、事業の維持に寄与しようとしています。しかし、やはりメディアでは先程のパチンコホールの例と同じく、個別具体的な事例や企業の声は紹介してくれるのですが、どんな補助金がいくつあって、どのようなスキームで、誰に提供されているのかがイマイチよくわかりません。そこで、補助金の情報をまとめて提供しているポータルサイトから、補助金の情報をまとめて Web スクレイピングして調査することにしました。

補助金についていくつかサイトのを比較したところ、補助金ポータル `https://hojyokin-portal.jp/` というサイトでは以下の情報を一括して取得できることがわかりました。

1. 補助金名
2. 補助金概要
3. 地域
4. 実施機関
5. 公募期間
6. 上限金額・助成額
7. 補助率

[2] 中川功一 [編著](2020) 『感染症時代の経営学』(千倉書房) 等参照。

8. 利用目的
9. 対象経費
10. 詳細ページへの URL

そこで、このサイトから Web スクレイピングを用いて COVID-19 に関する補助金情報をまとめて取得することにしました。今回は、BeautifulSoup という、Python を用いたスクレイピングでは広く用いられているメソッドも併せてご紹介したいと思います。以下にソースコードを示します。

先程のパチンコホールデータのスクレイピングと同じく、まずはデータを取得する URL を指定します。構造を確認する限り、このサイトでは、補助金ごとに異なる ID が割り当てられ、それが URL の末尾のアドレスになっていることがわかります。これを用い、ID ごとに URL を変更することで、それぞれの補助金の情報を取得することにします。

補助金の詳細情報が掲載されたページを確認すると、補助金の名称と概要は H1 タグおよび DIV タグ内に、また補助金の利用目的や助成額、公募期間などの情報は table タグ内におさめられていることがわかります。そこで、前者ふたつは BeatutifulSoup をつかって、後者は Pandas の read_html メソッドを使って取得することにします。このとき、補助金名や補助金の概要の取得にあたっては、Beautifulsoup の find_all 機能を用います。たとえば、補助金名の場合には、h1 タグの中で、class として p-subsidy___heading が指定された部分を取り出すことになります。Web 上でどのようにサイトが構成されているか把握するには、ウェブブラウザに搭載されている「検証」機能を用います。たとえば、Google Chrome の場合、F12 キーを押すことで、Web サイトの HTML ソースや CSS コードについて確認することが出来ます。

こうしてスクレイピングしたデータから、hojyokin_namae[0].text と指定することで、テキストのみを取り出します。続いて、それを DataFrame に付与する作業を行います。

重要なプロセスとして、多くの Web サイトでは、「サイトに過剰な負荷をかけないこと」を利用規約として明示されています。そのため、今回は time パッケージをインポートした上で、各ページのデータ取得ループの最後に time.sleep(20) を指定することで、一旦作業を 20 秒止めることにしています。これにより、Web サイトが運用されているサーバに過剰な負荷を掛けないようにしています。

```
import pandas as pd
import numpy as np
import time
import urllib.request
#urllib.request をインポートする
from urllib import request
#BeautifulSoup をインポートする
from bs4 import BeautifulSoup

#URL を指定する
url1 = 'https://hojyokin-portal.jp/subsidies/'

data4=pd.DataFrame()

#list を指定する
list=np.arange(2392,0,-1)

#リストを最新版から開始して、古い情報まで繰り返す
for j in range(len(list)):

```

```
21      try:
22          #空の DataFrame を用意する
23          data3=pd.DataFrame()
24          url2 = list[j]
25
26          url3=url1+str(url2)
27          print(url3)
28
29          #URL を読み込む
30          response = request.urlopen(url3)
31          dfs= pd.read_html(url3)
32          #前節と同じく, DataFrame で情報を取得する
33          data3=data3.append(dfs)
34          #取得したデータの行列を転置する
35          data3=data3.T
36
37          soup = BeautifulSoup(response)
38          #h1 タグから補助金名を取得する
39          hojyokin_namae =
40              soup.find_all('h1', class_='p-subsidy__heading')
41          #div タグから補助金の概要を取得する
42          hojyokin_shousai =
43              soup.find_all('div', class_='p-subsidy__text')
44
45          #内容を放り込み, 改行で分類する
```

```
46            test2=hojyokin_namae[0].text
47            test3=hojyokin_shousai[0].text
48
49            #取り込んだデータにラベルをつけ、data3 に追記する
50            data3["補助金名"]=test2
51            data3["補助金概要"]=test3
52            print(data3)
53            #data3 に取得した内容を data4 に放り込む
54            data4=data4.append(data3)
55            #20 秒作業を中断する
56            time.sleep(20)
57            response.close()
58        except urllib.error.HTTPError:
59            print("not available")
60        else:
61            pass
62
63    #データを取得した結果を csv に出力する
64    label="hojokin__20200527_b.csv"
65    data4.to_csv(label)
```

こうしてデータを取得すると COVID-19 に関連して、様々な補助金が 2020 年 10 月現在提供されていることがわかります。

さて、スクレイピングについてはいくつかの留意点があります。何よりも、スクレイピングを行うにあたっては「Web スクレイピングを行うことを許可されたサイト」であ

るか否か確認する必要があることです。具体的には、Web サイト上の利用規約や、Web サイト上の robot.txt でクローリングが許諾されていない場合には、Web スクレイピングを行わないようにする必要があります。また、スクレイピングしたデータの利用用途が限られていることにも、同様に注意が必要です。そのため、政府系のデータセットの場合、近年では後述する Linked Open Data 形式や CSV 形式で情報が提供される場合も増えてきました。詳細については以後の節で触れることにします。

3.2 データで「まなぶ」- Kaggle とデータセット

データセットを Web 上から取得する方法を前節ではご紹介しましたが、スクレイピングやクローニングが禁止されている Web サイトも多数存在します。そのため、データセットを包括的に提供しているデータサイトについてもご紹介したいと思います。

Kaggle (`https://www.kaggle.com/`) は、パブリックに公開されたデータセットや Notebook を提供するポータルサイトです。Jupyter Labs や Google Colaboratory と同様、Notebook 環境も提供しています。また、GPU も利用することが出来ます。

データセットとしては、フットボールゲームである FIFA 19 の選手データ (`https://www.kaggle.com/karangadiya/fifa19`) や、ニューヨークの Airbnb 物件データ (`https://www.kaggle.com/dgomonov/new-york-city-airbnb-open-data`)、また COVID-19 の書誌情報データ (`https://www.kaggle.com/allen-institute-for-ai/CORD-19-research-challenge`) や国別の感染者数データ (`https://www.kaggle.com/c/covid19-global-forecasting-week-5`) なども提供されています。

Kaggle では、機械学習などの技法を用いたコンペティションが開催されています。例えば、`https://www.kaggle.com/c/titanic` ではタイタニックの乗客データを用いた機械学習のコンペティションが開催されています。こうしたデータセットを用いて、データ分析や機械学習のアプローチを学ぶのもおすすめです。

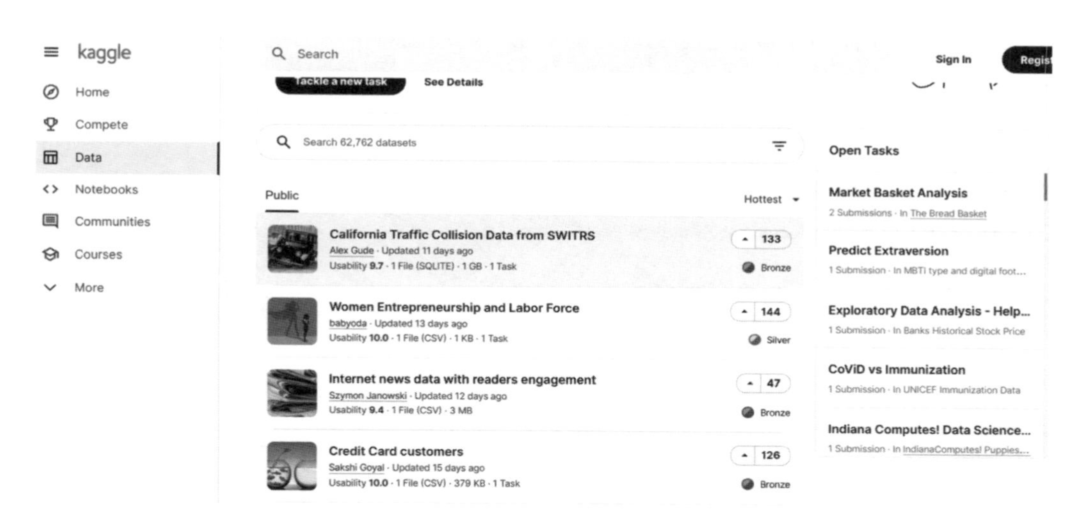

図 3.4　Kaggle の Web サイト (2020 年 11 月 現在)

3.3 データを「つかう」(1) -政府統計データ

実証的な経済学や経営学の分析をする上で、政府が集計しているデータにアクセスできると、分析の幅を増やすことが出来ます。以前は PDF あるいは Excel フォーマットでの提供がほとんどでしたが、後述する SPARQL Endpoint 方式を含め、よりデータ分析が行いやすい形でのデータ提供が進みつつあります。

このセクションでは、内閣官房が運用する地域経済システム RESAS (resas.go.jp) の API (Application Protocol Interface; エーピーアイ) を用いてデータを取得する方法について、サンプルコードとともにご紹介します。RESAS では、Web インターフェースを通じ地域経済の様々な情報を取得することが出来ます。表やグラフ、地図にプロットされた方式で表示してくれるので、地域間の違いを把握するときに大変便利です。ここでは、API を活用することでこうしたグラフや地図表示に活用されている元データ (Raw Data) を取得することにしましょう。

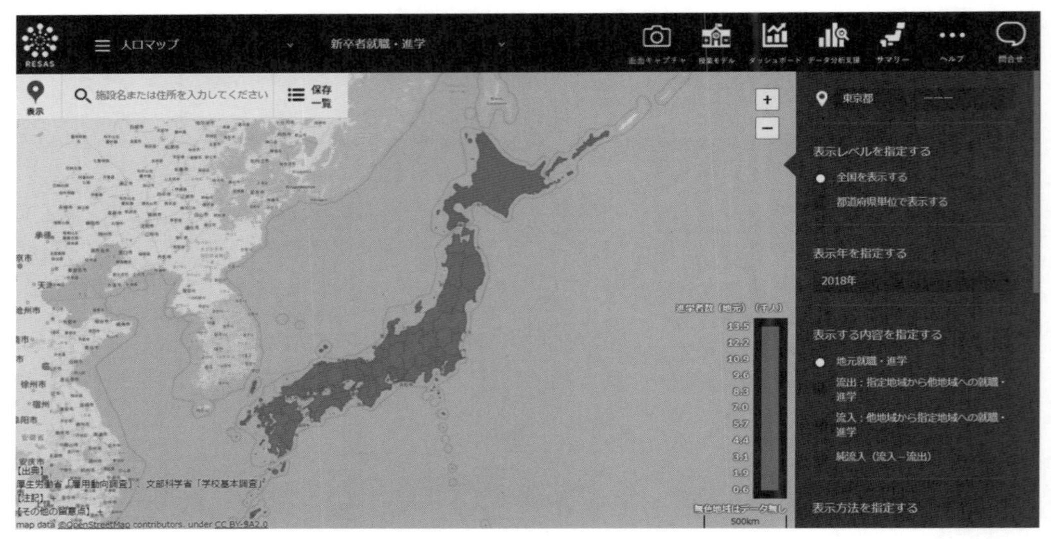

図 3.5　RESAS の Web インターフェース (2020 年 11 月 現在)

RESAS API の利用にあたっては、まず RESAS API サイト (`https://opendata.resas-portal.go.jp/`) から API キーの取得を行う必要があります。また、データの仕様書は 2020 年 10 月現在 `https://opendata.resas-portal.go.jp/docs/api/v1/index.html` に掲載されています。

API を用いたデータの取得にあたっては、RESAS API を含め多くの場合以下の手順で行います。

1. API キーを指定した状態で、サーバに接続する
2. URL Request 時に、データ取得のために必要なパラメータを指定する
3. データを取得する
4. 必要に応じて、データ形式を変換する

API キーは、以下のように取得できた API キーをダブルクオーテーション (") で区切る形にして記入して、api_key.json と名前をつけて保存してください。

```
{"X-API-KEY":"RESAS API から取得できたAPI鍵"}
```

今回は東京 23 区および市町村の年ごとの創業比率について、RESAS API から取得します。以下にコードを示します。まず、RESAS API 上で設定されている都道府県ごとの市区町村コードを取得します（https://opendata.resas-portal.go.jp/docs/api/v1/cities.html）。https://opendata.resas-portal.go.jp/docs/api/v1/prefectures.html にあるように、東京都の都道府県コードは 13 のため、prefCode=13 について市区町村コードを取得し、得られた JSON 方式のデータを d に保存します。続いて、得られたデータを DataFrame 形式に変換し、tokyo_list に保存します。この市区町村コードに基づき、続いて特別区および市区町村ごとの創業比率を取得します。

```
#利用するパッケージをインポートする
import json
import urllib.request
import pprint
import pandas as pd

# api_key.json に指定したAPI キーを読み込む
```

```
8   #ファイルはutf-8でエンコーディングすること
9   with open('api_key.json', mode = 'r', encoding = 'utf-8') as
     ↪ f:
10      api_key = json.load(f)
11
12  #東京の市区町村コード情報をRESAS APIから取得する
13  url_base =
     ↪ 'https://opendata.resas-portal.go.jp/api/v1/cities'
14
15  #東京都の県番号は13のため、一意に指定する
16  p = {'prefCode': 13}
17  url = url_base + '?' + urllib.parse.urlencode(p)
18  req = urllib.request.Request(url, headers=api_key)
19
20  with urllib.request.urlopen(req) as response:
21      data = response.read()
22
23  d = json.loads(data.decode())
24
25  #東京の市区町村コードをPanda Dataframe形式に変換する
26  tokyo_list=pd.io.json.json_normalize(d['result'],
     ↪ meta=['bigCityFlag', 'cityCode', 'cityName',
     ↪ 'prefCode'])
27
28  #東京23区+市区町村の年単位の創業比率をRESAS APIから取得する
```

```
29  url_base = 'https://opendata.resas-portal.go.jp/api/ \\
30  v1/municipality/foundation/perYear'
31
32  #空の DataFrame を用意する
33  s=pd.DataFrame()
34
35  #東京都のデータを取得する
36  for j in tokyo_list.cityCode:
37      p = {'prefCode': 13, 'cityCode': j}
38      url = url_base + '?' + urllib.parse.urlencode(p)
39      #print(url)
40
41      req = urllib.request.Request(url, headers=api_key)
42
43      with urllib.request.urlopen(req) as response:
44          data = response.read()
45
46      d = json.loads(data.decode())
47      #pprint.pprint(d)
48
49      #各市区町村ごとのデータを JSON から Dataframe 形式に変換し, k に放
        ↪  り込む
50      k=pd.io.json.json_normalize(d['result'],
        ↪  record_path='data', meta=['cityCode', 'cityName',
        ↪  'prefCode', 'prefName'])
```

```
    #print(k)

    #k の情報を s に放り込む
    s=s.append(k)
    #これを市区町村分繰り返す

#東京都のデータをまとめて標準出力する
print(s)
```

標準出力した結果を以下の図に示します。

	value	year	cityCode	cityName	prefCode	prefName
0	8.58	2001～2004年	13101	千代田区	13	東京都
1	9.59	2004～2006年	13101	千代田区	13	東京都
2	3.69	2006～2009年	13101	千代田区	13	東京都
3	2.70	2009～2012年	13101	千代田区	13	東京都
4	11.18	2012～2014年	13101	千代田区	13	東京都
5	6.58	2014～2016年	13101	千代田区	13	東京都
0	8.26	2001～2004年	13102	中央区	13	東京都
1	12.19	2004～2006年	13102	中央区	13	東京都
2	3.50	2006～2009年	13102	中央区	13	東京都
3	2.92	2009～2012年	13102	中央区	13	東京都
4	10.59	2012～2014年	13102	中央区	13	東京都
5	7.86	2014～2016年	13102	中央区	13	東京都
0	8.91	2001～2004年	13103	港区	13	東京都
1	15.44	2004～2006年	13103	港区	13	東京都
2	3.42	2006～2009年	13103	港区	13	東京都
3	2.57	2009～2012年	13103	港区	13	東京都
4	12.02	2012～2014年	13103	港区	13	東京都
5	9.20	2014～2016年	13103	港区	13	東京都

図 3.6　東京都の創業比率データ

同様の作業を行えば、東京のみならず全国のデータを一括して取得することが可能になります。以下に、コードの具体例を示します。ここで注意するポイントは市区町村コードを利用していること、データが存在しない市区町村に関しては try〜except 構文を用いて、例外処理をおこなっている点です。TypeError が発生した場合には, print 文で not available と表示することにしています。また、32 行目では、Pandas の json_normalize メソッドを用いて、データを Pandas 形式に変換しています。これにより、Pandas 経由でデータを処理したり、CSV 形式で取り出すことが可能になります。

まず、以下のコードを実行し 47 都道府県分すべての市区町村コードを取得します。都道府県ごとに、JSON 形式で市区町村コードを取り込み、それを DataFrame 形式に変換しています。

```
1   #全国の市区町村コードを取得する
2
3   url_base =
     ↪ 'https://opendata.resas-portal.go.jp/api/v1/cities'
4   city_list=pd.DataFrame()
5
6   for i in range(1,48):
7       p = {'prefCode': i}
8       url = url_base + '?' + urllib.parse.urlencode(p)
9       #print(url)
10      req = urllib.request.Request(url, headers=api_key)
11
12      with urllib.request.urlopen(req) as response:
13          data = response.read()
14
15      d = json.loads(data.decode())
```

```
    #pprint.pprint(d, width=100)
    city_list2=pd.json_normalize(d['result'],
     ↪  meta=['bigCityFlag', 'cityCode', 'cityName',
     ↪  'prefCode'])
    city_list=city_list.append(city_list2)

#中身のチェック
#print(city_list.cityCode)
```

これにより、city_list には県コード (prefCode) と市区町村コード (cityCode) が保存されています。

中身をチェックしましょう。zip 関数を用いて、prefCode と cityCode の束を出力すると、以下のように、県コードと市区町村コードのリストが取得出来ていることが確認出来ます。

```
for a,b in zip(city_list.prefCode, city_list.cityCode):
    print(a,b)
```

結果は以下の通りです。

```
1 01100
1 01101
1 01102
1 01103
1 01104
1 01105
```

```
1 01106
1 01107
1 01108
1 01109
1 01110
(以下省略)
```

続いて、こうして得られた県と市区町村のコード情報を用いて、年単位の企業数を取得します。

```
#全国市区町村+東京23区の年単位の企業数をRESAS APIから取得する
#マニュアルは https://opendata.resas-portal.go.jp/docs/api/v1/
↪ municipality/company/perYear.html を参照のこ
↪ と

url_base = 'https://opendata.resas-portal.go.jp/api/v1/
↪ municipality/company/perYear'

#空のDataFrameを用意する
s=pd.DataFrame()
k=pd.DataFrame()

#全都道府県のデータを取得する
#zip 関数を使って, prefCode と cityCode ごとに情報を読み込む
for a,b in zip(city_list.prefCode, city_list.cityCode):

```

```
14      #各市区町村ごとのデータを JSON から Dataframe 形式に変換し, k に放
        ↪ り込む
15      #データが取得できない市町村はスキップするために, try-except-else
        ↪ 構文を使う
16      try:
17          #都道府県コードと市町村コードを変数として放り込む
18          p = {'prefCode': a, 'cityCode': b}
19          url = url_base + '?' + urllib.parse.urlencode(p)
20          #print(url)
21          # https://opendata.resas-portal.go.jp/api/v1/⌋
             ↪ municipality/taxes/⌋
             ↪ perYear?prefCode=13&cityCode=13103
22
23          req = urllib.request.Request(url, headers=api_key)
24
25          with urllib.request.urlopen(req) as response:
26              data = response.read()
27
28          #JSON 形式でデータを取得する
29          d = json.loads(data.decode())
30          #pprint.pprint(d)
31          #取得したデータを panda 形式にする
32          k=pd.io.json.json_normalize(d['result'],
             ↪ record_path='data', meta=['cityCode',
             ↪ 'cityName', 'prefCode', 'prefName'])
```

```
    except TypeError:
        print("not available")
    else:
        pass

    #print(a,b,k)

    #k の情報を s に放り込む
    s=s.append(k)
    #これを市区町村分繰り返す

#全国の市区町村レベルのデータをまとめて出力する
print(s)
```

法人番号で宮城県の企業の数をカウントしてみる

RESAS 同様、政府系のデータセットは思ったよりもいろいろな形式で公開されています。ここでは、具体的なエクササイズとして法人番号サイトより特定の県の法人番号をまとめて取得し、初期的な処理を加えてみたいと思います。

まず、法人番号サイトにある基本 3 情報ダウンロードサイトにアクセスします (https://www.houjin-bangou.nta.go.jp/download/index.html)。ここでは企業の登録および、所在地変更、閉鎖などの情報などが提供されています。

今回は、宮城県のデータをまとめて取得することにします。どうやら直接 zip ファイルへのパスを指定することが出来ない様子なので (2020 年現在)、逐次ダウンロードし、Zip ファイルを展開し CSV ファイルを取得します。続いて、それを Notebook と同じディレクトリ上に配置します。

まずは、Pandas の read_csv メソッドを用いて CSV ファイルを読み込みます。

```
1  import pandas as pd
2
3  #ダウンロードしてきたデータを読み込む
4  #国税庁の https://www.houjin-bangou.nta.go.jp/download/zenken/
   ↪ から取得
5  #今回は宮城県のデータセットを取得する
6  data=pd.read_csv('04_miyagi_all_20200930.csv', sep=",")
7
8  data.head()
```

dataの先頭部分を読み込むと、以下のように、一行目に変数情報がないことがわかります。ちょっと不便ですね。

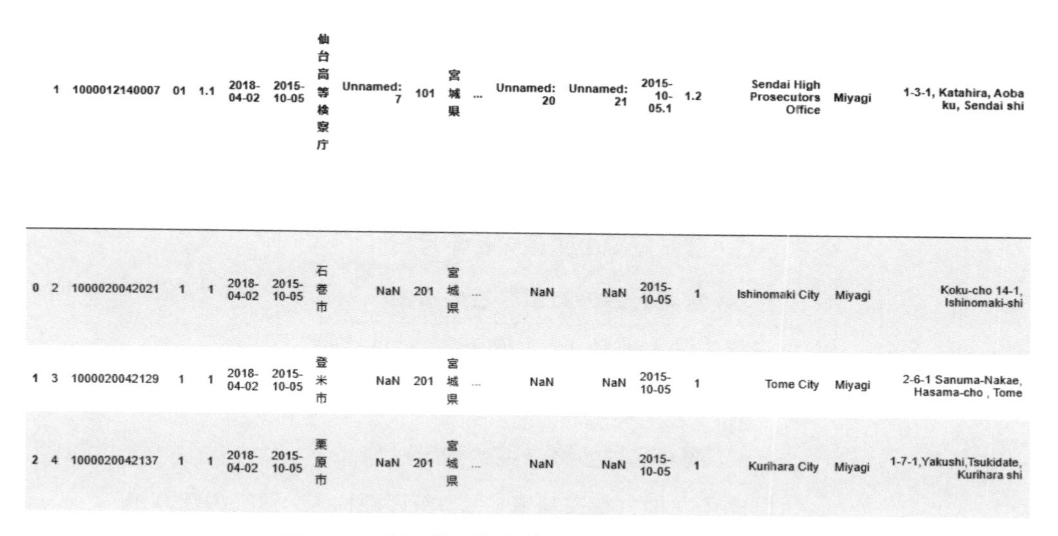

	1	1000012140007	01	1.1	2018-04-02	2015-10-05	仙台高等検察庁	Unnamed: 7	101	宮城県	...	Unnamed: 20	Unnamed: 21	2015-10-05.1	1.2	Sendai High Prosecutors Office	Miyagi	1-3-1, Katahira, Aoba ku, Sendai shi
0	2	1000020042021	1	1	2018-04-02	2015-10-05	石巻市	NaN	201	宮城県	...	NaN	NaN	2015-10-05	1	Ishinomaki City	Miyagi	Koku-cho 14-1, Ishinomaki-shi
1	3	1000020042129	1	1	2018-04-02	2015-10-05	登米市	NaN	201	宮城県	...	NaN	NaN	2015-10-05	1	Tome City	Miyagi	2-6-1 Sanuma-Nakae, Hasama-cho , Tome
2	4	1000020042137	1	1	2018-04-02	2015-10-05	栗原市	NaN	201	宮城県	...	NaN	NaN	2015-10-05	1	Kurihara City	Miyagi	1-7-1,Yakushi,Tsukidate, Kurihara shi

図 3.7　宮城県の法人情報を読み込んだ結果

そこで、同Web上の`https://www.houjin-bangou.nta.go.jp/documents/k-resource-dl-ver4.xlsx`に掲載されている変数の仕様を、このDataFrameのコラムとして追記しましょう。

```
#法人番号の情報を付与する
#https://www.houjin-bangou.nta.go.jp/documents \\
#/k-resource-dl-ver4.xlsx
#に掲載されている
```

```
data.columns=['一連番号', '法人番号', '処理区分', '訂正区分',
↪ '更新年月日', '変更年月日', \
              '商号又は名称', '商号又は名称イメージID', '法人種別',
              ↪ '都道府県', '市区町村', \
              '町名番地等', '国内所在地イメージID',
              ↪ '都道府県コード', '市区町村コード', '郵便番号',
              ↪ \
              '国外所在地','国外所在地イメージID',
              ↪ '登記記録の閉鎖など年月日',
              ↪ '登記記録の閉鎖などの事由', \
              '承継先法人番号', '変更事由の詳細',
              ↪ '法人番号指定年月日', '最新履歴',
              ↪ '商号又は名称（英語表記）', \
              '国内所在地（都道府県）(英語表記）', '国内所在地
              ↪ （市区町村丁目番地等）（英語表記）',
              ↪ '国外所在地（英語表記）', \
              'フリガナ', '検索対象除外']
```

これにより、データにラベルが付与されます。再度 data.head() を出力すると、以下のようになります。

一連番号	法人番号	処理区分	訂正区分	更新年月日	変更年月日	都道府県
...	フリガナ	検索対象除外				
2	1000020042021	1	1	2018-04-02	2015-10-05	宮城県
3	1000020042129	1	1	2018-04-02	2015-10-05	宮城県
4	1000020042137	1	1	2018-04-02	2015-10-05	宮城県
5	1000020042145	1	1	2018-04-02	2015-10-05	宮城県
6	1000020042153	1	1	2018-04-02	2015-10-05	宮城県

これでかなり使いやすいデータセットになりました。たとえば、法人番号の列を取り出してみることにしましょう。

```
1 data.法人番号
```

以下のように、宮城県の企業について法人番号をまとめて取り出すことが出来ます。

```
1  0        1000020042021
2  1        1000020042129
3  2        1000020042137
4  3        1000020042145
5  4        1000020042153
6                ...
7  73163    9700150085340
8  73164    9700150085365
9  73165    9700150085737
10 73166    9700150098144
11 73167    9700150098202
12 Name: 法人番号, Length: 73168, dtype: int64
```

続いて、今度は市区町村ごとの企業の数をカウントしてみましょう。

```
1 #法人登録された企業数をカウントする
2 data2=data.groupby("市区町村").count()
3 #一連番号を取り出す
4 data2.一連番号
```

結果は以下の通りになります。やはり仙台駅はじめ宮城県の都市機能が集中している青葉区に企業が多いことがわかります。

```
1  市区町村
2  亘理郡亘理町        715
3  亘理郡山元町        353
4  仙台市太白区       5362
5  仙台市宮城野区      7329
6  仙台市泉区        5672
7  仙台市若林区       5846
8  仙台市青葉区      16140
9  伊具郡丸森町        336
10 刈田郡七ヶ宿町        55
11 刈田郡蔵王町        417
12 加美郡加美町        610
13 加美郡色麻町        150
14 名取市         1886
15 塩竈市         1852
16 多賀城市        1406
```

17	大崎市	3427
18	宮城郡七ヶ浜町	393
19	宮城郡利府町	733
20	宮城郡松島町	383
21	富谷市	885
22	岩沼市	1048
23	本吉郡南三陸町	451
24	東松島市	970
25	柴田郡大河原町	534
26	柴田郡川崎町	299
27	柴田郡村田町	287
28	柴田郡柴田町	624
29	栗原市	1928
30	気仙沼市	1895
31	牡鹿郡女川町	315
32	登米市	2178
33	白石市	875
34	石巻市	5035
35	角田市	702
36	遠田郡涌谷町	415
37	遠田郡美里町	504
38	黒川郡大和町	700
39	黒川郡大衡村	170
40	黒川郡大郷町	272

```
黒川郡富谷町          16
Name: 一連番号, dtype: int64
```

さて、これで今我々は宮城県の法人番号や所在地が収められたデータセットを手に入れることができました。続いて、このデータセットに他の情報を付与すればさらに包括的な分析を行うことが可能になります。一例として、文部科学省 科学技術・学術政策研究所 (NISTEP) が提供する NISTEP 企業名辞書と接合してみましょう。

NISTEP 企業名辞書では、企業名の法人格の変遷、産業分類などの情報が整理統合されています。また、特許や企業の財務データベースなどとの接合を行うことが出来ます。委細については、http://hdl.handle.net/11035/00006655 に掲載されている利用マニュアルをご確認ください。

まず、Excel 版の NISTEP 企業名辞書をダウンロードした後、Notebook と同じディレクトリに展開します。続いて、Notebook 上にファイルを読み込みます。先ほどと異なり、xlsx ファイル形式で提供されているため Pandas の read_excel メソッドを用います。

```
#NISTEP企業名辞書を読み込む
nistep=pd.read_excel('comp_name_dic_ver2020_2.xlsx')
```

データが取り出されたか確認しましょう。

```
#データの一部を取り出す
nistep.head()
```

以下のような結果が出力されます。

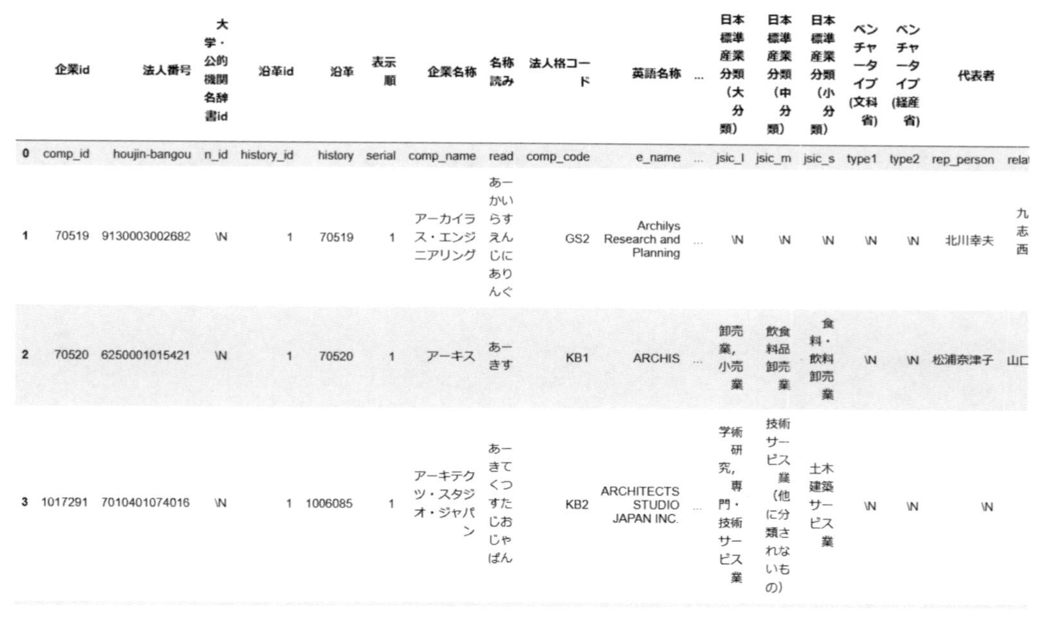

	企業id	法人番号	大学・公的機関名辞書id	沿革id	沿革	表示順	企業名称	名称読み	法人格コード	英語名称	...	日本標準産業分類（大分類）	日本標準産業分類（中分類）	日本標準産業分類（小分類）	ベンチャータイプ(文科省)	ベンチャータイプ(経産省)	代表者	
0	comp_id	houjin-bangou	n_id	history_id	history	serial	comp_name	read	comp_code	e_name	...	jsic_l	jsic_m	jsic_s	type1	type2	rep_person	rela
1	70519	9130003002682	\N	1	70519	1	アーカイラス・エンジニアリング	あーかいらすえんじにありんぐ	GS2	Archilys Research and Planning	...	\N	\N	\N	\N	\N	北川幸夫	九志西
2	70520	6250001015421	\N	1	70520	1	アーキス	あーきす	KB1	ARCHIS	...	卸売業，小売業	飲食料品卸売業	食料・飲料卸売業	\N	\N	松浦奈津子	山口
3	1017291	7010401074016	\N	1	1006085	1	アーキテクツ・スタジオ・ジャパン	あーきてくつすたじおじゃぱん	KB2	ARCHITECTS STUDIO JAPAN INC.	...	学術研究，専門・技術サービス業	技術サービス業（他に分類されないもの）	土木建築サービス業	\N	\N	\N	

図 3.8　NISTEP 企業名辞書の一部を抽出した結果

では、法人情報と NISTEP 企業名辞書のデータセットをマージしてみましょう。ここで、双方のデータセットを確認すると、双方とも法人番号が含まれていることが確認できます。そこで、法人番号情報に基づきこのふたつのテーブルを統合します。これには、Pandas の merge メソッドを用います。接合する ID として、 法人番号を指定します。このとき、on オプションに「法人番号」を指定します。

```
1  #法人情報と NISTEP 企業名辞書のデータセットを接合する
2  #法人番号に基づき接合する
3  data3=pd.merge(data, nistep, on='法人番号')
```

結果を確認しましょう。data3.head() で先頭行を出力すると、双方のデータのうち法人番号で紐づけられたデータが抽出されています (Excel ですと, vlookup のイメージでしょうか)。これにより、宮城県の法人のうちどのような企業が特許を出願しているのか、データセットを接合して解析することが可能になります。また、(古いバージョンの Stata とは異なり)Notebook および Python 上ではそれぞれのデータセットを把握しながらデータセットのマージなどを行うことが出来ることもご確認頂けたかと思います。

```
In [45]: data3.head()
Out[45]:
```

	一連番号	法人番号	処理区分	訂正区分	更新年月日	変更年月日	商号又は名称	商号又は名称イメージID	法人種別	都道府県	...	日本標準産業分類（大分類）	日本標準産業分類（中分類）	日本標準産業分類（小分類）	ベンチャータイプ(文科省)	ベンチャータイプ(経産省)	代表者	関連大学	関連研究者	親会社_企業id	親会社名
0	121	1370001001067	1	1	2018-07-18	2015-10-05	パイオニアシステムテクノロジー株式会社	NaN	301	宮城県	...	\N	\N	\N	\N	\N	\N	\N	\N	\N	\N
1	225	1370001002651	1	1	2018-07-10	2015-10-05	株式会社植松商会	NaN	301	宮城県	...	卸売業，小売業	機械器具卸売業	産業機械器具卸売業	\N	\N	\N	\N	\N	\N	\N
2	248	1370001002973	71	1	2018-06-12	2018-06-01	弘進ゴム株式会社	NaN	301	宮城県	...	製造業	ゴム製品製造業	ゴム製・プラスチック製履物・同附属品製造業	\N	\N	\N	\N	\N	\N	\N
3	272	1370001003352	1	1	2019-07-16	2015-10-05	株式会社七十七銀行	NaN	301	宮城県	...	金融業，保険業	銀行業	中央銀行	\N	\N	\N	\N	\N	\N	\N
4	365	1370001004887	1	1	2018-10-03	2015-10-05	株式会社亀山鉄工所	NaN	301	宮城県	...	製造業	金属製品製造業	建設用・建築用金属製品製造業（製缶板金業を含む）	\N	\N	\N	\N	\N	\N	\N

5 rows × 72 columns

図 3.9　接合されたデータセットを出力した結果

3.4 データを「つかう」(2) - Linked Open Data

Linked Open Data(LOD) は、インターネット上に存在するあらゆるデータを接合するための一連の取り組みおよび、そうして生成されたデータセットのことを指します。RDF と呼ばれる形式でデータを取得することで、Machine Readable な形でデータのやり取りを行うことが出来ることが特徴のひとつです。数多くのデータセットが LOD 化されており、社会科学の研究でも、こうしたデータセットを活用することで、様々な産業や事象をフィールドとして分析することが可能になりつつあります。一例として、ここでは、ウィキペディアの情報をデータベース化した、DBpedia.org から情報を取得する方法をご紹介したいと思います。

Notebook 上で作業を行います。まずは、Sparqlwrapper パッケージの導入を行います。インストールにあたっては pip コマンドを用います。

```
#sparqulwrapper をインストールする
!pip install sparqlwrapper
```

続いて, Sparqlwrapper パッケージを import した上で, DBpedia.org の Sparql Endpoint 上からデータを取得します。今回は、日本のコンピュータゲームメーカーの情報について、企業名と概要を取得します。SPARQLWrapper のインスタンスを作成し、SPARQLendpoint として http://ja.dbpedia.org/sparql を指定します。データの取得方法は JSON とします。続いて、setQuery 内にクエリを指定します。PREFIX として DBperia.org に指定されたオントロジー構造を指定します。続いて、select 文では ?name および ?abstract を取得することを指定します。このとき、重複した内容を除去するため、distinct を宣言します。続いて, where 構文内に取得するデータを指定します。?company について, dbpedia.org 内で「Category: 日本のコンピューターゲーム・

ブランド」の分類が行われている企業群をまとめて取得することを宣言します。続いて、その企業名 (?name) および、企業の概要情報 (?abstract) を取得します。

```
from SPARQLWrapper import SPARQLWrapper

#コンピューターゲームメーカーの情報を取得する
sparql2 =
↪   SPARQLWrapper(endpoint='http://ja.dbpedia.org/sparql',
↪   returnFormat='json')
sparql2.setQuery("""
    PREFIX dbpedia-owl:  <http://dbpedia.org/ontology/>
    select distinct ?name ?abstract where {
    ?company <http://dbpedia.org/ontology/wikiPageWikiLink>
     ↪   <http://ja.dbpedia.org/resource/Category:日本のコン
     ↪   ピュータゲームメーカー・ブランド> .
    ?company rdfs:label ?name .
    ?company <http://dbpedia.org/ontology/abstract>
     ↪   ?abstract .
}
""")
results2 = sparql2.query().convert()
```

続いて、for 文を用いデータを整形します。Python 上で dict 形式でデータが保持されているので、企業名および概要を一行ごとに取り出します。

```
#結果を整形しPrint する
```

```
for result in results2["results"]["bindings"]:
    print(result["name"]["value"],";
    ",result["abstract"]["value"])
```

以下のように、ゲーム会社と概要が出力されます(一部抜粋)。

```
パンサーソフトウェア ; パンサーソフトウェア（Panther
 Software）は、株式会社パンサーソフトウェアのゲームブランド名である。
恋愛シミュレーションゲームの制作が多い。旧雄図グループ。1987年：有限
会社スタジオパンサー設立1991年：株式会社に改組、社名をパンサーソフト
ウェアに変更1999年：韓国パンサーソフトウェア、Interlex（アメリカ現地
法人）を設立2000年：インターレックス株式会社に社名変更（パンサーソフ
トウェアの名称はブランド名として存続）2005年：インターレックスがゲー
ム部門を売却、株式会社パンサーソフトウェアとして独立
ミグ ; 株式会社Megg（Megg
 Co.,Ltd.）は、日本の東京都豊島区に本社を置くゲーム制作会社である。
家庭用ゲームソフト・携帯用ゲームアプリの企画、制作、運営を行っている。
```

2020年現在も、様々なタイプのLinked Open Dataが公開されています。委細については e-Stat 統計 LOD (http://data.e-stat.go.jp/lodw/) や、DBpedia.org (http://dbpedia.org/) などをご参照ください。

EDINET からデータを取得する

ここでは、企業の法人情報が集約されている EDINET から Python+Notebook 環境を用いてデータを取得する方法について、簡単に解説します。今回は、`https://pypi.org/project/edinet-python/` にて配布されている Edinet-Python を利用します。

まず、pip を用いて Jupyter Notebook 環境上に edinet-python をインストールします。

```
1 #edinet-python を導入する
2 !pip install edinet-python
```

実行すると、以下の通り必要なパッケージを併せてダウンロードし、インストールが進行します。無事終了した場合、末尾に"Installing collected packages: edinet-python Successfully installed edinet-python-0.1.18"と表示されます。

```
1 Collecting edinet-python
2   Downloading edinet-python-0.1.18.tar.gz (1.6 MB)
3 Requirement already satisfied: requests>=2.21.0 in
  ↪   c:\users\yhara\appdata\roaming\python\python36\site-
  ↪   packages (from edinet-python)
  ↪   (2.22.0)
```

```
4 Requirement already satisfied: beautifulsoup4>=4.7.1 in
  ↪ c:\users\yhara\appdata\roaming\python\python36\site-⌋
  ↪ packages (from edinet-python)
  ↪ (4.7.1)
5 Requirement already satisfied: lxml>=4.3.3 in
  ↪ c:\users\yhara\appdata\roaming\python\python36\site-⌋
  ↪ packages (from edinet-python)
  ↪ (4.3.4)
6 Requirement already satisfied: idna<2.9,>=2.5 in
  ↪ c:\users\yhara\appdata\roaming\python\python36\site-⌋
  ↪ packages (from requests>=2.21.0->edinet-python)
  ↪ (2.8)
7 Requirement already satisfied:
  ↪ urllib3!=1.25.0,!=1.25.1,<1.26,>=1.21.1 in
  ↪ c:\users\yhara\appdata\roaming\python\python36\site-⌋
  ↪ packages (from requests>=2.21.0->edinet-python)
  ↪ (1.25.3)
8 Requirement already satisfied: chardet<3.1.0,>=3.0.2 in
  ↪ c:\users\yhara\appdata\roaming\python\python36\site-⌋
  ↪ packages (from requests>=2.21.0->edinet-python)
  ↪ (3.0.4)
9 Requirement already satisfied: certifi>=2017.4.17 in
  ↪ c:\users\yhara\appdata\roaming\python\python36\site-⌋
  ↪ packages (from requests>=2.21.0->edinet-python)
  ↪ (2019.6.16)
```

```
Requirement already satisfied: soupsieve>=1.2 in
 ↪ c:\users\yhara\appdata\roaming\python\python36\site-
 ↪ packages (from beautifulsoup4>=4.7.1->edinet-python)
 ↪ (1.9.1)
Building wheels for collected packages: edinet-python
  Building wheel for edinet-python (setup.py): started
  Building wheel for edinet-python (setup.py): finished with
   ↪ status 'done'
  Created wheel for edinet-python:
   ↪ filename=edinet_python-0.1.18-py3-none-any.whl
   ↪ size=17221 sha256=708ea1b66686cc38fd5912002f8937054847
  f159c957d463d726e15edeaf0ff6
  Stored in directory:
   ↪ c:\users\yhara\appdata\local\pip\cache\wheels\8b\ae
  \40\2b9461d29a737b8476cd537f72ec7e09d4de4fedc6fba78725
Successfully built edinet-python
Installing collected packages: edinet-python
Successfully installed edinet-python-0.1.18
```

まず、特定日に公開されたドキュメントの概要について確認しましょう。まず、edinetをインポートします。続いて、edinet.api.documents.get を用いて、2020年9月2日にEDINET 上に登録されたドキュメントの一覧を取得します。また、取得できた総数についても併せて出力します。

```
#edinet をインポートする
import edinet
```

```
3
4  #2020年9月2日のドキュメントを取得する
5  documents = edinet.api.documents.get("2020-09-02")
6  print(f"Number of documents is {len(documents.list)}")
7  print(f"Title of first document is
   ↪  {documents.list[0].title}")
8
9  #取り出した報告書を確認する
10 for i in range(len(documents.list)):
11         print(documents.list[i].title)
```

結果は以下の通りです(一部抜粋)。有価証券報告書や臨時報告書、自己株券買付状況報告書などが当該日には公開されたことが確認できます。

```
1  Number of documents is 138
2  Title of first document is
3  半期報告書(内国投資信託受益証券)－第18期(令和1年12月3日-令和2年11月30日)
4  半期報告書(内国投資信託受益証券)－第18期(令和1年12月3日-令和2年11月30日)
5  四半期報告書－第48期第3四半期(令和2年4月21日－令和2年7月20日)
6  確認書
7  臨時報告書（内国特定有価証券）
8  臨時報告書（内国特定有価証券）
9  有価証券報告書(内国投資信託受益証券)－第5期(令和1年12月10日-令和2年6月9日)
10 有価証券報告書(内国投資信託受益証券)－第5期(令和1年12月3日-令和2年6月2日)
11 有価証券届出書(内国投資信託受益証券)
```

```
12 臨時報告書(内国特定有価証券)
13 有価証券届出書(内国投資信託受益証券)
14 有価証券報告書(内国投資信託受益証券)-第10期(令和1年12月10日-令和2年6月9日)
```

続いて、特定企業の有価証券報告書について、PDF 版と XBRL 版を取得することにします。ここでは、一例として株式会社ブロードバンドタワー社の報告書を入手します。ここでは、ファイルの取得に必要なドキュメント番号 (今回の場合は "S100I8ZU") を edinet.api.document.get_xbrl および edinet.api.document.get_pdf に指定します。また、ファイルの保存ディレクトリとして、Notebook を実行しているカレントディレクトリ (同じ場所) を指定しています。

```
from pathlib import Path
import edinet

#データを取得して，PDF 版と XBRL 版を保存する
#ここでは、株式会社ブロードバンドタワーの有価証券報告書を取得する
xbrl_path = edinet.api.document.get_xbrl("S100I8ZU",
 ↪  save_dir=Path.cwd())
pdf_path = edinet.api.document.get_pdf("S100I8ZU",
 ↪  save_dir=Path.cwd())
```

実行すると、Notebook が実行されているディレクトリと同じ箇所に、以下のファイルふたつがダウンロードされたことが確認出来ます。

```
S100I8ZU_1.xbrl
S100I8ZU_2.pdf
```

後者のPDFファイルを開くと、ブロードバンドタワー社の有価証券報告書であることが確認出来ます。

EDINET提出書類
株式会社ブロードバンドタワー(E05494)
有価証券報告書

【表紙】

【提出書類】	有価証券報告書
【根拠条文】	金融商品取引法第24条第1項
【提出先】	関東財務局長
【提出日】	2020年3月23日
【事業年度】	第21期(自　2019年1月1日　至　2019年12月31日)
【会社名】	株式会社ブロードバンドタワー
【英訳名】	BroadBand Tower, Inc.
【代表者の役職氏名】	代表取締役会長兼社長 CEO　藤　原　洋
【本店の所在の場所】	東京都千代田区内幸町二丁目1番6号 日比谷パークフロント
【電話番号】	03-5202-4800(代表)
【事務連絡者氏名】	常務取締役 法務・経理統括 中　川　美　恵　子
【最寄りの連絡場所】	東京都千代田区内幸町二丁目1番6号 日比谷パークフロント
【電話番号】	03-5202-4800(代表)
【事務連絡者氏名】	常務取締役 法務・経理統括 中　川　美　恵　子
【縦覧に供する場所】	株式会社東京証券取引所 (東京都中央区日本橋兜町2番1号)

1/113

図3.10　EDINET経由で入手したブロードバンドタワー社の有価証券報告書

続いて、入手したXBRLファイルをparseすることで、必要な情報を取り出してみたいと思います。必要なパッケージをimportします。続いて、研究開発およびビジネス環境に関わるテキスト情報を xbrl ファイルからそれぞれ取得し、content および r_d にそれぞれ保存します。

```
from edinet.xbrl_file import XBRLFile
from edinet.parser.aspects.business import Business

#先程ダウンロードしたデータを参照する
xbrl = XBRLFile("./S100I8ZU_1.xbrl")

#取得したxbrl データからparse する
content =
↪  xbrl.parse_by(Business).policy_environment_issue_etc
r_d = xbrl.parse_by(Business).research_and_development
```

print を用いて、結果を出力します。

```
#経営方針、経営環境及び対処すべき課題等の情報を取り出す
print(content)
```

有価証券報告書に記載された「経営方針、経営環境及び対処すべき課題等」のテキスト情報が取り出されています(一部抜粋)。後の章で取り上げるようなテキスト分析を組み合わせることで、どのような語句が多く含まれているかカウントしたり、あるいは、同社が保有する特許概要の内容との近似性などを測定することが出来ます。

```
(Value: 1
↪  【経営方針、経営環境及び対処すべき課題等】文中の将来に関する事項は、当連
```

```
結会計年度末現在において、当社グループが判断したものであります。
↪   (1)会社の経営の基本
方針当社グループは、IoT/ビッグデータ/人工知能(AI)関連市場が拡大する中、本
市場を新たに注力する事業領域と位置付け、事業の選択と集中を行っております。
↪   従来から提供しているデータセンター
、クラウド・ソリューション、データ・ソリューションを中心とする既存事業
については事業基盤を強化し、AI 等の新規事業については新サービスを創出、
育成し、社会全体で生成される情報の収集と発信の仕組みを提供する企業へと進化し
てまいります。
(以下省略)
```

同様に、研究開発の情報も取り出すことが出来ます。

```
#研究開発情報のデータを取り出す
print(r_d)
```

結果は以下の通りです。

```
(Value: 5
↪   【研究開発活動】当連結会計年度における当社グループの研究開発費の総額は
130百万円であり、主にコンピュータプラットフォームセグメントに係るもので
あります。
コンピュータプラットフォームセグメントでは、当社内に設置したCloud&SDN
研究所において、SDN(Software Defined
↪   Networking)技術を応用したInternet eXchange(IX)の研究及び
実証実験を進め、IX とクラウド間を相互
```

```
接続するサービスを提供するとともに、
更なる高度化
にも取り組んでおります。

(以下省略)
```

3.5 データを保存して、Excel などで使えるようにする

ここまで Web スクレイピング、API などの方法でデータを取得する方法について解説しました。次章以降で解説する方法を用いれば、重回帰分析や機械学習などを用いでデータの特性について解析することが出来ます。ただし、例えばデータをメール etc... で送信したり、先生にレポートを提出するなどのケースでは、データを Notebook から取り出す必要があるかと思います。そこで、こうしたデータを CSV 形式などで取り出し、Excel で読み込む方法についてご紹介したいと思います。

前節にて紹介したボストン住宅価格のデータセットは、Pandas の DataFrame 形式に変換していました。Pandas の to_csv メソッドを用いることで、データに任意のファイル名をつけて保存することが出来ます。以下にサンプルコードを示します。ここでは、Notebook と同じディレクトリに、boston.csv という名前で保存しています。

```
boston.to_csv("boston.csv")
```

このコードを実行すると、Notebook と同じディレクトリに boston.csv が保存されます。続いて、この CSV ファイルを Excel で開きます。

	CRIM	ZN	INDUS	CHAS	NOX	RM	AGE	DIS	RAD	TAX	PTRATIO	B	LSTAT
0	0.00632	18	2.31	0	0.538	6.575	65.2	4.09	1	296	15.3	396.9	4.98
1	0.02731	0	7.07	0	0.469	6.421	78.9	4.9671	2	242	17.8	396.9	9.14
2	0.02729	0	7.07	0	0.469	7.185	61.1	4.9671	2	242	17.8	392.83	4.03
3	0.03237	0	2.18	0	0.458	6.998	45.8	6.0622	3	222	18.7	394.63	2.94
4	0.06905	0	2.18	0	0.458	7.147	54.2	6.0622	3	222	18.7	396.9	5.33
5	0.02985	0	2.18	0	0.458	6.43	58.7	6.0622	3	222	18.7	394.12	5.21
6	0.08829	12.5	7.87	0	0.524	6.012	66.6	5.5605	5	311	15.2	395.6	12.43
7	0.14455	12.5	7.87	0	0.524	6.172	96.1	5.9505	5	311	15.2	396.9	19.15
8	0.21124	12.5	7.87	0	0.524	5.631	100	6.0821	5	311	15.2	386.63	29.93
9	0.17004	12.5	7.87	0	0.524	6.004	85.9	6.5921	5	311	15.2	386.71	17.1
10	0.22489	12.5	7.87	0	0.524	6.377	94.3	6.3467	5	311	15.2	392.52	20.45
11	0.11747	12.5	7.87	0	0.524	6.009	82.9	6.2267	5	311	15.2	396.9	13.27
12	0.09378	12.5	7.87	0	0.524	5.889	39	5.4509	5	311	15.2	390.5	15.71
13	0.62976	0	8.14	0	0.538	5.949	61.8	4.7075	4	307	21	396.9	8.26
14	0.63796	0	8.14	0	0.538	6.096	84.5	4.4619	4	307	21	380.02	10.26
15	0.62739	0	8.14	0	0.538	5.834	56.5	4.4986	4	307	21	395.62	8.47
16	1.05393	0	8.14	0	0.538	5.935	29.3	4.4986	4	307	21	386.85	6.58
17	0.7842	0	8.14	0	0.538	5.99	81.7	4.2579	4	307	21	386.75	14.67
18	0.80271	0	8.14	0	0.538	5.456	36.6	3.7965	4	307	21	288.99	11.69
19	0.7258	0	8.14	0	0.538	5.727	69.5	3.7965	4	307	21	390.95	11.28
20	1.25179	0	8.14	0	0.538	5.57	98.1	3.7979	4	307	21	376.57	21.02

図 3.11 結果を出力する

このように、データを Excel で開くことが出来ました。

データの可用性とプライバシー

この章では、データの取得の方法についていくつかの事例に基づきご紹介してきました。従来と比べ、様々なデータセットを取得し解析することが極めて容易になったことがご理解頂けたかと思います。しかしその分、データを活用するにあたり個人や企業の機密情報やプライバシーを如何に守るかが重要になりつつあります。ここでは、データの可用性とプライバシーをどう両立させるか、今日の状況について簡単にご紹介したいとおもいます。

従来、社会科学の分野で利用されてきたデータの多くはすでに一定単位に集約された統計表であり、個人が特定できる細密な情報や、企業の状況が事細かに特定できる情報が集計され、平均化されることで、特定されない状態になっていました。そのため、従来は企業名あるいは個人名、パスポートやマイナンバーなどの個人識別情報 (Personal Identifiable Information) さえ提供しなければ、プライバシーを秘匿することが出来るとされてきました。しかし現在では、こうした細かな情報を、API あるいはデータベースを用いて取得することが可能になっています。たとえば、企業データには企業の名称、本社住所、郵便番号などの情報が多くの場合記載されています。また、特許データベースで発明者の情報がカバーされている場合、発明者本人の自宅住所などの情報が記載されています。また家計調査データの場合、年収や家族構成、性別などの情報が記載されています。たとえ単一のデータセットそのものに個人名や企業名が記載されていなくとも、いくつかのデータセットを尤度を用い接合することで、家族構成や収入、住所まで特定できる可能性があるのです。

ジュリア (2016)[3] は、プライバシーとデータの可用性による利便性との間にはトレー

[3] Ian Foster, Rayid Ghani, Ron S. Jarmin, Frauke Kreuter, and Julia Lane (editors) (2016) Big

ドオフの関係があること、またデータが外部化されると、プライバシーを確保することが困難になることを示唆しています。生まれたばかりの子どもの写真や、最寄りの幼稚園に我が子が通う様子を、全世界の人々が閲覧および編集可能なソーシャルメディアにアップすることによる危険性を想像することは、多くの人々にとっては困難なように思えます。一方、こうしたプラットフォームを提供する企業にとっては、人々の行動様式がユーザーから「自律的に」提供されることで、カスタマイズされた広告の提供などを通じ多くの便益を得ることが出来ます。

こうしたトレードオフは、大規模なテック企業のみならず、データを利用する研究者や企業にとっても同様に発生しうることです。多変量解析や決定木分析を用いデータセット内のサブサンプルや特徴群を抽出した結果、最終的には個人を特定しうる特性を導き出す可能性があります。

細密なデータを利用することは、従来得られなかった知見を導き出すことに寄与する可能性を高めます。しかし同様に、個人の権利やプライバシーを侵害する可能性があることにも極めて注意を払う必要があるのです。

こうした課題に対処するため、個人の情報を秘匿し、かつ細密なデータを提供しうるデータインフラストラクチャの構築が進みつつあります。一例として、東京大学の社会科学研究センター SSJDA (https://csrda.iss.u-tokyo.ac.jp/)、ヨーロッパの複数の大学コンソーシアムから構成される RISIS (https://www.risis2.eu/) などが挙げられます。また、個人情報を用いることなくデータセット間を接合するための手法として、前述した Linked Open Data などのセマンティックデータの提供も進みつつあります。現時点ではLinked Open Data の活用は限定的ですが、今後日本の社会科学分野でも活用の度合いが深まるのではないかと期待しています。

Data and Social Science: A Practical Guide to Methods and Tools, Chapman and Hall/CRC Press. http://www.bigdatasocialscience.com/

練習問題

このチャプターでは、色々なデータセットを Web 上から取得する方法を解説しました。API やスクレイピングを通じてデータが取得できるようになると、統計表やすでに集約されたデータセットに頼らないリサーチデザインを構築することが可能になります。ここでは、練習問題としていくつかの実例を挙げてみたいと思います。是非、ご自身の研究や業務上の関心に照らし合わせ、データを取得することを試してください。

1 SQARQLEndpoint を用いて、DBpedia.org から個人的に興味関心のあるデータセットを取得してみましょう。ロックグループやフォークグループ、経済学者や経営学者などがカテゴリ別に分けられているので、必要な情報をまとめて取り出すことが可能です。

2 APIbank (https://www.apibank.jp/ApiBank/main) では、一般に公開されてる API の情報が掲載されています。本章で紹介した API の利用方法や、各 API ごとの仕様書を参考にしつつ、関心のある領域のデータセットを取得してみましょう。一例として、Rakuten Developers (https://webservice.rakuten.co.jp/) では、楽天 ID とアプリ ID の発行作業さえ行えば、楽天市場や楽天トラベルからの情報を取得することが出来ます。

3 Pandas や Beautiful Soup を用いて、Web サイトから必要な項目のみをスクレイピングしてデータを取得してみましょう。ただし、前述の通り、robots.txt やサイトの規約を熟読のうえ、実施するようにしてください。また、前述したとおり、データ提供元の Web サイトが運用されているサーバに負荷を掛けない方法でスクレイピングは実施するようにしてください。

第4章 Pythonによる基礎的な統計分析

この章では、Pythonを用いて基本的なデータ処理を行うことを目指します。平均値や分散、標準偏差の導出や、グラフの作成方法などについて解説します。後半では、データの可視化パッケージについて解説します。

4.1 Pythonによる基礎的な統計分析

回帰分析や機械学習、因果推論に進む前に、本章では基本的な統計処理からはじめてみたいと思います。経済学部の学部生だった17年ほど前、当時通っていた大学の国際経済学の先生から言われたのは、「高度な統計のテクニックを覚えるのもいいけれど、最初にやるべきことは、変数間の散布図を作成して、変数同士の関係性を観察しなさい」ということでした。確かに、統計的な技術はいろいろと進化しており、本書の後半でもいくつか取り上げているのですが、まずは、データの素性を細かく確認するというのは大事な作業であることは今も変わらない気がします。

まずは、本章で利用するデータセットについてご説明したいと思います。前章でご紹介したKaggleのCar Price Prediction Multiple Linear Regression (`https://www.kaggle.com/hellbuoy/car-price-prediction`) に掲載されている、自動車の価格および属性データを利用します。データをKaggle上からダウンロードするか、Kaggle上のNotebookを用いてデータを読み込みます。このとき、データ管理ライブラリであるPandasのread_csvメソッドを用いて読み込みを行います。

掲載したコード例では、Notebook と同じディレクトリ上にダウンロードしたデータ (carprice.csv) を配置しています。続いて、Pandas を用いて取り込んだデータを input_data に代入します。

```
import pandas as pd
import io

#データを読み込む
input_data = pd.read_csv("carprice.csv")
```

続いて、データが読み込めたかどうかチェックしましょう。head() メソッドでは、カッコ内に指定する行数分、値を表示することが出来ます。

```
input_data.head(10)
```

Excel と同じく、行と列から構成されたデータがあり、それぞれの列に car_id や symboling, CarName などのラベルがつけられていることが確認できます。

	car_ID	symboling	CarName	fueltype	aspiration	doornumber	carbody	drivewheel	enginelocation	wheelbase
0	1	3	alfa-romero giulia	gas	std	two	convertible	rwd	front	88.6
1	2	3	alfa-romero stelvio	gas	std	two	convertible	rwd	front	88.6
2	3	1	alfa-romero Quadrifoglio	gas	std	two	hatchback	rwd	front	94.5
3	4	2	audi 100 ls	gas	std	four	sedan	fwd	front	99.8
4	5	2	audi 100ls	gas	std	four	sedan	4wd	front	99.4
5	6	2	audi fox	gas	std	two	sedan	fwd	front	99.8
6	7	1	audi 100ls	gas	std	four	sedan	fwd	front	105.8
7	8	1	audi 5000	gas	std	four	wagon	fwd	front	105.8
8	9	1	audi 4000	gas	turbo	four	sedan	fwd	front	105.8

図 4.1　CSV ファイルを Notebook 上に読み込んだ結果

4.2 データを把握する (1)-型や特性を把握する

まずは、データの型について確認しましょう。Stata や R などと同じように、Python でもデータは変数という箱の中に入っています。そして、その箱には「型」というものが決まっています。入っているデータに応じて、整数型 (Int)、小数点型 (Float)、オブジェクト型 (Object) などが定められています。

データの型を確認するには、取り込んだデータ input_data の末尾に、.info() を付与します。

```
1 input_data.info()
```

結果は以下の通りです。ここからは、以下のような情報を読み取ることが出来ます。

- データ全体が収められているクラスの型。このデータセットの場合、`pandas.core.frame.DataFrame` であることがわかります。

- データの長さ (RangeIndex)。全部で205件のデータから構成されていることがわかります。
- データのコラムの数。全部で26個の変数から構成されていることがわかります。
- コラム (Column) の名前と、空の値が含まれているか否か。このデータセットの場合は、いずれもデータが完備的に入っている (non-null) であることがわかります。
- データタイプ (Dtype)。変数ごとのデータの型が確認できます。このデータセットは、float型とint型とobject型から構成されていることがわかります。
- メモリの使用量 (memory usage)。このデータセットがメモリをどのくらい利用しているのか。

おそらく、これまでにStataやRを使われてきた方にとっては、「型」によってデータの処理の仕方を変える必要があることをすぐに認識されるかと思います。このデータセットの場合、CarNameやfueltype、carbodyやdoornumberなどは文字列から構成されており、そのままの「型」では、回帰分析などの定量分析に用いることは出来ません。これらがもしカテゴリデータであり、複数のタイプを分類するようなデータセットであれば、ダミー変数などとして利用することが出来るでしょう。もしくは、こうした文字列データの場合には、単語ではなく文章が含まれている場合があります。その場合、後述するような自然言語処理を用いて、テキスト情報を数値化させる手立てを取る必要があります。本書の場合には、MeCabを用いた分かち書きやword2vec、トピックモデリングの技法などについてご紹介しています。

```
<class 'pandas.core.frame.DataFrame'>
RangeIndex: 205 entries, 0 to 204
Data columns (total 26 columns):
 #   Column            Non-Null Count  Dtype
---  ------            --------------  -----
 0   car_ID            205 non-null    int64
```

```
 1   symboling         205 non-null    int64
 2   CarName           205 non-null    object
 3   fueltype          205 non-null    object
 4   aspiration        205 non-null    object
 5   doornumber        205 non-null    object
 6   carbody           205 non-null    object
 7   drivewheel        205 non-null    object
 8   enginelocation    205 non-null    object
 9   wheelbase         205 non-null    float64
 10  carlength         205 non-null    float64
 11  carwidth          205 non-null    float64
 12  carheight         205 non-null    float64
 13  curbweight        205 non-null    int64
 14  enginetype        205 non-null    object
 15  cylindernumber    205 non-null    object
 16  enginesize        205 non-null    int64
 17  fuelsystem        205 non-null    object
 18  boreratio         205 non-null    float64
 19  stroke            205 non-null    float64
 20  compressionratio  205 non-null    float64
 21  horsepower        205 non-null    int64
 22  peakrpm           205 non-null    int64
 23  citympg           205 non-null    int64
 24  highwaympg        205 non-null    int64
 25  price             205 non-null    float64
```

```
32 dtypes: float64(8), int64(8), object(10)
33 memory usage: 41.8+ KB
```

4.3 データを把握する (2) - 平均、分散、標準偏差を求める

続いて、データの概要について確認してみましょう。まずは、数値データになっているものについて、平均や標準偏差、データの個数や最大値、最小値をまとめて確認してみたいと思います。その場合、describe() を用います。

```
1 #データの概要を確認する
2 input_data.describe()
```

結果は以下のようになります。列ごとに収められた変数ごとに、

- count; 変数の数
- mean; 平均値
- std; 標準偏差
- min; 最小値
- 25%; 25 パーセンタイル値 (値全体のうち、25 パーセントに至る部分)
- 50%; 50 パーセンタイル値 (値全体のうち、50 パーセントに至る部分)
- 75%; 75 パーセンタイル値 (値全体のうち、75 パーセントに至る部分)
- max; 最大値

などが確認できるようになっています。

car_ID	symboling	wheelbase	carlength	carwidth	carheight	price
count	205.000000	205.000000	205.000000	205.000000	205.000000	205.000000
mean	103.000000	0.834146	98.756585	174.049268	65.907805	13276.710571
std	59.322565	1.245307	6.021776	12.337289	2.145204	7988.852332
min	1.000000	-2.000000	86.600000	141.100000	60.300000	5118.000000
25%	52.000000	0.000000	94.500000	166.300000	64.100000	7788.000000
50%	103.000000	1.000000	97.000000	173.200000	65.500000	10295.000000
75%	154.000000	2.000000	102.400000	183.100000	66.900000	16503.000000
max	205.000000	3.000000	120.900000	208.100000	72.300000	45400.000000

また、個別の変数ごとに値を確認したい場合にはDataFrameに収められたラベルの値を指定します。たとえば、input_data に収められている price を取り出すには、input_data.price と指定します。これにより、変数ごとに平均や中央値(median), 分散や標準偏差を求めることが出来ます。

```
#価格の平均をもとめる
print(input_data.price.mean())
#価格のメディアン値をもとめる
print(input_data.price.median())
#価格の分散をもとめる
print(input_data.price.var())
#価格の標準偏差をもとめる
print(input_data.price.std())
#価格の最大値をもとめる
print(input_data.price.max())
#価格の最小値をもとめる
print(input_data.price.min())
```

結果は以下の通りです。

```
13276.710570731706
10295.0
63821761.57839796
7988.85233174315
45400.0
5118.0
```

また、Pandas の groupby() を用いて、カテゴリ変数ごとにグループ分けした値で基礎統計量を求めることが出来ます。

```
#ドア数ごとに、価格の平均をもとめる
print(input_data.groupby('doornumber')['price'].mean())
#ドア数ごとに、価格のメディアン値をもとめる
print(input_data.groupby('doornumber')['price'].median())
#ドア数ごとに、価格の分散をもとめる
print(input_data.groupby('doornumber')['price'].var())
#ドア数ごとに、価格の標準偏差をもとめる
print(input_data.groupby('doornumber')['price'].std())
#ドア数ごとに、価格の最大値をもとめる
print(input_data.groupby('doornumber')['price'].max())
#ドア数ごとに、価格の最小値をもとめる
print(input_data.groupby('doornumber')['price'].min())
```

結果は以下の通りです。doornumber が four(4 ドア) か two(2 ドア) かによって、平均値などに違いがあることが確認できます。

```
doornumber
four    13501.152174
two     12989.924078
Name: price, dtype: float64
doornumber
four    10898.0
two      9927.0
Name: price, dtype: float64
doornumber
four    5.385059e+07
two     7.716266e+07
Name: price, dtype: float64
doornumber
four    7338.296321
two     8784.227805
Name: price, dtype: float64
doornumber
four    40960.0
two     45400.0
Name: price, dtype: float64
doornumber
four    6229.0
two     5118.0
Name: price, dtype: float64
```

4.4 データを把握する (3) - ヒストグラムを書く

続いて、データの特性を把握するためにヒストグラムを描画してみましょう。ヒストグラムを用いることで、データの散らばり具合について把握することが出来ます。

ヒストグラムを Notebook 上に描画するために、matplotlib.pyplot をインポートします。このとき、"as plt"とすることで別名（エイリアス）を指定し、呼び出し時にパッケージ名全体を指定しなくても済むようにします。

続いて、plt.hist のカッコ内に input_data.price を指定します。xlabel と ylabel にそれぞれ軸の名前を指定し、最後にグリッド表示に True を渡すことで有効化します。

```
1 import matplotlib.pyplot as plt
2 
3 #価格 (price) についてヒストグラムを描く
4 plt.hist(input_data.price)
5 plt.xlabel('price')
6 plt.ylabel('count')
7 plt.grid(True)
```

以下のようなグラフが出力されます。どうやら、今回のデータセットの場合、比較的安価な自動車が多いことが把握できます。

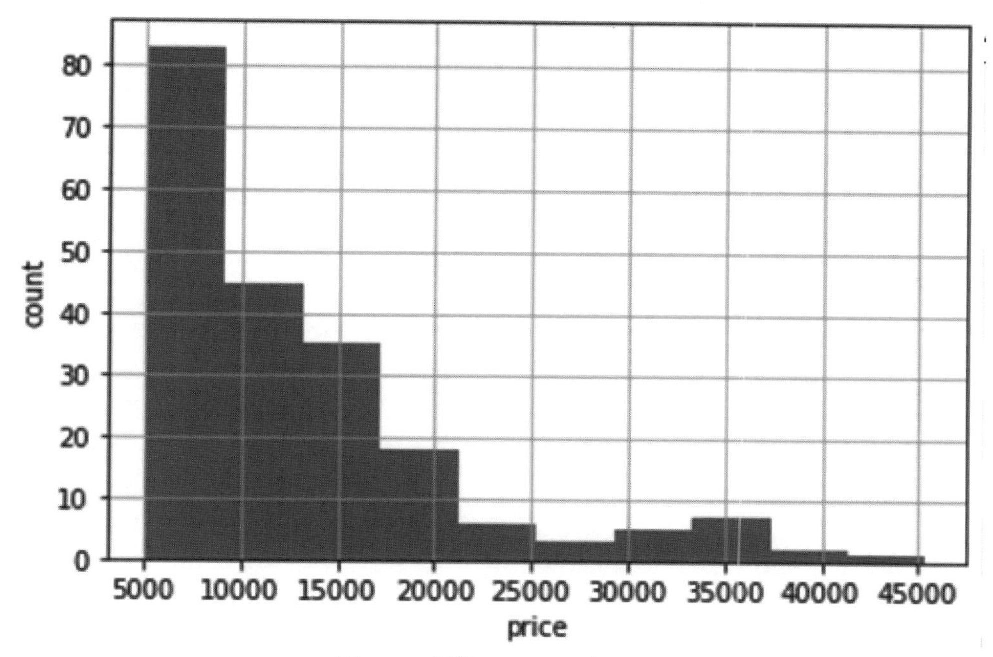

図 4.2 価格のヒストグラム

データの特性を把握するために、箱ひげ図を描画しましょう。箱ひげ図を用いることで、データの中央値の位置や外れ値の分布などを直感的に確認することが出来ます。

箱ひげ図の描画には matplotlib.pyplot パッケージの boxplot を用います。

```
import matplotlib.pyplot as plt

#価格 (price) についてひげ図を描く
plt.boxplot(input_data.price)
plt.grid(True)
```

出力結果は以下のようになります。先ほどのヒストグラムで確認したのと同様に、比較的安価な自動車が多いこと、高価格帯の自動車は外れ値として分布していることなどが確認できます。

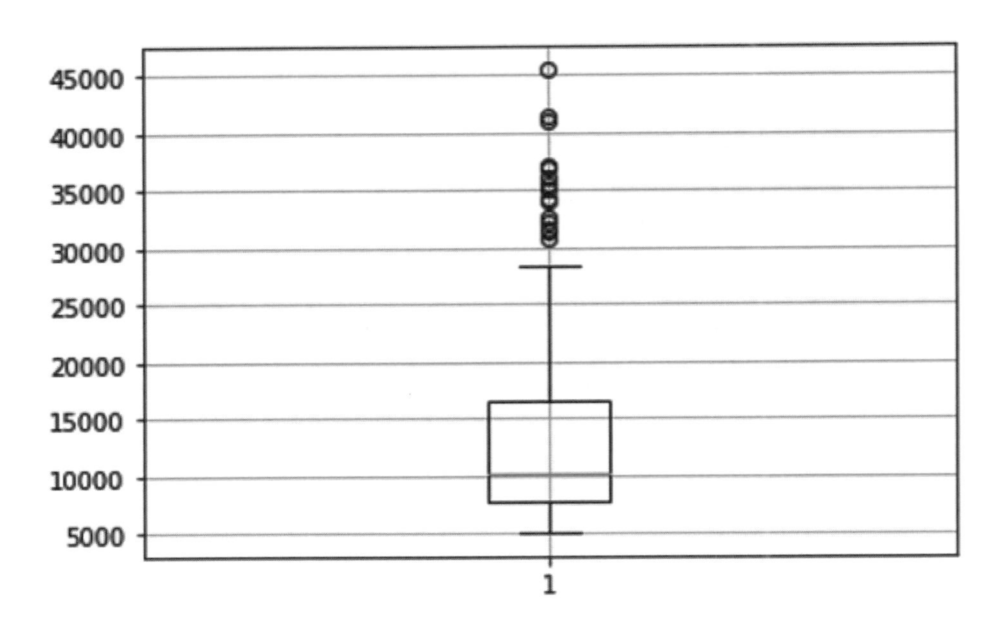

図 4.3　価格の箱ひげ図

4.5 データを把握する (4) – 変数間の関係性

単一のデータの特徴については基礎統計量やヒストグラム、箱ひげ図などで確認出来たので、続いて変数同士の関係性を散布図等を用いて観察してみましょう。

ここでは、エンジンサイズ (enginesize) と価格 (price) の関係性を、散布図として描画します。なんとなく、エンジンの排気量が大きいとクルマの価格は高くなるイメージがありますよね。これまでと同様に matplotlib.pyplot を plt としてインポートし、scatter メソッドを利用します。このとき、X 軸と Y 軸にプロットする変数をそれぞれ input_data.enginesize, input_data.price として指定します。散布図のタイトルを plt.tile に、y 軸と x 軸のタイトルをそれぞれ ylabel と xlabel に指定します。

```
1 import matplotlib.pyplot as plt
2 import scipy.stats
3
4 plt.scatter(input_data.enginesize,input_data.price, s=50,
   ↪  c="blue", alpha=0.3, linewidths=1, edgecolors="blue")
5 plt.title('Engine and Price')
6 plt.ylabel('Price')
7 plt.xlabel('Engine')
```

出力結果は以下のようになります。エンジンサイズが大きいほど、価格が高くなるようです。自動車を購入したことがある方にとっては、自然な結果ではないでしょうか。

続いて、変数間の関係性をさらに明らかにするために共分散と相関行列を導出してみましょう。

共分散では偏差積和を求め、サンプルサイズ n-1 で割ることで、変数同士の関係性の強さを求めることが出来ます。ただ、実際に卒論や学術論文でのニーズが (比較的) 高いのは相関係数でしょうか。相関係数は変数間の傾向を把握するために広く用いられています。相関係数では、変数 X と Y の共分散を、X の標準偏差と Y の標準偏差をかけ合わせたもので割ることで、変数の単位に関係なく、変数間の関係性について把握することが出来るようになります。 値としては、-1 から 1 の間の値を取ります。値がマイナスの場合には「負の相関性」、値がプラスの場合には「正の相関性」があると呼称し

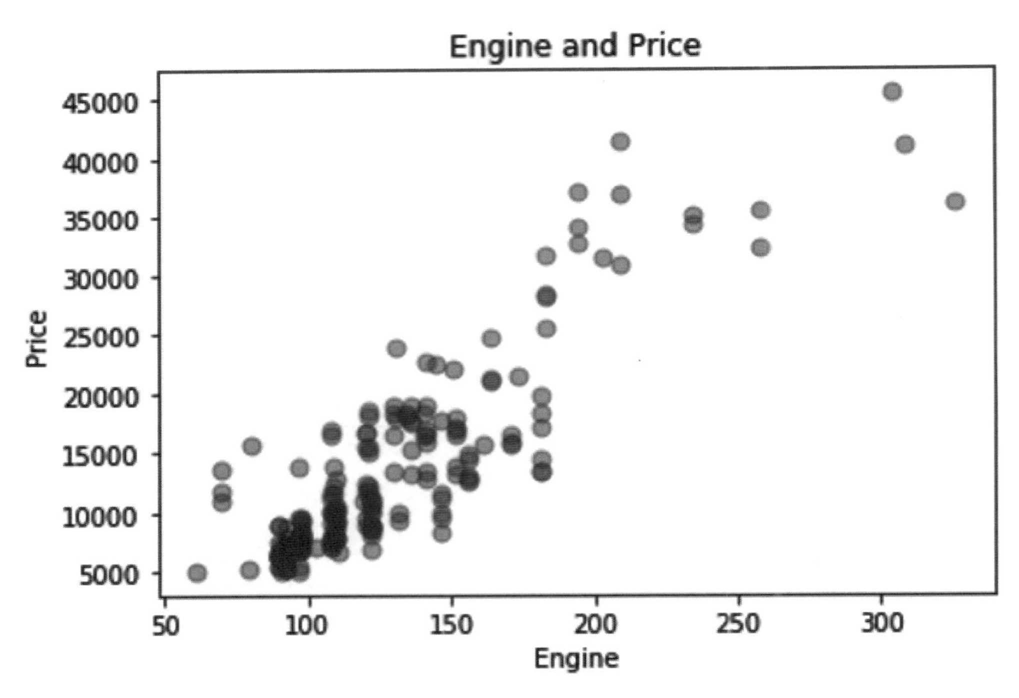

図 4.4　価格とエンジンサイズの散布図

ます。

共分散や相関行列を導出するには、数値処理パッケージである numpy を用います。共分散の場合には np.cov のカッコ内に値のリストを、相関係数の場合には np.corrcoef のカッコ内に値のリストを並べます。

```
import numpy as np
#共分散を導出する
print(np.cov(input_data.price, input_data.enginesize))
#相関行列を導出する
print(np.corrcoef(input_data.price, input_data.enginesize))
```

出力結果は以下のようになります。行列として出力されています。

```
[[6.38217616e+07 2.90808158e+05]
 [2.90808158e+05 1.73411392e+03]]
[[1.         0.8741448]
 [0.8741448 1.        ]]
```

では、続いて変数の関係性について散布図とヒストグラムを組み合わせた形で描画してみましょう。これには、seaborn パッケージを sns としてインポートします。散布図とヒストグラムを同時にプロットするには、jointplot を利用します。

```
#散布図とヒストグラムを確認する
import seaborn as sns
sns.jointplot(input_data.enginesize,input_data.price)
```

以下のように、散布図とヒストグラムを同時にプロットしたグラフを出力します。エンジンサイズ、価格どちらも比較的低い水準で分布していることがわかります。

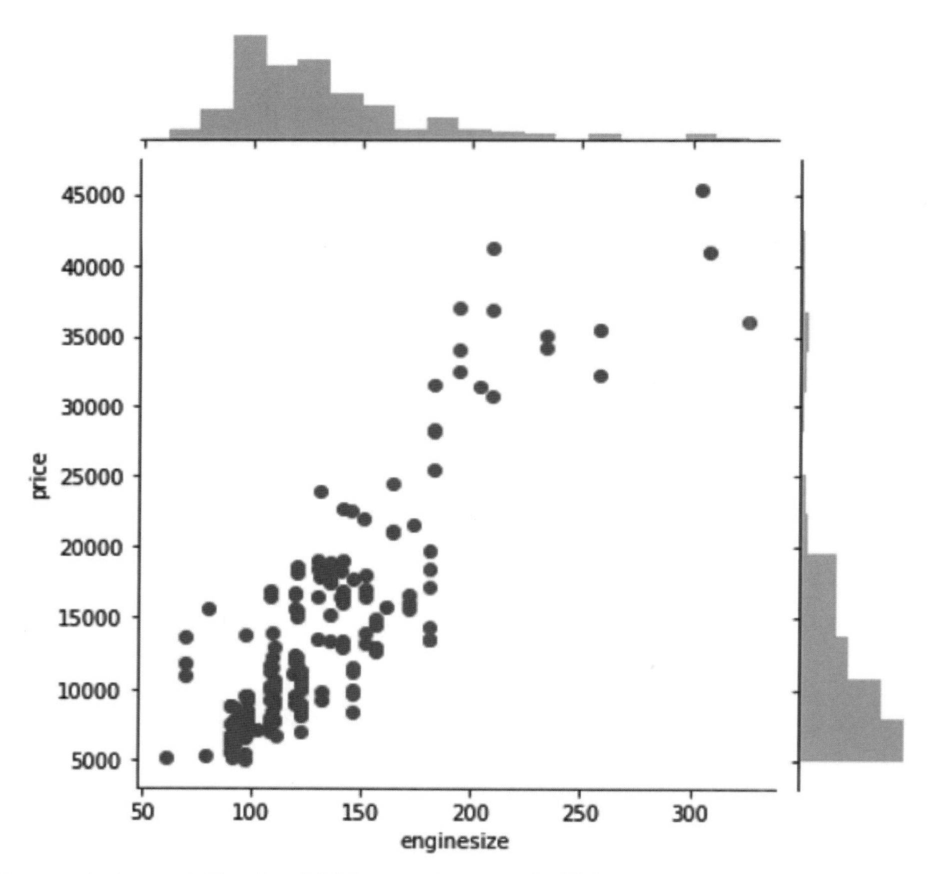

図 4.5 Seaborn を用いた、価格とエンジンサイズの散布図およびヒストグラム (jointplot)

続いて、複数の変数間の関係性を可視化してみましょう。まず、Pandas の concat メソッドを用い複数のデータセットを横方向につなぎ合わせる作業を行います。今回は、input_data にある price, enginesize, wheelbase, horsepower, carheight を用いることにします。続いて、Seaborn の pairplot 機能を用いて 2 変数間の散布図とヒストグラムを同時にプロットします。このとき、"kind='reg'" オプションを指定することで、線形回帰した結果も併せてプロットします。

```
import numpy as np

#モデルで利用する変数を接合し，ひとつの DataFrame にする
#読み込むデータを変えれば，説明変数や被説明変数を変えることが可能
x_list = pd.concat([input_data.price,
↪   input_data.enginesize,input_data.wheelbase,
↪   input_data.horsepower, input_data.carheight], axis=1)

#pairplot をプロットする
sns.pairplot(x_list, kind='reg')
```

結果は以下の通りです。5 変数間の散布図と、変数ごとのヒストグラムをまとめて確認することが出来ます。

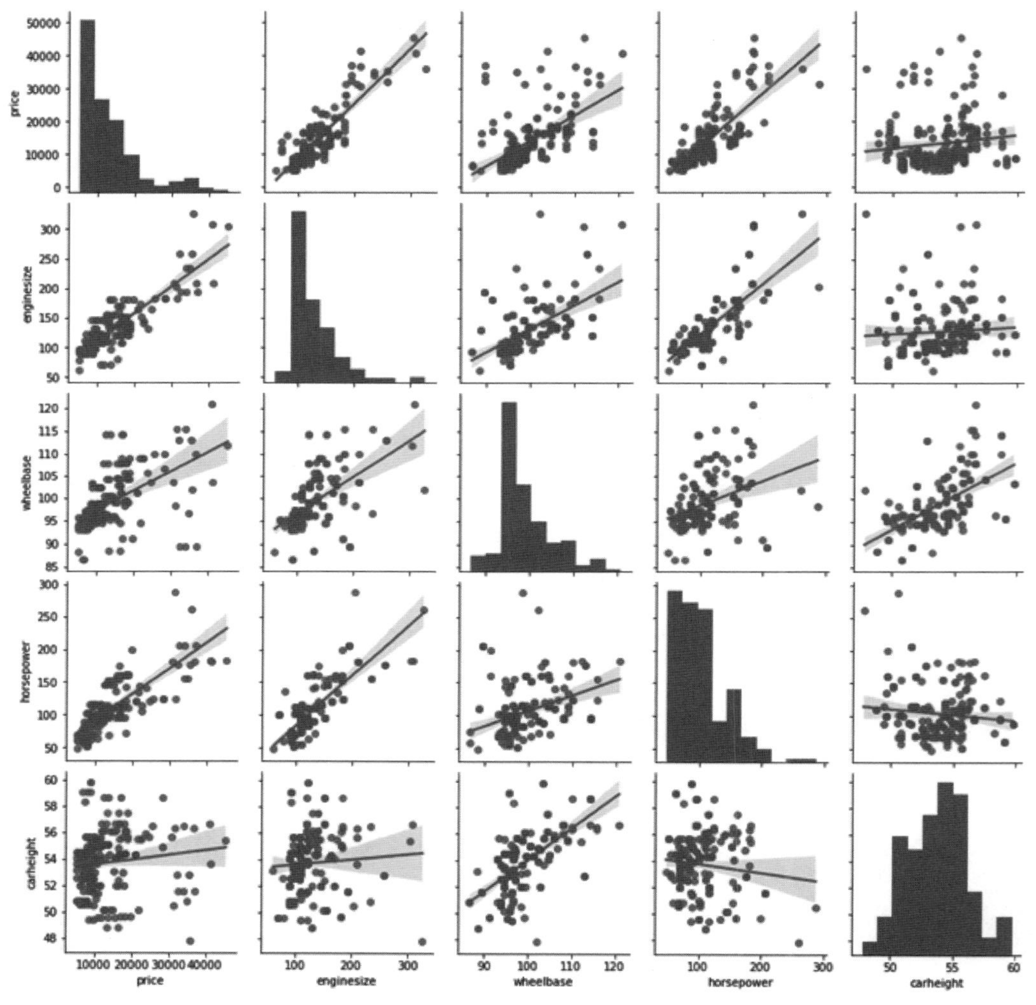

図 4.6　Seaborn を用いた、複数の変数間の pairplot 図 (jointplot)

また、変数間の相関係数についても、Seaborn の heatmap を用いて可視化することが出来ます。先ほどと同じ x_list を用い、相関係数の値をグラフィカルに表示します。

値が高いほど、濃い色で表示しています。

```
1  #相関係数をプロットする
2  plt.figure(figsize=(12, 9))
3  sns.heatmap(x_list.corr(), annot=True, cmap='Blues')
```

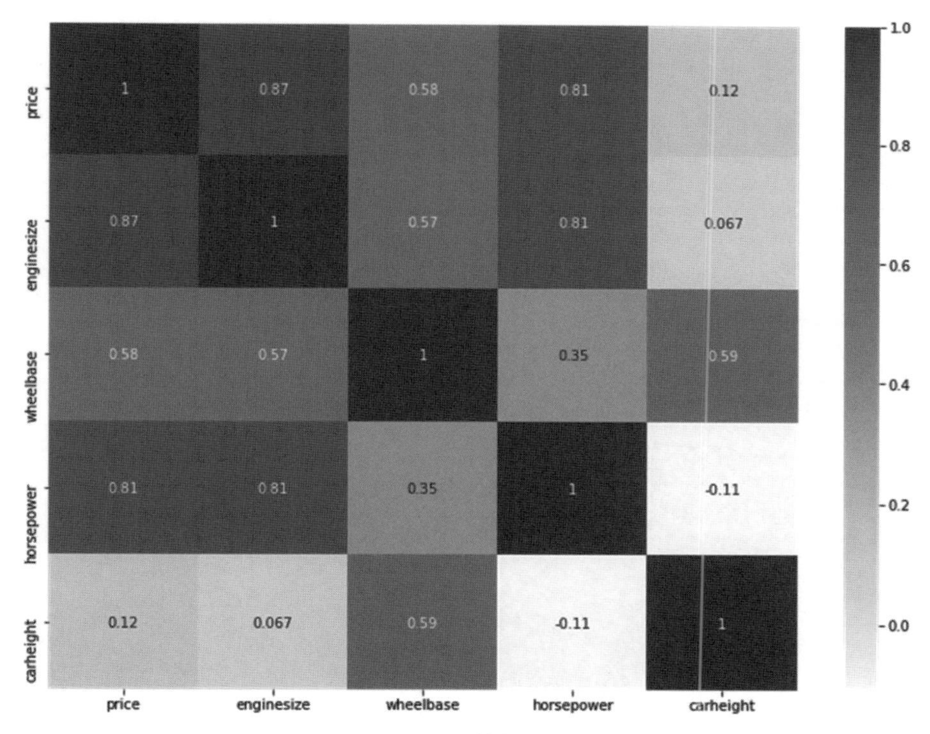

図 4.7　Seaborn を用いた、複数の変数間の heatmap 図

4.6 作業結果を保存する

Notebook上で作成したグラフを保存するには、Seabornの場合、以下のようにsavefigオプションを指定します。ファイル名を指定し、シングルクオーテーションで囲みます。

```
import numpy as np
import seaborn as sns

#ヒストグラムをプロットする
sns.pairplot(x_list, kind='reg').savefig('test.png')
```

これにより、Notebookを実行しているディレクトリと同じ場所に画像ファイルが保存されます。

4.7 データを把握する(5) - データの可視化手法; plotly, D3.js

さて、データの可視化について比較的基本的な手法を中心にここまで書いてきました。グラフの書き方というのはここ数年、かなり自由度が上がってきたように感じています。僕はもともと理系の出身で、グラフの象限は表現したいデータに応じて使い分ければよい、と教わっていました。そして、文系の某大学に移って数年後、理系の大学でときどき行っていたように、第2象限に正と負の値を反転させたグラフをプロットしたところ、指導教官の大目玉を食らったことを今でも覚えている次第です。また大学講義で、3Dグラフや両軸グラフの利用を卒論で禁止する旨アナウンスすることを、季節の恒例行事としている経済学や経営学の先生方もたくさんいらっしゃるようです。

数年前の、データの可視化時に取りうる手段がExcelとStataだけだった時代とは異なり、現在では棒グラフや線グラフや円グラフ以外にも、色々な技法でデータを処理することが可能になりつつあります。このとき重要なのは、データを見るオーディエンス(対象者)によって、必要なグラフ表現を選択することだと思います。例えば、十数年前、僕が応対した先生に対しては、コンベンショナルな棒グラフか線グラフをお見せするのが、一番理解を得やすい方法かもしれません。また、データの見せ方や並べ方のリテラシーを有する対象者の場合には、今回利用したpairplotなどを用いると、データの特性についてより説得力をもって説明することが可能になると思います。

こうしたデータの可視化は今日様々な技法があります。本書ではすべての可視化技法を紹介する代わりに、2020年現在グラフ表現を選択する際広く使われているいくつかのサイトをご紹介することにしたいと思います。

- Data-to-Viz.com (https://www.data-to-viz.com/); データの種類や技法に応じて、取りうるべき可視化のタイプについて紹介しています。Pythonのみならず, RやJavascriptでの表現方法についても掲載しています
- D3.js (https://d3js.org/); データの可視化に特化したJavaScrptライブラリです。
- Plotly (https://chart-studio.plotly.com/feed/); こちらも、可視化するためのライブラリを提供しています。手元のPython etc... で利用するためには、サインアップが必要になります。

練習問題

この章では、データの基本的な統計分析や可視化の手法について取り上げました。紙面の都合もあり、是非練習問題としてより難易度の高い課題に取り組んでいただければと思います。

- まずは、お手持ちのデータについてヒストグラムやヒゲ図などを用いて可視化を行ってみましょう。
- 続いて、複数のデータセットを用いて、散布図や seaborn パッケージを用いた可視化を行いましょう。
- 単一のデータについて、本章で紹介した以外の可視化技法に是非トライしてください。最近の Excel でも実行できるようなツリーマップに加え、バイオリンプロットなど、様々な可視化の技法を、Plotly や D3.js のライブラリを参照しながら、お手持ちのデータに適用してみてください。
- 同様に、複数の変数のデータセットについて、いくつかの可視化技法や統計処理を実施してください。

第5章 Pythonによる多変量解析-クロスセクション・パネルデータ

この章では、多変量解析の基本的な手法について解説します。特に、クロスセクションデータ、パネルデータを回帰分析を用いて解析する方法について解説します。また、位置情報データや、操作変数法を用いた解析についてもご紹介します。

5.1 回帰分析の考え方 -最小二乗法

この章では、回帰分析で変数の入力と出力の関係を観察することを目指します。最小二乗法は、被説明変数と説明変数との間の残差ができるだけ小さくなるような値を求める係数および切片を導くことが目的です。次ページの図にあるような、ある入力Xと、それによる出力Yがあったときに、その関係性を説明しうる曲線を求めることが、世の中のいろいろな大学の計量経済学で出てくる回帰分析と呼ばれる作業です。

ところで、残差自体はマイナスの値も、プラスの値も取りうる可能性があります。そこで、残差の自乗和を最小化するような切片と係数値を求めることにします。このとき、定式化を行うと

$$\sum_{i=1}^{N} u_i^2 = \sum_{i=1}^{N} (Y_i - a - bX_i)^2 \tag{5.1}$$

などの形で示すことが出来ます。このとき、残差の自乗和を最小にするような回帰係数aとbは、以下の公式で計算することが出来ます(このあたりの詳しい内容は、計量経済学の教科書を別途お読み頂くことを強くおすすめします)。

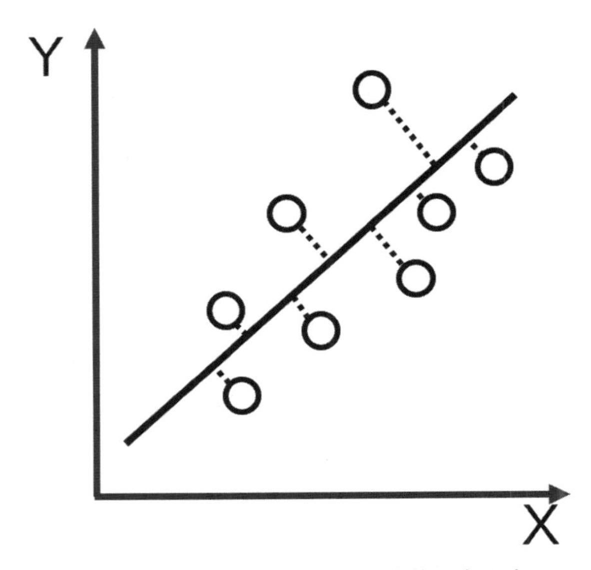

図 5.1　回帰分析のとっても基本的な考え方

$$b = \frac{\sum_{i=1}^{N}(X_i - \hat{X})(Y_i - \hat{Y})}{\sum_{i=1}^{N}(X_i - \hat{X})^2} \tag{5.2}$$

$$a - \hat{Y} - b\hat{X} \tag{5.3}$$

こうして得られた係数 a および b を用いることで、Y の予測値である $\hat{Y}$ を求めることが出来ます。このとき、X_i との関係は、

$$\hat{Y}_i = a + bX_i \tag{5.4}$$

と表すことが出来ます。また、残差 u_i は $u_i = Y_i - (a + bX_i)$ で与えられるので、このとき残差 u_i と予測値 $\hat{Y}_i$ と実績値 Y_i は、以下の関係となります。

$$Y_i = \hat{Y}_i + u_i = a + bX_i + u_i \tag{5.5}$$

残差 u は X で説明しきれない部分を、予測値 $\hat{Y}_i$ は X で説明できた部分を示すため、回帰式がどのくらいの説明力を有しているかを、以下の式から導き出すことが出来ます。

$$R^2 = \frac{\sum_{i=1}^{N}(\hat{Y}_i - \bar{Y})^2}{\sum_{i=1}^{N}(Y_i - \bar{Y})^2} \tag{5.6}$$

これを決定係数と呼びます。決定係数が 1.0 になるほど説明力が高いことになりますが、予測値を導出するためのモデルを構築するならともかく、学術的な論文を公刊するプロセスでは、「とりあえず高ければいいけれど、あまり高いのも考え物なもの」、「パネルデータであれば、0.1 くらいあれば大成功なもの」くらいな扱いであることが実際の運用である気がします[1]。

5.2 データの種類 - クロスセクション・時系列データ・パネルデータ

続いては、こうした回帰分析はじめ多変量分析で広く使われている、クロスセクションデータ、時系列データ、パネルデータについて、簡潔にご紹介することにしたいと思います。

5.2.1 クロスセクションデータ

クロスセクションデータは、特定の一時点における、分析対象に対するパラメータの集合になります。図に示しているデータの場合、特定の母集団である車のデータにつ

[1] 参照: 松浦寿幸 (2010) 『Stata によるデータ分析』(東京図書)

いて、車の色や名称や価格などのデータが確認できます。ただし、こうして取得されたデータは一定の期間内でまとめて集計されたデータである必要があります。

Car	Type	Price
2door	Yaris	100
Truck	Mark II	200
Bus	Crown	500

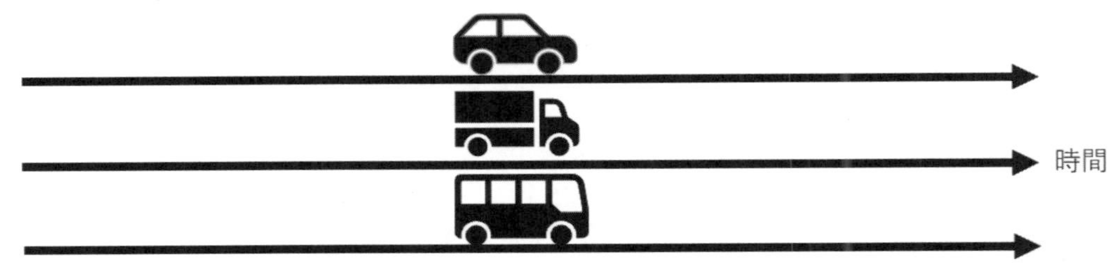

図 5.2　クロスセクションデータ

この世界のどこかで眠っているデータの多くは、このクロスセクションデータと呼ばれるデータのタイプだったりします。実は、後述する時系列データやパネルデータにすると、さらなる知見が得られる可能性が.... あるかもしれません。

5.2.2 時系列データ

続いて時系列データです。ある特定の事象に関する、複数時点における、分析対象に関わるパラメータの変動の集合を指します。図に示すように、2ドアカーの価格は、資本減耗によりだんだん安くなるかもしれません。そうしたか価格の変動が過去のデータによってどのくらい規定されるのか、時系列データを用いて分析することが出来ます。

Car	Type	Year	Market Price
2door	Crown	2010	500
2door	Crown	2011	480
2door	Crown	2012	475
2door	Crown	2013	460
2door	Crown	2014	450

図 5.3　時系列データ

5.2.3 パネルデータ

複数時点における、分析対象に対するパラメータの集合がパネルデータです。先ほどのクロスセクションデータと同様に、車という母集団の中で価格や名称や色などの属性情報が含まれているのは同じですが、経年変化による価格の変化を、年ごとに含んでいるのがパネルデータの特色になります。これにより、特定の主体が時間の変化により影響を受けるか否かなど、より込み入った分析が可能になります。

ところが...、研究者が収集段階から注意深く設計したデータセットならばともかく、多くの場合、企業内やサーベイデータをベースにパネルデータを構築するにはいくつ

Car	Type	Year	Price
2door	Yaris	2017	100
2door	Yaris	2018	90
Truck	Mark II	2017	200
Truck	Mark II	2018	180
Bus	Crown	2017	500
Bus	Crown	2018	495

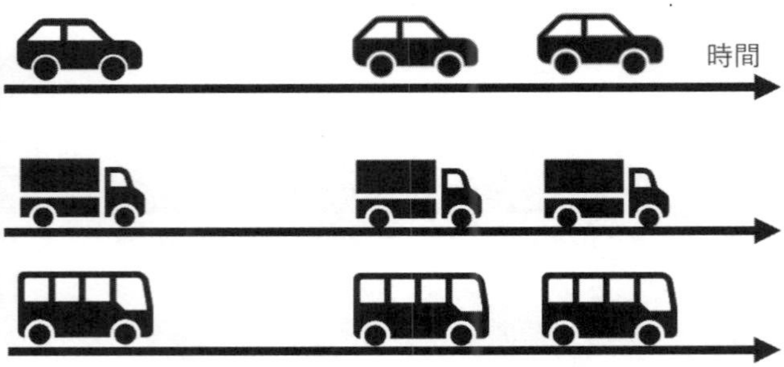

時間

図 5.4　パネルデータ

かの困難がいつも待ち受けています。パネルデータのエッセンスのひとつは、X_{it} のとき、添え字 i と t がそれぞれ完備的に揃っていることです。より簡易に書くと、例えば 2007 年から 2012 年にかけてアンケートを従業員に対して実施した場合、従業員 i に対するアンケートは年度 t について、2007 年から 2012 年の 6 期間で、途中の抜けが無いように取得出来ていると、パネルデータの威力をかなり発揮することが出来ます。ところが、だいたいの場合、従業員 i さんのうち誰かは途中で会社を退職して居なくなったり、特定年度 t 年はその段階の上司の方針で、アンケートが実施出来なかった、もしくはアンケートの内容がこれまでとは全く違った、なんてことがざらに発生します。また、よしんばデータが完備的に揃っていたとしても、t 年と t-i 年で個々を識別する ID i の記述方法が絶妙に違ったりすると、その接合だけで Excel との格闘に丸一日を要することになります。かくして、パネルデータを用意することは、思ったよりも地味で大変です。ただ、無事用意できた暁には定量的な分析の幅を一気に増やすことが出来たりします。

本書では、おそらく潜在的なニーズが高いであろうクロスセクションデータの単回帰分析および重回帰分析の方法について集中的に解説します。続いて、パネルデータについても固定効果モデルおよび変動効果モデルの利用方法について解説します。

5.3 回帰分析 (1) 単回帰分析

まずはデータを読み込みましょう。前章と同じく、Kaggle に掲載されていた Car Price Prediction Multiple Linear Regression (https://www.kaggle.com/hellbuoy/car-price-prediction) を利用したいと思います。まずは Pandas を import し、read_csv メソッドで読み込む作業を行います。また、head を用い先頭の 10 行分を読み込みます。

```
1 import pandas as pd
2 import io
3 
4 #データを読み込む
5 input_data = pd.read_csv("carprice.csv")
6 input_data.head(10)
```

以下のように、最初のデータ 10 行が表示されます。

Out[43]:

	car_ID	symboling	CarName	fueltype	aspiration	doornumber	carbody	drivewheel	enginelocation	wheelbase	...	enginesize
0	1	3	alfa-romero giulia	gas	std	two	convertible	rwd	front	88.6	...	130
1	2	3	alfa-romero stelvio	gas	std	two	convertible	rwd	front	88.6	...	130
2	3	1	alfa-romero Quadrifoglio	gas	std	two	hatchback	rwd	front	94.5	...	152
3	4	2	audi 100 ls	gas	std	four	sedan	fwd	front	99.8	...	109
4	5	2	audi 100ls	gas	std	four	sedan	4wd	front	99.4	...	136
5	6	2	audi fox	gas	std	two	sedan	fwd	front	99.8	...	136
6	7	1	audi 100ls	gas	std	four	sedan	fwd	front	105.8	...	136
7	8	1	audi 5000	gas	std	four	wagon	fwd	front	105.8	...	136
8	9	1	audi 4000	gas	turbo	four	sedan	fwd	front	105.8	...	131

図 5.5 Car Price データの概要

続いて、利用しているデータの概要を表示しましょう。describe() メソッドでは、変数ごとに、個数 (count), 平均値 (mean), 標準偏差 (std), 25 パーセンタイル値 (25%), 50 パーセンタイル値 (50%), 75 パーセンタイル値 (75%), 最大値 (max) を一覧表示することが出来ます。

```
#データの概要を確認する
input_data.describe()
```

続いて、まずは単回帰を実施してみましょう。実行するソースコードは以下の通りです。

```
#単回帰分析を実行してみる
#価格に対してエンジンサイズがプラスに寄与することが確認できる

import statsmodels.api as sm
model = sm.OLS(input_data.price,
 ↪  sm.add_constant(input_data.enginesize))
results = model.fit()
print(results.summary())
print('p-values\n', results.pvalues)
```

ここでは、一行ごとに行っている作業を解説したいと思います。

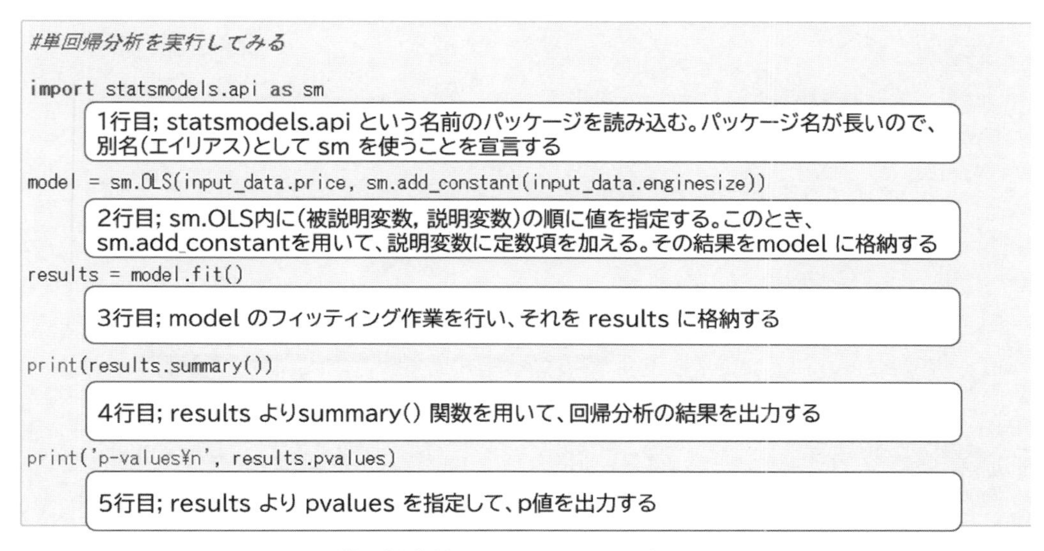

#単回帰分析を実行してみる
import statsmodels.api as sm
1行目; statsmodels.api という名前のパッケージを読み込む。パッケージ名が長いので、別名(エイリアス)として sm を使うことを宣言する
model = sm.OLS(input_data.price, sm.add_constant(input_data.enginesize))
2行目; sm.OLS内に(被説明変数, 説明変数)の順に値を指定する。このとき、sm.add_constantを用いて、説明変数に定数項を加える。その結果をmodel に格納する
results = model.fit()
3行目; model のフィッティング作業を行い、それを results に格納する
print(results.summary())
4行目; results よりsummary() 関数を用いて、回帰分析の結果を出力する
print('p-values¥n', results.pvalues)
5行目; results より pvalues を指定して、p値を出力する

図 5.6 単回帰分析のコーディングを細かくみてみる

一行目では、今回利用するパッケージである statsmodels.api をインポートし、別名として sm を用いることを宣言しています。二行目では、先程の変数一覧から、今回は被説明変数 (値の変化が「説明付けられる」変数) として price を、説明変数 (値の変化を「説明付ける」変数) として、enginesize を利用することを指定しています。そして、定数項を用いるには、sm.add_constant を用いることで、定数項を加えます。これを model に代入します。続いて 3 行目では、model を fit メソッドで解法した結果を results に保存します。4 行目と 5 行目ではそれぞれ、print を用いて回帰分析の結果と p 値を出力しています。

結果は以下の通りです。

なお、重要な箇所を四角で囲っています。まず、R 自乗値は 0.764 であることが確認出来ます。

続いて、"coef" と書かれている変数の部分を確認しましょう。まず、const (定数項)

```
                            OLS Regression Results
==============================================================================
Dep. Variable:                  price   R-squared:                       0.764
Model:                            OLS   Adj. R-squared:                  0.763
Method:                 Least Squares   F-statistic:                     657.6
Date:                Tue, 15 Sep 2020   Prob (F-statistic):           1.35e-65
Time:                        15:37:53   Log-Likelihood:                -1984.4
No. Observations:                 205   AIC:                             3973.
Df Residuals:                     203   BIC:                             3979.
Df Model:                           1
Covariance Type:            nonrobust
==============================================================================
                 coef    std err          t      P>|t|      [0.025      0.975]
------------------------------------------------------------------------------
const      -8005.4455    873.221     -9.168      0.000   -9727.191   -6283.700
enginesize   167.6984      6.539     25.645      0.000     154.805     180.592
==============================================================================
Omnibus:                       23.788   Durbin-Watson:                   0.768
Prob(Omnibus):                  0.000   Jarque-Bera (JB):               33.092
Skew:                           0.717   Prob(JB):                     6.52e-08
Kurtosis:                       4.348   Cond. No.                         429.
==============================================================================

Warnings:
[1] Standard Errors assume that the covariance matrix of the errors is correctly specified.
p-values
 const         5.470069e-17
enginesize    1.354764e-65
dtype: float64
```

図 5.7　単回帰分析の結果

については -8005.4455 とマイナスであること、そして、この係数が統計的に有意ではないことを棄却出来ないことが、t 値および P>|t|の値から確認出来ます。また、下部に示した p-values (p 値) でも、const の p 値は 5.470069e-17 と、当該係数が被説明変数の変動に与えた影響は統計的に棄却出来ないことが確認できます。このように、回帰分析では (1) 係数がマイナスであるかプラスであるか、(2) 係数の t 値および p 値を確認したとき、それらの値に基づき係数が統計的に有意であるか否か、(3) 統計的に有意であるとして、p 値に基づき、それがどのパーセンテージの範囲で有意であるかを確認する必要があります。多くの計量経済学の教科書では、決定係数と係数の有意性について確認しましょう！ という文言が並んでいるように思えます。しかしながら、実際に重要視されるのはほとんどの場合、係数が統計的に有意な値か否か、後述する重回帰分析の場合には合わせて多重共線性が起きていないか否かが重視されるように思います。

5.4 回帰分析 (2) ダミー変数と重回帰分析

続いて、重回帰分析を実施しましょう。先程とは異なり、現時点で利用できるすべての変数を利用することにします。そこで、被説明変数として利用している価格 (price) を探し出し、drop しその DataFrame を x_list2 と名付けることにしましょう。また、価格は input_data.price として指定することで取り出し, price 変数に代入しましょう。

先程と同様、sm.add_constant を用いることで定数項を加えます。ここから先のコーディングは単回帰と同様です。

```
1 x_list2 = x_list.drop("price", 1)
2 price = input_data.price
3
```

```
#重回帰分析の結果を表示する
model = sm.OLS(price, sm.add_constant(x_list2))
result =model.fit()
print(result.summary())
print(result.pvalues)
```

結果を確認してみましょう。R 自乗値は0.814, 修正 R 自乗値も 0.810 と、モデルの説明力はかなり高いようです。続いて、係数を確認します。定数項のみマイナスで、あとの変数4つはプラスで、かつ最も強く作用するのは wheelbase (ホイールベース) であることが確認出来ます。ところが、p>|t| および t 値を確認すると、const, enginesize, wheelbase, hoursepower はそれぞれ1パーセントに係数が有意であることが確認出来るものの、carheight の p 値は 0.338 と, 10 パーセント有意の上限である 0.100 を越えていることがわかります。このような場合、carheight は price に作用しないと解釈されます。

続いて、ダミー変数を活用しましょう。ダミー変数は、一般には数量化されていない変数を説明変数に加えるために用いるものです。今回のデータセットですと、エンジンがターボか自然吸気か、また、車種などの情報が細かく掲載されています。まずはこうした質的情報を自動的にダミー変数化する作業を行います。これには、Pandas の get_dummies メソッドを用います。

```
#ダミー変数を get_dummies で作成する
input_data2=pd.get_dummies(input_data)
#変数リストをプロットする
print(input_data2.columns.values)
```

これにより、車種やクルマのタイプ、エンジンタイプごとに0/1が代入されたダミー

```
                            OLS Regression Results
==============================================================================
Dep. Variable:                  price   R-squared:                       0.814
Model:                            OLS   Adj. R-squared:                  0.810
Method:                 Least Squares   F-statistic:                     218.2
Date:                Tue, 15 Sep 2020   Prob (F-statistic):           9.29e-72
Time:                        14:24:54   Log-Likelihood:                -1960.3
No. Observations:                 205   AIC:                             3931.
Df Residuals:                     200   BIC:                             3947.
Df Model:                           4
Covariance Type:            nonrobust
==============================================================================
                 coef    std err          t      P>|t|      [0.025      0.975]
------------------------------------------------------------------------------
const      -3.216e+04   5731.484     -5.611      0.000   -4.35e+04   -2.09e+04
enginesize    96.5049     11.754      8.211      0.000      73.328     119.682
wheelbase    188.7375     66.615      2.833      0.005      57.379     320.096
horsepower    71.7015     10.960      6.542      0.000      50.089      93.314
carheight    131.8134    137.292      0.960      0.338    -138.913     402.539
==============================================================================
Omnibus:                       20.014   Durbin-Watson:                   0.858
Prob(Omnibus):                  0.000   Jarque-Bera (JB):               33.731
Skew:                           0.538   Prob(JB):                     4.74e-08
Kurtosis:                       4.671   Cond. No.                     4.82e+03
==============================================================================

Warnings:
[1] Standard Errors assume that the covariance matrix of the errors is correctly specified.
[2] The condition number is large, 4.82e+03. This might indicate that there are
strong multicollinearity or other numerical problems.
const         6.659815e-08
enginesize    2.682877e-14
wheelbase     5.079945e-03
horsepower    4.973969e-10
carheight     3.381676e-01
dtype: float64
```

図 5.8　重回帰分析の結果

変数が一斉に作成されました。この情報を用いて、ドアの数が 4 ドアか否か (=0/1)、ガソリン車か否か (=0/1) のふたつをダミー変数として加えた重回帰モデルを実行します。

これには、pd.concat を用いて変数リストを作成する際、input_data2.doornumber_four および input_data2.fueltype_gas を追加します。ここからの作業は先程の重回帰分析と同様です。

```
import numpy as np
from sklearn import linear_model, datasets
from sklearn.linear_model import LinearRegression

#モデルで利用する変数を接合し, ひとつの DataFrame にする
#読み込むデータを変えれば, 説明変数や被説明変数を変えることが可能
x_list3 =
↪  pd.concat([input_data2.enginesize,input_data2.wheelbase,
↪  input_data2.horsepower, input_data2.carheight,
↪  input_data2.doornumber_four, input_data2.fueltype_gas],
↪  axis=1)
price2 = input_data2.price

#重回帰分析の結果を表示する
model = sm.OLS(price2, sm.add_constant(x_list3))
result =model.fit()
print(result.summary())

print(result.pvalues)
```

結果を確認しましょう。

```
                            OLS Regression Results
==============================================================================
Dep. Variable:                  price   R-squared:                       0.821
Model:                            OLS   Adj. R-squared:                  0.815
Method:                 Least Squares   F-statistic:                     151.2
Date:                Sat, 12 Sep 2020   Prob (F-statistic):           4.05e-71
Time:                        15:46:40   Log-Likelihood:                -1956.2
No. Observations:                 205   AIC:                             3926.
Df Residuals:                     198   BIC:                             3950.
Df Model:                           6
Covariance Type:            nonrobust
===================================================================================
                      coef    std err          t      P>|t|      [0.025      0.975]
-----------------------------------------------------------------------------------
const           -2.855e+04   6993.002     -4.083      0.000   -4.23e+04   -1.48e+04
enginesize         90.1434     11.797      7.641      0.000      66.880     113.407
wheelbase         166.2866     69.157      2.404      0.017      29.908     302.665
horsepower         80.8279     11.471      7.047      0.000      58.208     103.448
carheight         149.1665    141.604      1.053      0.293    -130.079     428.412
doornumber_four  -417.3080    603.559     -0.691      0.490   -1607.536     772.920
fueltype_gas    -2468.3962    909.070     -2.715      0.007   -4261.097    -675.695
==============================================================================
Omnibus:                       16.743   Durbin-Watson:                   0.882
Prob(Omnibus):                  0.000   Jarque-Bera (JB):               28.243
Skew:                           0.450   Prob(JB):                     7.37e-07
Kurtosis:                       4.580   Cond. No.                     5.97e+03
==============================================================================

Warnings:
[1] Standard Errors assume that the covariance matrix of the errors is correctly specified.
[2] The condition number is large, 5.97e+03. This might indicate that there are
strong multicollinearity or other numerical problems.
const              6.447238e-05
enginesize         9.029272e-13
wheelbase          1.711651e-02
horsepower         2.970865e-11
carheight          2.934383e-01
doornumber_four    4.901163e-01
fueltype_gas       7.206785e-03
dtype: float64
```

図 5.9　ダミー変数入り重回帰分析の結果

このモデルでは、ドアの数が4ドアか否か、ガソリン車か否かが価格に与える影響を判断するためにダミー変数化して組み込む作業を行いました。これらふたつの変数を確認すると、いずれもマイナスであることがわかります。しかしながら、doornumber_four の p 値は 0.490 であり、有意であるとはいえないことがわかります。一方、fueltype_gas の p 値は 0.007 であり、1 パーセントの範囲で有意であることがわかります。つまり、ガソリン車の場合中古車の価格を下げる効果を有することが把握出来るわけです。

5.5 回帰分析 (3) 分析結果の解釈の方法

多重共線性が発生していないか、VIF (Variance inflation factor) 値を確認しましょう。多重共線性は、説明変数間の関係性が線形であるときに発生し、モデルの結果を歪める可能性があるとされています。一般的な対処方法としては、説明変数間の相関係数の値、条件数や VIF 値 を用いて確認し、発生要因と考えられる説明変数の除去を行います。このとき、VIF 値は 10 を越えなければ問題ないとされています。

```
1 #多重共線性が発生していないか確認する
2 from statsmodels.stats.outliers_influence import *
3 num_cols = model.exog.shape[1]
4 print(num_cols) #説明変数の列数
5 vifs = [variance_inflation_factor(model.exog, i) for i in
   ↪ range(0, num_cols)]
6 pdv = pd.DataFrame(vifs, index=model.exog_names,
   ↪ columns=["VIF"])
7 print(pdv)
```

結果は以下の通りです。説明変数の VIF 値は 10 以下ですが、定数項 (const) の VIF 値は 850 を越えています。いささかトリッキーですが、おそらくこのモデルに含まれている（ダミー）変数のいずれかが多重共線性を引き起こしている可能性を示唆できます。また、前ページに示した結果にあるように、Cond. No.（Condition Number; 条件数）の値が高いことも気になるところです。

```
7
                          VIF
const              850.900421
enginesize           4.178532
wheelbase            3.002954
horsepower           3.562544
carheight            2.073052
doornumber_four      1.561073
fueltype_gas         1.266018
```

Airbnb の価格分析 -空間情報の活用

ここまでの説明を改めて復習することを兼ね、Kaggle で提供されているニューヨーク州の Airbnb データを用いて回帰分析を行ってみましょう。このとき、ヘドニックアプローチと呼ばれる、価格の決定要因について解析することにします。

まず、データの読み込みを行います。Pandas の Excelfile を用い、Kaggle からダウンロードしたデータの取り込みを行います。続いて、input_sheet_df にデータを代入し、最初の 10 行を取り出します。

```
1  import pandas as pd
2  input_book = pd.ExcelFile('AB_NYC_2019.xlsx')
3  
4  input_sheet_name = input_book.sheet_names
5  num_sheet = len(input_sheet_name)
6  print(input_sheet_name)
7  print("Sheet の数:", num_sheet)
8  input_sheet_df = input_book.parse(input_sheet_name[0])
9  
10 #最初から 10 行目までを取り出す
11 input_sheet_df.head(10)
```

データの中身は以下の通りです。Airbnb のホスト名や価格などの情報が含まれていることが確認できます。

	id	name	host_id	host_name	neighbourhood_group	Manhattan_dummry	neighbourhood	latitude	longitude
0	2539	Clean & quiet apt home by the park	2787	John	Brooklyn	0	Kensington	40.64749	-73.97237
1	2595	Skylit Midtown Castle	2845	Jennifer	Manhattan	1	Midtown	40.75362	-73.98377
2	3647	THE VILLAGE OF HARLEM....NEW YORK !	4632	Elisabeth	Manhattan	1	Harlem	40.80902	-73.94190
3	3831	Cozy Entire Floor of Brownstone	4869	LisaRoxanne	Brooklyn	0	Clinton Hill	40.68514	-73.95976
4	5022	Entire Apt: Spacious Studio/Loft by central park	7192	Laura	Manhattan	1	East Harlem	40.79851	-73.94399

図 5.10　Airbnb データセット

変数としては、以下のようなパラメータが含まれていることが確認できます。

- id; Airbnb ホストに割り振られた番号
- name; Airbnb で貸し出されている物件名
- host_name; Airbnb のホスト名
- neighbourhood_group; 所属する地域名 (ブルックリン, マンハッタンなど)
- Manhattan_dummry; マンハッタンに属するか否かのダミー変数
- neighbourhood; 地域名
- latitude; 緯度
- longitude; 経度
- room_type; 部屋のタイプ
- private_dummy; 部屋がプライベートか否か
- home_dummy; 一軒貸しか否か
- shared_dummy; 共有タイプか否か
- price; 価格

- minimum_nights; 最低宿泊人数
- number_of_reviews; レビュー数
- last_review; 最新のレビュー日
- reviews_per_month; 月ごとのレビュー数
- calculated_host_listings_count; ホストのリスト表示回数
- availability_365; 年間あたり利用可能な日数

続いて、データの取り出しを行います。変数が多く存在するため、今回はiloc を用い列番号を指定することでデータを取り出す作業を行います。

```
import matplotlib.pyplot as plt
import scipy.stats

#利用する変数を取り出す
#今回は Excel 側で，ダミー変数の作成を行っています．
#iloc を用い，excel の列を指定し一気にデータを取り出しています

#マンハッタンに所在するか
manhattan_dummy=input_sheet_df.iloc[:,5]
#プライベートルームか
private_dummy=input_sheet_df.iloc[:,10]
#家一軒貸し出しか
home_dummy=input_sheet_df.iloc[:,11]
#部屋が共有か
shared_dummy=input_sheet_df.iloc[:,12]
#貸し出し価格
price=input_sheet_df.iloc[:,13]
```

```
#最低貸し出し日数
minimum_nights=input_sheet_df.iloc[:,14]
#レビュー数
number_of_reviews=input_sheet_df.iloc[:,15]
#月ごとのレビュー数
reviews_per_month=input_sheet_df.iloc[:,17]
calculated_host_listings_count=input_sheet_df.iloc[:,18]
#貸し出し可能な日数
availability_365=input_sheet_df.iloc[:,19]
```

もしくは、Excelの一列目に記入されている変数名がDataFrame上でコラム名として指定されているため、その情報を用いてデータを取り出します。

```
#もしくは、Excel の1行目に指定された変数名を指定する

#マンハッタンに所在するか
manhattan_dummy=input_sheet_df.Manhattan_dummry
#プライベートルームか
private_dummy=input_sheet_df.private_dummy
#家一軒貸し出しか
home_dummy=input_sheet_df.home_dummy
#部屋が共有か
shared_dummy=input_sheet_df.shared_dummy
#貸し出し価格
price=input_sheet_df.price
#最低貸し出し日数
```

```
14 minimum_nights=input_sheet_df.minimum_nights
15 #レビュー数
16 number_of_reviews=input_sheet_df.number_of_reviews
17 #月ごとのレビュー数
18 reviews_per_month=input_sheet_df.reviews_per_month
19 calculated_host_listings_count=input_sheet_df.calculated_
   ↪  host_listings_count
20 #貸し出し可能な日数
21 availability_365=input_sheet_df.availability_365
```

続いて、まずは単回帰分析を行いその結果を散布図にプロットします。

```
1 #単回帰を行う
2 #review の数と，価格について回帰する
3 result = scipy.stats.linregress(number_of_reviews,price)
4 print('傾き=', result.slope.round(4), '切片=',
   ↪  result.intercept.round(4), '信頼係数=',
   ↪  result.rvalue.round(4), 'p値=', result.pvalue.round(4),
   ↪  '標準誤差=', result.stderr.round(4))
5 result_slope = result.slope
6 result_intercept = result.intercept
7
8 #散布図にプロットする．x軸をレビュー数にして，縦軸を価格にする
9 plt.plot(number_of_reviews, [result_slope * u +
   ↪  result_intercept for u in number_of_reviews])
```

```
10 plt.scatter(number_of_reviews,price)
11 plt.title('price and number_of_reviews in Airbnb Dataset')
12 plt.ylabel('price')
13 plt.xlabel('number_of_reviews')
14 plt.show()
```

単回帰の結果を確認すると、傾きは-0.258, 切片 158.7956 信頼係数 -0.0477 p 値 0.0 標準誤差 0.0246 となり、係数は有意であることが確認できます。しかし、レビューの数が多いほど価格は下がるという結果になっています。そこで、散布図の結果を確認してみましょう。

どうやら、そもそもレビューの多い物件は利用回数も多く、価格帯も低いということがわかります。同様に、statmodels.api を用い再度回帰分析を行いましょう。

```
1 import statsmodels.api as sm
2 model = sm.OLS(price, sm.add_constant(number_of_reviews))
3 results = model.fit()
4 print(results.summary())
5 print('p-values\n', results.pvalues)
```

結果を以下に示します。係数自体は有意ですが、そもそも決定係数の値がかなり低いことが確認できます。

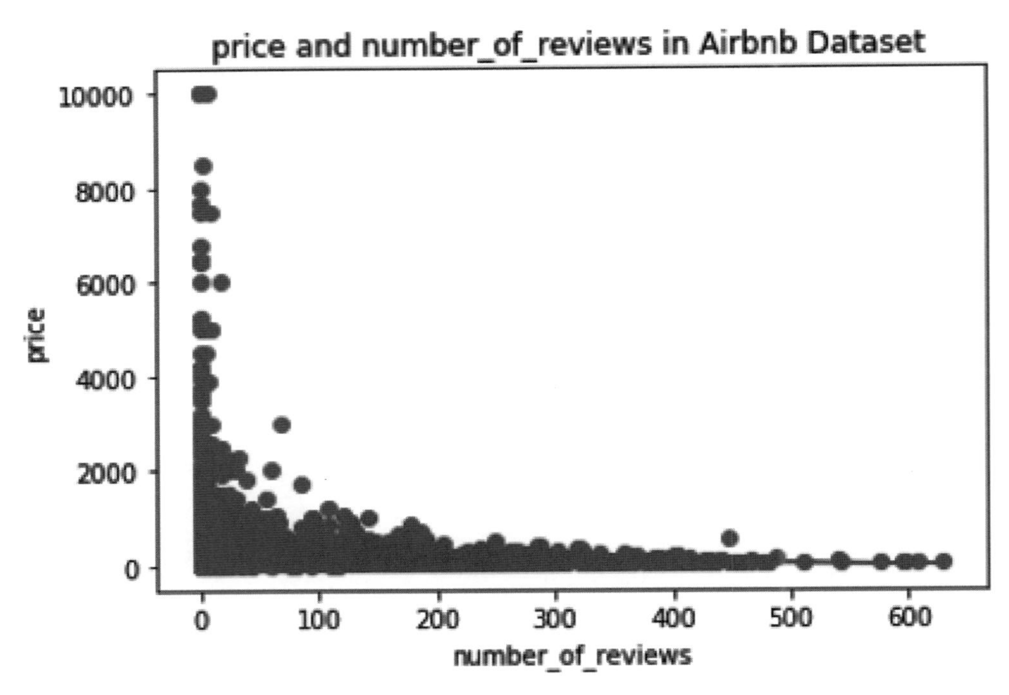

図 5.11　Airbnb の価格とレビュー数の関係

```
                            OLS Regression Results
==============================================================================
Dep. Variable:                  price   R-squared:                       0.002
Model:                            OLS   Adj. R-squared:                  0.002
Method:                 Least Squares   F-statistic:                     110.2
Date:                Sun, 17 Nov 2019   Prob (F-statistic):           9.53e-26
Time:                        11:51:06   Log-Likelihood:            -3.3383e+05
No. Observations:               48366   AIC:                         6.677e+05
Df Residuals:                   48364   BIC:                         6.677e+05
Df Model:                           1
Covariance Type:            nonrobust
=====================================================================================
                        coef    std err          t      P>|t|      [0.025      0.975]
-------------------------------------------------------------------------------------
const               158.7956      1.234    128.659      0.000     156.376     161.215
number_of_reviews    -0.2580      0.025    -10.497      0.000      -0.306      -0.210
==============================================================================
Omnibus:                   103991.762   Durbin-Watson:                   1.836
Prob(Omnibus):                  0.000   Jarque-Bera (JB):        693642912.465
Skew:                          19.139   Prob(JB):                         0.00
Kurtosis:                     588.433   Cond. No.                         56.6
==============================================================================

Warnings:
[1] Standard Errors assume that the covariance matrix of the errors is correctly specified.
p-values
 const               0.000000e+00
number_of_reviews    9.529615e-26
dtype: float64
```

図 5.12　回帰分析の結果

続いて、重回帰分析を行ってみましょう。まずは、前章で紹介したseaborn を用いて相関係数をheatmap としてプロットします。

```
import seaborn as sns
plt.figure(figsize=(12, 9))
equation_df=pd.concat([manhattan_dummy, private_dummy,
↪  home_dummy, shared_dummy, price, minimum_nights,
↪  number_of_reviews, reviews_per_month,
↪  calculated_host_listings_count, availability_365],
↪  axis=1)
sns.heatmap(equation_df.corr(), annot=True, cmap='Blues')
```

結果は以下のように、係数が色の濃さとともに可視化される形で表示されます。number_of_reviews とreviews_per_month の相関係数が0.55 と高いことがわかります。そこで、重回帰分析では後者を省略することにします。

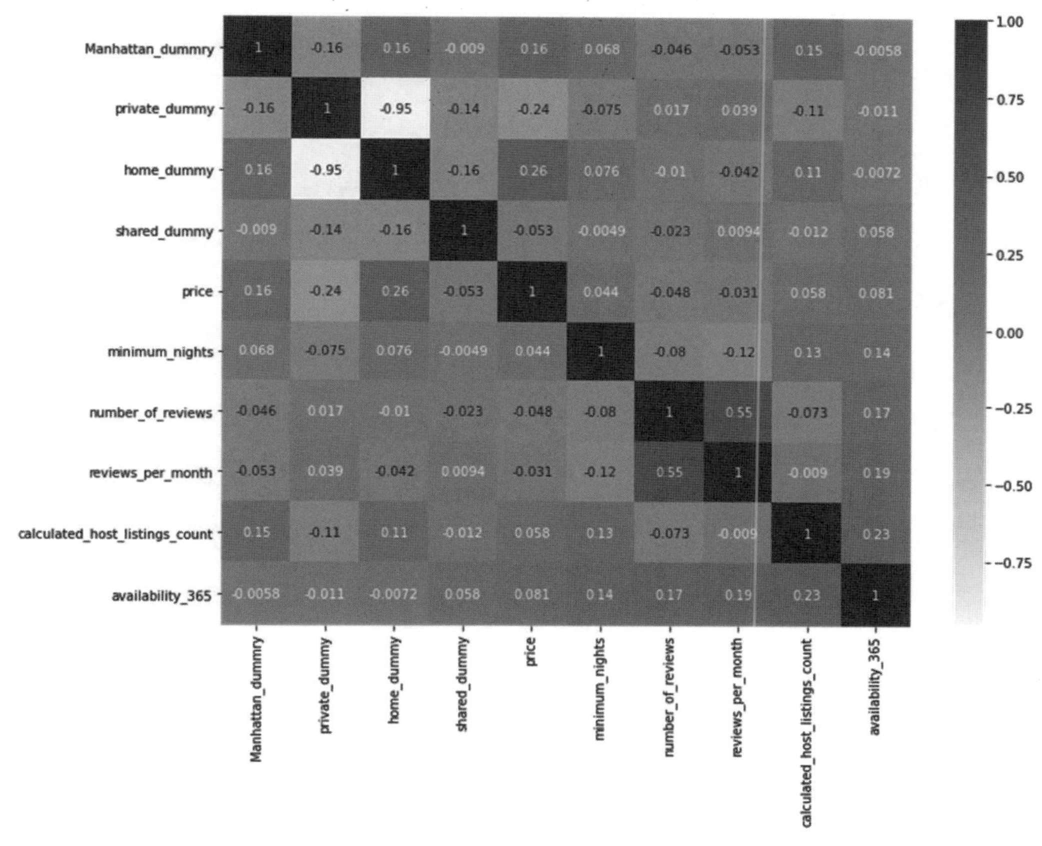

図 5.13 相関係数表

```
import numpy as np
import statsmodels.api as sm
from sklearn import linear_model, datasets
from sklearn.linear_model import LinearRegression
#価格を被説明変数として取り出す
price = pd.DataFrame(equation_df.price)
```

```
#被説明変数である price を drop する
x_list = equation_df.drop("price",1)
#相関係数が高かった reviews_per_month を drop する
x_list = x_list.drop("reviews_per_month",1)
#同様に、shared_dummy と home_dummy を除去する
x_list = x_list.drop("shared_dummy",1)
x_list = x_list.drop("home_dummy",1)

#異常値や null になっている値を除去する
x_list = x_list.drop(x_list.columns[np.isnan(x_list).any()],
    axis=1)

#線形回帰を実行する
model = sm.OLS(price, sm.add_constant(x_list))
result =model.fit()
print(result.summary())
print(result.pvalues)
```

モデル自体は解法出来ましたが、なんだかあんまり芳しくない結果な気がします。たとえば、R 自乗値は 0.083 と、低い値です。また、minimum_nights を除き p 値はどれも有意ですが、強く作用する係数は Manhattan_dummy くらいしか見当たりません。

```
                            OLS Regression Results
==============================================================================
Dep. Variable:                  price   R-squared:                       0.083
Model:                            OLS   Adj. R-squared:                  0.083
Method:                 Least Squares   F-statistic:                     727.1
Date:                Tue, 13 Oct 2020   Prob (F-statistic):               0.00
Time:                        03:31:32   Log-Likelihood:            -3.3180e+05
No. Observations:               48366   AIC:                         6.636e+05
Df Residuals:                   48359   BIC:                         6.637e+05
Df Model:                           6
Covariance Type:            nonrobust
==================================================================================================
                                     coef    std err          t      P>|t|      [0.025      0.975]
--------------------------------------------------------------------------------------------------
const                            161.8472      2.085     77.637      0.000     157.761     165.933
Manhattan_dummry                  62.1983      2.165     28.730      0.000      57.955      66.442
private_dummy                   -105.6285      2.145    -49.240      0.000    -109.833    -101.424
minimum_nights                     0.0270      0.053      0.514      0.607      -0.076       0.130
number_of_reviews                 -0.2942      0.024    -12.151      0.000      -0.342      -0.247
calculated_host_listings_count    -0.0797      0.033     -2.389      0.017      -0.145      -0.014
availability_365                   0.1670      0.008     19.819      0.000       0.151       0.184
==============================================================================
Omnibus:                   108319.999   Durbin-Watson:                   1.845
Prob(Omnibus):                  0.000   Jarque-Bera (JB):        924676909.184
Skew:                          21.049   Prob(JB):                         0.00
Kurtosis:                     679.068   Cond. No.                         480.
==============================================================================

Warnings:
[1] Standard Errors assume that the covariance matrix of the errors is correctly specified.
const                              0.000000e+00
Manhattan_dummry                  5.326018e-180
private_dummy                      0.000000e+00
minimum_nights                     6.072345e-01
number_of_reviews                  6.344326e-34
calculated_host_listings_count     1.689841e-02
availability_365                   4.565826e-87
dtype: float64
```

図 5.14　重回帰分析の結果

また、VIF 値を導出します。

```
from statsmodels.stats.outliers_influence import *
num_cols = model.exog.shape[1]
print(num_cols) #説明変数の列数
```

```
vifs = [variance_inflation_factor(model.exog, i) for i in
 ↪  range(0, num_cols)]
pdv = pd.DataFrame(vifs, index=model.exog_names,
 ↪  columns=["VIF"])
print(pdv)
```

結果を確認する限り、以下の通り10を超える値は存在しないのですが、物足りなさは残りますね。

```
7
                                      VIF
const                            3.947596
Manhattan_dummry                 1.050466
private_dummy                    1.037052
minimum_nights                   1.047618
number_of_reviews                1.055285
calculated_host_listings_count  1.109118
availability_365                 1.118322
```

続いて、Seabornを使って変数のヒストグラムと散布図をpairplotを用いてプロットしてみましょう。

```
x_list3=pd.concat([price, x_list], axis=1)
sns.pairplot(x_list3, hue="Manhattan_dummry")
```

結果を以下に示します。おそらく、価格がかなりべき乗分布になっていることが、モデル全体の説明力の低さの原因のひとつのように思えます。

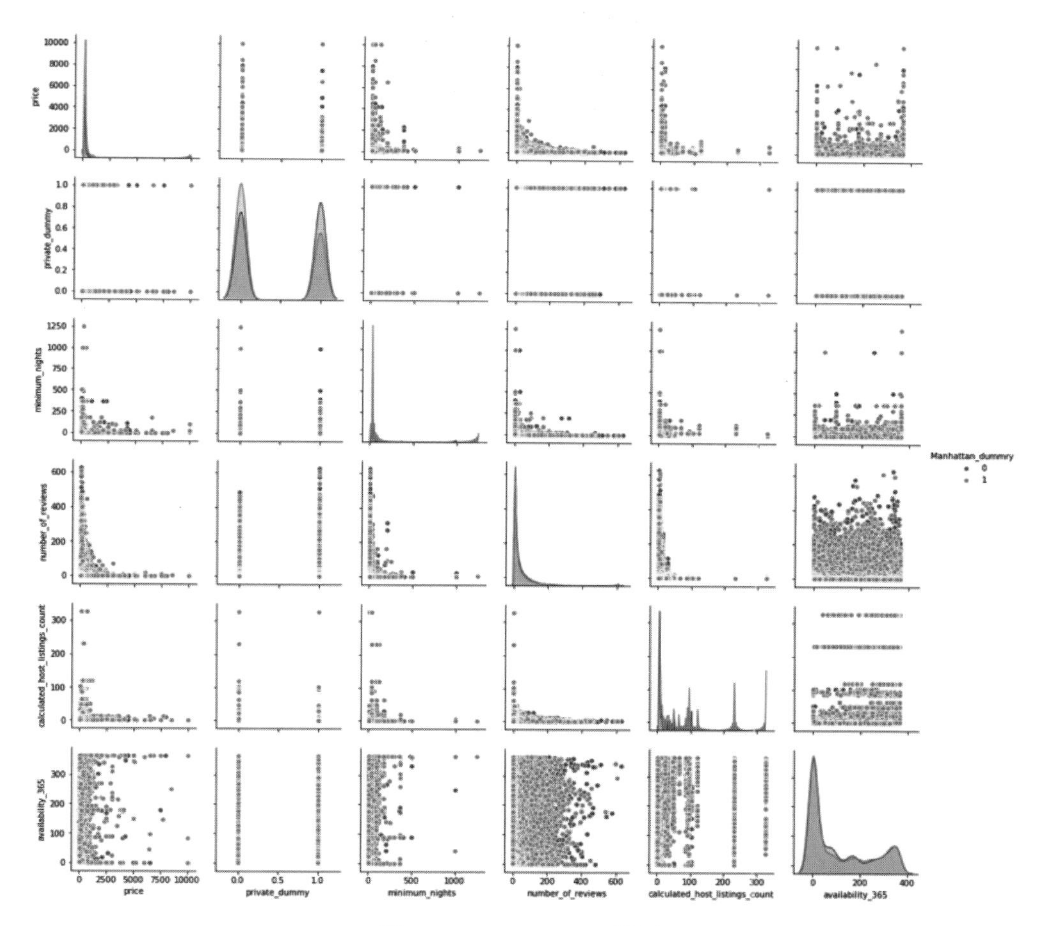

図 5.15　PairPlot の結果

おそらく、モデル自体の説明力をあげるためには データセット内にある緯度経度データを活用することで、例えば著名なランドマークと Airbnb ホストとの距離を測定し、それを説明変数のひとつとして活用する。などの施策が必要な気がします。

そこで、このデータセットに収められている Airbnb ホストの位置情報(緯度、経度)を用いて、有名なランドマークとの距離感価格の関係を推定することにしましょう。

手順は以下の通りです。

- geocoding に必要なパッケージをインストールする
- ランドマークの位置情報を取得する
- ランドマークと、Airbnb ホストとの距離を測る
- 散布図やヒストグラムを求める
- 回帰分析を行う

5.5.1 geocoding に必要なパッケージをインストールする

まずは、ジオコーディング用のパッケージである geopy[2] および geocoder[3] を Notebook 環境に導入しましょう。以下のソースを実行します。このとき、エクスクラメーションマーク (!) を pip の前に付与するようにしてください。

```
!pip install geopy
!pip install geocoder
```

無事インストールが終わると、"Successfully Installed." などのメッセージが表示されます。

[2] https://geopy.readthedocs.io/en/stable/
[3] https://geocoder.readthedocs.io/

5.5.2 ランドマークの位置情報を取得する

続いて、著名なランドマークの位置情報を取得することにします。今回は、ニューヨークのデータなので「自由の女神像」の位置情報を取得することにしましょう。

ソースコードは以下のようになります。geocoder をインポートし、location に場所名を取得します。geocoder.osm メソッドを用い、経度・緯度情報を取得します。

```
#Geocoder を用いて自由の女神像の場所を取得する
import geocoder
location = '自由の女神像'

address = geocoder.osm(location, timeout=5.0)
address.latlng
```

結果は以下の通りです。無事、「自由の女神像」の座標情報が取得出来ました[4]。

```
[40.689253199999996, -74.04454817144321]
```

[4] 今回利用しているライブラリでは、場所の名称を用いて位置情報を取得しています。そのため、「自由の女神」で検索を行った場合、位置情報として [38.426302, 141.311407] が取得されます。・・・この場所がどこなのかは、是非 Google Maps などを用いて検索してみてください。

5.5.3 ランドマークと、Airbnb ホストとの距離を測る

続いて、Airbnb ホストの緯度経度情報と「自由の女神像」の直線距離を測定しましょう。ここでは、geodesic パッケージを用います。Airbnb ホストのデータセットの中には緯度・経度の情報が含まれているので、それを取得し、geodesic を用いて直線距離を求めます。

```
1  #geodesic をインポートする
2  from geopy.distance import geodesic
3  
4  #空の箱を用意する
5  distance = []
6  
7  #input_sheet_df 内にある緯度経度情報を取得し、
8  #x, y に取り込み、それを location に保存する
9  #自由の女神像と、Airbnb ホストとの直線距離を km 単位で測り、
10 #distance に保存する
11 for x,y in zip(input_sheet_df.latitude,
   ↪  input_sheet_df.longitude):
12     location= np.array([x,y])
13     distance.append(geodesic(address.latlng, location).km)
14 
15 #input_sheet_df に distance 列を作成し
16 #取得した自由の女神との距離情報を格納する
17 input_sheet_df['distance']=distance
```

```
#先頭の部分のみ表示する
input_sheet_df.distance.head()
```

結果は以下の通りです。Airbnb ホストと自由の女神像との距離がキロメートル (km) 表示されています。

```
0     7.665219
1     8.801155
2    15.875798
3     7.181827
4    14.810118
Name: distance, dtype: float64
```

5.5.4 散布図やヒストグラムを求める

こうして得られた distance を用いて、値の分布や、Airbnb ホスト価格 (price) との関係性を可視化してみましょう。これまでに取り上げてきた pyplot や seaborn を用います。

```
#自由の女神との距離をヒストグラムにする
import matplotlib.pyplot as plt
import seaborn as sns
plt.hist(input_sheet_df.distance)
```

```
#価格と自由の女神との距離を散布図にする
equation_df2=pd.concat([price, input_sheet_df.distance],
↪  axis=1)
sns.jointplot('distance', 'price', data=equation_df2)
```

結果は以下の通りです。多くの Airbnb ホストは「自由の女神像」から直線 10km 以内に存在すること、また、散布図からは自由の女神像から近いホストは比較的価格が高いように見えることが確認できるかと思います。

```
<seaborn.axisgrid.JointGrid at 0x1c61c113828>
```

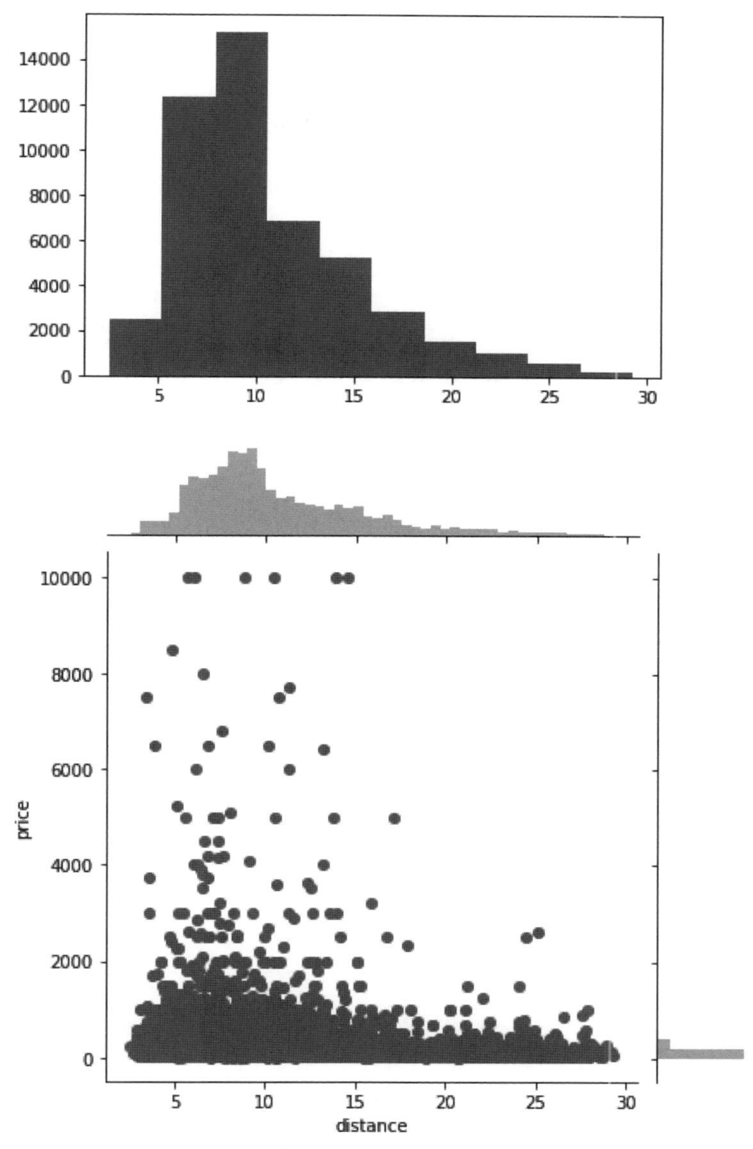

図 5.16　散布図やヒストグラムの結果

5.5.5 地図上にプロットする

このように、ヒストグラムや散布図を用いてもデータの傾向を把握出来ますが、位置情報を地図上にプロットして、どのような場所に Airbnb ホストが存在するかも視覚的に把握したいところです。そこで、folium パッケージ (`https://python-visualization.github.io/folium/`) を用いて地図上に Airbnb のホストをプロットしてみましょう。

まずは、folium パッケージを pip を用いてインストールします。

```
!pip install folium
```

" Successfully installed branca-0.4.1 folium-0.11.0"　などのメッセージが表示されることを確認しましょう。

続いて、folium パッケージを用いて、Airbnb ホストの位置情報を地図上にプロットしましょう。今回は、先頭から 1,000 軒分の Airbnb ホストを地図上に配置します。まず、input_sheet_df から、利用する緯度経度およびホスト名の情報をまとめて取得し、places に保存します。続いて、地図を表示する箇所を folium.Map 関数を用いて定めます。最後に、Airbnb ホストの情報を一件ずつ取り出し、地図にマップします。

```
import folium
import pandas as pd

#利用するデータセットを決める
#先頭から1000エントリまでの緯度・経度・ホスト名を取得する
```

```
6  places = pd.concat([input_sheet_df.latitude.head(1000),
   ↪  input_sheet_df.longitude.head(1000),
   ↪  input_sheet_df.name.head(1000)], axis=1)
7
8  #地図の表示箇所を決める
9  #今回は「自由の女神像」の位置情報を用いる
10 map = folium.Map(location=address.latlng, zoom_start=10)
11
12 #緯度・経度と場所情報をプロットする
13 for i, r in places.iterrows():
14     folium.Marker(location=[r['latitude'], r['longitude']],
       ↪  popup=r['name']).add_to(map)
15
16 #地図を html ファイルとして保存する
17 map.save("map_nyc.html")
```

出力されたHTML ファイルを開きます(HTML ファイルをダブルクリックすれば、Web ブラウザの新しいタブ上で開きます)。以下のように、ニューヨークの地図上にAirbnb ホストの位置がプロットされます。

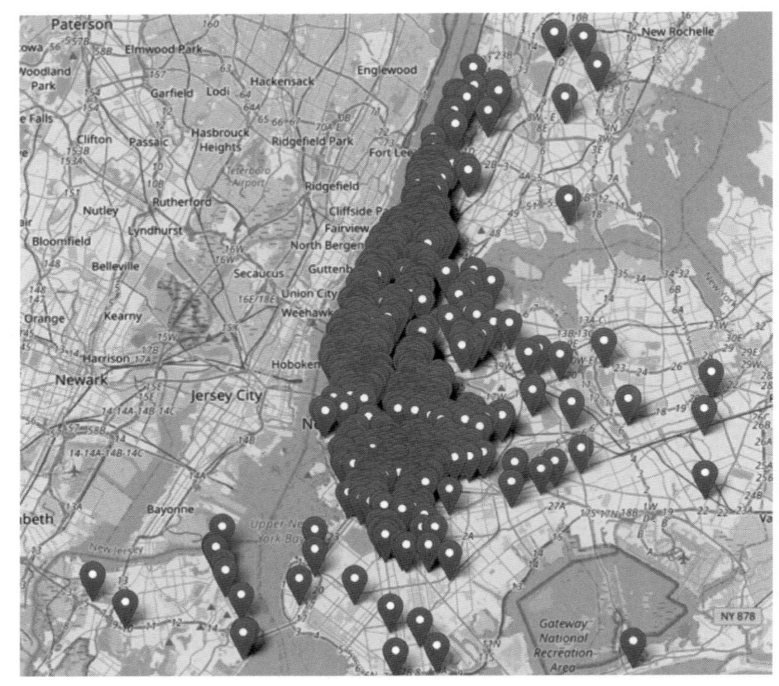

図 5.17　Airbnb ホストを地図上にプロットする

同様に、ヒートマップも描画することが出来ます。以下のように、HeatMap パッケージをインポートし、places2 に緯度経度情報を与えることで描画します。

```
import folium
#ヒートマップパッケージをインポートする
from folium.plugins import HeatMap

#緯度経度を指定する
```

```
places2 = pd.concat([input_sheet_df.latitude,
  input_sheet_df.longitude], axis=1)
map2 = folium.Map(location=address.latlng, zoom_start=10)

#緯度・経度と場所情報をプロットする
HeatMap(places2, radius=6, blur=5).add_to(map2)

#地図を html ファイルとして保存する
map2.save("map_nyc_heatmap_airbnb.html", color="gray")
```

結果は以下の通りです。地域ごとの混み具合がわかりやすくなったかと思います。

図 5.18　Airbnb ホストをヒートマップにプロットする

5.5.6 回帰分析を行う

最後に、単回帰を実施しましょう。これまでと同じく、statsmodels.api を用いています。

```
#単回帰の結果を確認する
import numpy as np
import statsmodels.api as sm
from sklearn import linear_model, datasets
from sklearn.linear_model import LinearRegression

#線形回帰を実行する
model = sm.OLS(price,
 ↪  sm.add_constant(input_sheet_df.distance))
result =model.fit()
print(result.summary())
print(result.pvalues)
```

結果は以下の通りです。「自由の女神像」から遠いホストほど (=Distance の値が大きいほど)、価格にはマイナスの影響があることが類推出来ます。ただし、決定係数はまだまだ高くないので、いろいろなパラメータを入れて解析をしてみたいところです。

```
                            OLS Regression Results
==============================================================================
Dep. Variable:                  price   R-squared:                       0.015
Model:                            OLS   Adj. R-squared:                  0.015
Method:                 Least Squares   F-statistic:                     734.4
Date:                Sat, 05 Dec 2020   Prob (F-statistic):          1.60e-160
Time:                        12:01:51   Log-Likelihood:            -3.3352e+05
No. Observations:               48366   AIC:                         6.671e+05
Df Residuals:                   48364   BIC:                         6.671e+05
Df Model:                           1
Covariance Type:            nonrobust
==============================================================================
                 coef    std err          t      P>|t|      [0.025      0.975]
------------------------------------------------------------------------------
const        220.2043      2.714     81.122      0.000     214.884     225.525
distance      -6.4018      0.236    -27.099      0.000      -6.865      -5.939
==============================================================================
Omnibus:                   104703.801   Durbin-Watson:                   1.838
Prob(Omnibus):                  0.000   Jarque-Bera (JB):        726525731.384
Skew:                          19.445   Prob(JB):                         0.00
Kurtosis:                     602.167   Cond. No.                         28.9
==============================================================================

Warnings:
[1] Standard Errors assume that the covariance matrix of the errors is correctly specified.
const       0.000000e+00
distance    1.602587e-160
dtype: float64
```

図 5.19　回帰分析の結果

結局、回帰モデルによる分析の醍醐味は、既存の先行研究や分析技法を吟味しながら、こうして、ああでもないこうでもないと、被説明変数や説明変数のセットを入れ替えるときだったりします。是非、読者の皆さんも自分なりの変数セットで説明力の高いモデルを作成してください。

5.6 回帰分析 (4) 操作変数法

続いて、操作変数法の linearmodels を用いた実装方法についてご紹介します。https://bashtage.github.io/linearmodels/doc/iv/examples/basic-examples.html に掲載されている、Wages of Married Women のケースに基づき、教育歴の既婚女性の給与への効果を測定したいと思います。

```
1 import numpy as np
2 from statsmodels.api import add_constant
3 from linearmodels.datasets import mroz
4 #データの概要を表示する
5 print(mroz.DESCR)
6 data = mroz.load()
7 data = data.dropna()
8 data = add_constant(data, has_constant='add')
```

print を用いて mroz.DESCR を出力しています。これにより、この分析が T.A. Mroz (1987), "The Sensitivity of an Empirical Model of Married Women's Hours of Work to Economic and Statistical Assumptions," Econometrica 55, 765-799. に基づくことと、変数リストが表示されています。

```
1 T.A. Mroz (1987), "The Sensitivity of an Empirical Model of
   ↪  Married Women's
2 Hours of Work to Economic and Statistical Assumptions,"
   ↪  Econometrica 55,
```

```
765-799.

nlf          1 if in labor force, 1975
hours        hours worked, 1975
kidslt6      # kids < 6 years
kidsge6      # kids 6-18
age          woman's age in yrs
educ         years of schooling
wage         estimated wage from earns., hours
repwage      reported wage at interview in 1976
hushrs       hours worked by husband, 1975
husage       husband's age
huseduc      husband's years of schooling
huswage      husband's hourly wage, 1975
faminc       family income, 1975
mtr          fed. marginal tax rate facing woman
motheduc     mother's years of schooling
fatheduc     father's years of schooling
unem         unem. rate in county of resid.
city         =1 if live in SMSA
exper        actual labor mkt exper
nwifeinc     (faminc - wage*hours)/1000
lwage        log(wage)
expersq      exper^2
```

まずは、通常の線形回帰と同じ分析を linearmodels.iv の IV2SLS パッケージを用いて実施します。先程までと異なり、IV2SLS ではモデルの実行時に Endogenous Variable および Instruments Variable が指定出来るようになっていますが、このモデルではそれぞれ None と指定しています。

```
#操作変数法を利用するために、IV2SLS をインポートする

from linearmodels.iv import IV2SLS

#被説明変数として data.wage を対数化したもの
#説明変数として const および educ を用いる
#IV2LS 内のパラメータとしては
#IV2LS(被説明変数, 説明変数, Endogenous, instruments)
#の順に指定する
#そのため、このモデルでは Endogenous および Instruments は利用していない
res_ols = IV2SLS(np.log(data.wage), data[['const','educ']],
↪  None, None).fit(cov_type='unadjusted')
print(res_ols)
```

結果は以下の通りです。1 年間の教育の増分は給与を 10% ほど向上させることが確認出来ます。

```
|                              OLS Estimation Summary
==============================================================================
Dep. Variable:                   wage   R-squared:                      0.1179
Estimator:                        OLS   Adj. R-squared:                 0.1158
No. Observations:                 428   F-statistic:                    57.196
Date:                Mon, Dec 07 2020   P-value (F-stat)                0.0000
Time:                        09:56:47   Distribution:                  chi2(1)
Cov. Estimator:            unadjusted

                             Parameter Estimates
==============================================================================
            Parameter  Std. Err.     T-stat    P-value    Lower CI    Upper CI
------------------------------------------------------------------------------
const         -0.1852     0.1848    -1.0022     0.3163     -0.5474      0.1770
educ           0.1086     0.0144     7.5628     0.0000      0.0805      0.1368
==============================================================================
```

図 5.20 通常の回帰モデルによる分析

続いて、先程のモデルに操作変数を追加し実行しましょう。ここでは、父親が教育を受けた年数である fatheduc を操作変数に指定します。その他の変数は先程のモデルと同じですが、data.educ は今、IV2SLS のパラメータのうち 3 つ目の Endogenious Variable として指定していることに注意してください。

```
1  #操作変数法を利用するために、IV2SLS をインポートする
2  
3  from linearmodels.iv import IV2SLS
4  
5  #被説明変数として data.wage を対数化したもの
6  #説明変数として const および educ を用いる
7  #IV2LS 内のパラメータとしては
8  #IV2LS(被説明変数, 説明変数, Endogenous, instruments)
9  #の順に指定する
10 #このモデルでは,
```

```
11 #data.educ を Endogenous Variable
12 #data.fatheduc を Instruments Variable
13 #として利用する
14 
15 res_iv = IV2SLS(np.log(data.wage), data[['const']],
   ↪  data.educ, data.fatheduc).fit(cov_type='unadjusted')
16 print(res_iv)
```

結果は以下の通りです。Education の係数を見る限り、操作変数として父親が教育を受けた年数をモデルに加えると、給与に対する女性の教育の効果が弱まることが確認できると思います[5]。

[5] なお、2020年現時点のバージョンでは出力される決定係数やt値に誤りがあるとのことです。

```
                          IV-2SLS Estimation Summary
==============================================================================
Dep. Variable:                   wage   R-squared:                      0.0934
Estimator:                    IV-2SLS   Adj. R-squared:                 0.0913
No. Observations:                 428   F-statistic:                    2.8487
Date:                Mon, Dec 07 2020   P-value (F-stat)                0.0914
Time:                        10:03:52   Distribution:                  chi2(1)
Cov. Estimator:            unadjusted

                             Parameter Estimates
==============================================================================
            Parameter  Std. Err.     T-stat    P-value    Lower CI    Upper CI
------------------------------------------------------------------------------
const          0.4411     0.4451     0.9911     0.3216     -0.4312      1.3134
educ           0.0592     0.0351     1.6878     0.0914     -0.0095      0.1279
==============================================================================

Endogenous: educ
Instruments: fatheduc
Unadjusted Covariance (Homoskedastic)
Debiased: False
```

図 5.21 操作変数法による分析結果

最後に、linearmodels.iv から compare をインポートすることで、線形回帰 (OLS) と操作変数法 (IV) モデルの出力結果を比較しましょう。

```
from linearmodels.iv import compare
print(compare({'OLS':res_ols, '2SLS':res_iv}))
```

結果は以下の通りです。

```
               Model Comparison
==================================================
                                 OLS          2SLS
--------------------------------------------------
Dep. Variable                   wage          wage
Estimator                        OLS       IV-2SLS
No. Observations                 428           428
Cov. Est.                 unadjusted    unadjusted
R-squared                     0.1179        0.0934
Adj. R-squared                0.1158        0.0913
F-statistic                   57.196        2.8487
P-value (F-stat)           3.941e-14        0.0914
==================     ============   ============
const                        -0.1852        0.4411
                           (-1.0022)      (0.9911)
educ                          0.1086        0.0592
                            (7.5628)      (1.6878)
==================== ============== ==============
Instruments                               fatheduc
--------------------------------------------------

T-stats reported in parentheses
```

図 5.22　線形回帰と操作変数法の比較

5.7 パネルデータ分析 (1) データ構築

続いて、パネルデータを用いた解析についてご紹介したく思います。まずは linear-models から必要なパッケージである, PanelOLS と RandomEffects をインポートします。Numpy や Pandas を利用するのはこれまでと同じですね。

```
import numpy as np
import pandas as pd
from linearmodels import PanelOLS
from linearmodels import RandomEffects
```

続いて、パネルデータのセッティングを行います。Stata の場合には, xtset にて行う作業です。今回は、linearmodels.datasets の中の wage_panel データを読み込み, data に代入します[6]。

続いて、Pandas のカテゴリデータとして、data から year を取り出し、それを year に代入します。続いて、data にインデックス値として nr および year を設定します。続いて、カテゴリ化し変数 year に代入した年次データを、再度 data 内の year に代入します。最後に、データの概要を print を用いて標準出力します。

```
from linearmodels.datasets import wage_panel
import pandas as pd

#データセットを読み込む
```

[6] https://bashtage.github.io/linearmodels/doc/panel/examples/examples.html に掲載されている内容に基づき解説します。

```
data = wage_panel.load()
#年情報データを取得する
year = pd.Categorical(data.year)
#インデックス情報を指定する
#nr が個人の識別子
#year が年の識別情報
data = data.set_index(['nr', 'year'])
data['year'] = year

#データの概要を抽出する
print(wage_panel.DESCR)
```

以下のような内容が表示されます。データセットの引用元および、変数セットの概要が出力されています。今回のデータセットは、Vella and Verbeek (1998) が Journal of Applied Econometrics に公開した論文に基づくことが確認出来ますね。

```
F. Vella and M. Verbeek (1998), "Whose Wages Do Unions
↪  Raise? A Dynamic Model
of Unionism and Wage Rate Determination for Young Men,"
↪  Journal of Applied
Econometrics 13, 163-183.

nr                          person identifier
year                        1980 to 1987
black                       =1 if black
exper                       labor market experience
```

```
hisp                    =1 if Hispanic
hours                   annual hours worked
married                 =1 if married
educ                    years of schooling
union                   =1 if in union
lwage                   log(wage)
expersq                 exper^2
occupation              Occupation code
```

また、データセットの一部を以下のコマンドにて取り出します。

```
#データの中身を確認する
print(data.head())
```

個人の識別子である nr ごとに、年ごとのパラメータが複数収められたパネルデータであることが確認できると思います。

```
         black  exper  hisp  hours  married  educ  union     lwage  expersq  ¥
nr year
13 1980      0      1     0   2672        0    14      0  1.197540        1
   1981      0      2     0   2320        0    14      1  1.853060        4
   1982      0      3     0   2940        0    14      0  1.344462        9
   1983      0      4     0   2960        0    14      0  1.433213       16
   1984      0      5     0   3071        0    14      0  1.568125       25

         occupation  year
nr year
13 1980           9  1980
   1981           9  1981
   1982           9  1982
   1983           9  1983
   1984           5  1984
```

図 5.23　パネルデータの中身を確認する

続いて、データの概要について確認しましょう。describe() で最大値や最小値などがまとめて確認できるのは、クロスセクションなデータセットと同じです。

```
1 #データの概要を確認する
2 print(data.describe())
```

```
             black       exper        hisp       hours     married  ¥
count  4360.000000 4360.000000 4360.000000 4360.000000 4360.000000
mean      0.115596    6.514679    0.155963 2191.257339    0.438991
std       0.319777    2.825873    0.362862  566.352301    0.496321
min       0.000000    0.000000    0.000000  120.000000    0.000000
25%       0.000000    4.000000    0.000000 2040.000000    0.000000
50%       0.000000    6.000000    0.000000 2080.000000    0.000000
75%       0.000000    9.000000    0.000000 2414.250000    1.000000
max       1.000000   18.000000    1.000000 4992.000000    1.000000

              educ       union       lwage    expersq  occupation
count  4360.000000 4360.000000 4360.000000 4360.000000 4360.000000
mean     11.766972    0.244037    1.649147   50.424771    4.988532
std       1.746181    0.429564    0.532609   40.781991    2.319978
min       3.000000    0.000000   -3.579079    0.000000    1.000000
25%      11.000000    0.000000    1.350717   16.000000    4.000000
50%      12.000000    0.000000    1.671143   36.000000    5.000000
75%      12.000000    0.000000    1.991086   81.000000    6.000000
max      16.000000    1.000000    4.051860  324.000000    9.000000
```

図 5.24　パネルデータの概要を確認する

5.8 パネルデータ分析 (2) Pooled OLS

まずは、それぞれのエントリ (今回のデータの場合は nr) による特性を考慮しない回帰モデルとしての、Pooled OLS を実行してみましょう。パネルデータの回帰モデルは linearmodels にパッケージが用意されているので、今回は PooledOLS をインポートします。今回は、被説明変数として lwage をとり、black や exper、hisp などの変数や year (年ダミー) を説明変数とし、これまでの回帰分析と同じく、sm.add_constant を用いて定数項を加えて回帰分析を行いましょう。

```
1 #必要なパッケージをインポートする
2 from linearmodels import PooledOLS
```

```
import statsmodels.api as sm

#説明変数を指定する
exog_vars = ['expersq', 'union', 'married', 'year']
#被説明変数には data.lwage を指定する
mod = PooledOLS(data.lwage,
 ↪  sm.add_constant(data[exog_vars]))
pooled_res = mod.fit()
print(pooled_res)
```

結果は以下のようになります。プラスに作用する変数 (const, union, married)、マイナスに作用する変数 (expersq) があることが確認出来ます。係数ごとに t 値や P 値 が出力されるのは、これまでに見てきた線形回帰とそれほど変わらないかと思います。違うポイントとしては、Time Periods が表示されている点です。今回のデータセットは 8 時点間に基づくパネルデータであることが確認できます。

```
                        PooledOLS Estimation Summary
================================================================================
Dep. Variable:                  lwage   R-squared:                        0.124
Estimator:                  PooledOLS   R-squared (Between):              0.090
No. Observations:                4360   R-squared (Within):               0.164
Date:                Sun, Dec 06 2020   R-squared (Overall):              0.124
Time:                        01:02:29   Log-likelihood                   -3149.
Cov. Estimator:            Unadjusted
                                        F-statistic:                      61.92
Entities:                         545   P-value                           0.000
Avg Obs:                       8.0000   Distribution:                F(10,4349
Min Obs:                       8.0000
Max Obs:                       8.0000   F-statistic (robust):             61.92
                                        P-value                           0.000
Time periods:                       8   Distribution:                F(10,4349
Avg Obs:                       545.00
Min Obs:                       545.00
Max Obs:                       545.00

                             Parameter Estimates
==============================================================================
            Parameter  Std. Err.     T-stat    P-value    Lower CI    Upper CI
------------------------------------------------------------------------------
const          1.3454     0.0222     60.606     0.0000      1.3019      1.3889
expersq       -0.0021     0.0003    -7.5081     0.0000     -0.0026     -0.0015
union          0.1768     0.0176     10.032     0.0000      0.1423      0.2114
married        0.1521     0.0159     9.5417     0.0000      0.1209      0.1834
year.1981      0.1187     0.0303     3.9144     0.0001      0.0592      0.1781
year.1982      0.1843     0.0306     6.0168     0.0000      0.1243      0.2444
year.1983      0.2431     0.0313     7.7581     0.0000      0.1817      0.3046
year.1984      0.3322     0.0324     10.236     0.0000      0.2685      0.3958
year.1985      0.4112     0.0341     12.048     0.0000      0.3443      0.4781
year.1986      0.5039     0.0365     13.806     0.0000      0.4323      0.5754
year.1987      0.5952     0.0396     15.026     0.0000      0.5176      0.6729
==============================================================================
```

図 5.25 Pooled OLS 回帰の結果

5.9 パネルデータ分析 (3) 固定効果モデル

続いて、固定効果モデル (fixed-effect model) によりパネルデータの分析を行います。

固定効果モデルでは、エントリごとの固有の特性が存在するとして分析を行います。たとえば従業員ごとの特性や企業ごとの特性をコントロールしたい場合、固定効果モデルに基づきパネルデータの分析を行います。

先ほどの Pooled OLS 同様、linearmodels から PanelOLS をインポートします。続いて、説明変数のリストを指定し、続いて PanelOLS に (被説明変数, 説明変数) の順番に値を指定し、fit() メソッドを用いてモデルを実行します。

```
#必要なパッケージをインポートする
from linearmodels.panel import PanelOLS
import statsmodels.api as sm

#説明変数を指定する
exog_vars = ['expersq', 'union', 'married', 'year']
#被説明変数には data.lwage を指定する
#Fixed Effect で分析するために、entity_effect=True を指定する
mod = PanelOLS(data.lwage, sm.add_constant(data[exog_vars]),
    entity_effects=True)
fe_res = mod.fit()
print(fe_res)
```

推定結果を以下に示します。若干、係数が Pooled OLS と異なっていること、Estimator: の部分が PanelOLS になっていること、出力の部分に"Included effects: Entity" と明記されていることなどがご確認頂けるかと思います。

```
|                          PanelOLS Estimation Summary
================================================================================
Dep. Variable:                  lwage   R-squared:                        0.1806
Estimator:                   PanelOLS   R-squared (Between):             -0.0052
No. Observations:                4360   R-squared (Within):               0.1806
Date:                Sun, Dec 06 2020   R-squared (Overall):              0.0807
Time:                        00:50:46   Log-likelihood                   -1324.8
Cov. Estimator:            Unadjusted
                                        F-statistic:                      83.851
Entities:                         545   P-value                           0.0000
Avg Obs:                       8.0000   Distribution:                F(10,3805)
Min Obs:                       8.0000
Max Obs:                       8.0000   F-statistic (robust):             83.851
                                        P-value                           0.0000
Time periods:                       8   Distribution:                F(10,3805)
Avg Obs:                       545.00
Min Obs:                       545.00
Max Obs:                       545.00

                             Parameter Estimates
==============================================================================
            Parameter  Std. Err.     T-stat    P-value    Lower CI    Upper CI
------------------------------------------------------------------------------
const          1.4260     0.0183     77.748     0.0000      1.3901      1.4620
expersq       -0.0052     0.0007    -7.3612     0.0000     -0.0066     -0.0038
union          0.0800     0.0193     4.1430     0.0000      0.0421      0.1179
married        0.0467     0.0183     2.5494     0.0108      0.0108      0.0826
year.1981      0.1512     0.0219     6.8883     0.0000      0.1082      0.1942
year.1982      0.2530     0.0244     10.360     0.0000      0.2051      0.3008
year.1983      0.3544     0.0292     12.121     0.0000      0.2971      0.4118
year.1984      0.4901     0.0362     13.529     0.0000      0.4191      0.5611
year.1985      0.6175     0.0452     13.648     0.0000      0.5288      0.7062
year.1986      0.7655     0.0561     13.638     0.0000      0.6555      0.8755
year.1987      0.9250     0.0688     13.450     0.0000      0.7902      1.0599
==============================================================================

F-test for Poolability: 9.1568
P-value: 0.0000
Distribution: F(544,3805)

Included effects: Entity
```

図 5.26 Fixed Effect Model の結果

5.10 パネルデータ分析 (4) 変動効果モデル

固定効果モデルとは異なり、変動効果モデル (Random Effect Model) ではエントリごとの固有の効果を確率的な要因として捉え分析を行います。実装自体は、これまでと同じく必要なパッケージ RandomEffects を linearmodels からインポートします。続いて、被説明変数と説明変数からパネルデータに指定するのも同じです。

```
#必要なパッケージをインポートする
from linearmodels.panel import RandomEffects
import statsmodels.api as sm

#説明変数を指定する
exog_vars = ['expersq', 'union', 'married', 'year']
#被説明変数には data.lwage を指定する
#Fixed Effect で分析するために、entity_effect=True を指定する
mod = RandomEffects(data.lwage,
 ↪  sm.add_constant(data[exog_vars]))
re_res = mod.fit()
print(re_res)
```

Pooled OLS や Fixed Effect Model に比べて変数の係数や決定係数に違いが生じていることがご確認頂けるかと思います。一般的に、係数は Pooled OLS と Fixed Effect Model の中間の値になることが知られています。

```
                        RandomEffects Estimation Summary
================================================================================
Dep. Variable:                  lwage   R-squared:                        0.1643
Estimator:              RandomEffects   R-squared (Between):              0.0564
No. Observations:                4360   R-squared (Within):               0.1780
Date:                Sun, Dec 06 2020   R-squared (Overall):              0.1127
Time:                        00:57:17   Log-likelihood                   -1629.0
Cov. Estimator:            Unadjusted
                                        F-statistic:                      85.492
Entities:                         545   P-value                           0.0000
Avg Obs:                       8.0000   Distribution:                 F(10,4349)
Min Obs:                       8.0000
Max Obs:                       8.0000   F-statistic (robust):             85.492
                                        P-value                           0.0000
Time periods:                       8   Distribution:                 F(10,4349)
Avg Obs:                       545.00
Min Obs:                       545.00
Max Obs:                       545.00

                             Parameter Estimates
==============================================================================
            Parameter  Std. Err.     T-stat    P-value    Lower CI    Upper CI
------------------------------------------------------------------------------
const          1.3902     0.0228     61.060     0.0000      1.3456      1.4349
expersq       -0.0031     0.0005    -6.8214     0.0000     -0.0041     -0.0022
union          0.1037     0.0180     5.7595     0.0000      0.0684      0.1390
married        0.0777     0.0168     4.6194     0.0000      0.0447      0.1107
year.1981      0.1337     0.0216     6.1788     0.0000      0.0913      0.1762
year.1982      0.2148     0.0228     9.4300     0.0000      0.1701      0.2594
year.1983      0.2913     0.0251     11.583     0.0000      0.2420      0.3406
year.1984      0.3986     0.0288     13.845     0.0000      0.3422      0.4551
year.1985      0.4948     0.0338     14.631     0.0000      0.4285      0.5611
year.1986      0.6074     0.0402     15.112     0.0000      0.5286      0.6862
year.1987      0.7257     0.0478     15.168     0.0000      0.6319      0.8195
==============================================================================
```

図 5.27　Random Effect Model の結果

5.11 パネルデータ分析 (5) モデルの比較

最後に、今回パネルデータの分析のために利用した Pooled OLS モデル、Fixed Effect モデル, Random Effect モデルの係数を一覧表示して比較しましょう。

```
from linearmodels.panel import compare
print(compare({'FE':fe_res,'RE':re_res,'Pooled':pooled_res}))
```

結果は以下のようになります。モデルの違いによる係数の値や決定係数の違いを改めて確認することが出来ます。

```
                          Model Comparison
===================================================================
                                 FE                RE          Pooled
-------------------------------------------------------------------
Dep. Variable                 lwage             lwage           lwage
Estimator                  PanelOLS     RandomEffects       PooledOLS
No. Observations               4360              4360            4360
Cov. Est.                Unadjusted        Unadjusted      Unadjusted
R-squared                    0.1806            0.1643          0.1246
R-Squared (Within)           0.1806            0.1780          0.1646
R-Squared (Between)         -0.0052            0.0564          0.0902
R-Squared (Overall)          0.0807            0.1127          0.1246
F-statistic                  83.851            85.492          61.920
P-value (F-stat)             0.0000            0.0000          0.0000
=====================     ============    ===============    ============
const                        1.4260            1.3902          1.3454
                           (77.748)          (61.060)        (60.606)
expersq                     -0.0052           -0.0031         -0.0021
                          (-7.3612)         (-6.8214)       (-7.5081)
union                        0.0800            0.1037          0.1768
                           (4.1430)          (5.7595)        (10.032)
married                      0.0467            0.0777          0.1521
                           (2.5494)          (4.6194)        (9.5417)
year.1981                    0.1512            0.1337          0.1187
                           (6.8883)          (6.1788)        (3.9144)
year.1982                    0.2530            0.2148          0.1843
                           (10.360)          (9.4300)        (6.0168)
year.1983                    0.3544            0.2913          0.2431
                           (12.121)          (11.583)        (7.7581)
year.1984                    0.4901            0.3986          0.3322
                           (13.529)          (13.845)        (10.236)
year.1985                    0.6175            0.4948          0.4112
                           (13.648)          (14.631)        (12.048)
year.1986                    0.7655            0.6074          0.5039
                           (13.638)          (15.112)        (13.806)
year.1987                    0.9250            0.7257          0.5952
                           (13.450)          (15.168)        (15.026)
======================= ============= ================ =============
Effects                      Entity
-------------------------------------------------------------------

T-stats reported in parentheses
```

図 5.28 パネルデータ分析モデルの比較

練習問題

この章では、クロスセクションデータとパネルデータに基づく回帰分析の実施方法および、分析結果の解釈の方法について解説しました。これまでも触れてきたように、実務上はパネルデータを整備することにはいくつかのハードルが存在すると思います。それを踏まえ、エクササイズとしていくつかの課題をここに記しておこうと思います。

- クロスセクションデータをKaggleより取得し、回帰分析を実施してみてください。また、ダミー変数や交差項を作成することで、特定の事象の評価が行えるかテストしてください。
- 社内で、これまでExcelなどで線グラフや棒グラフを書いてみるに留めていたデータについて、この章で取り上げたようなヒストグラム、散布図、回帰分析を実施してみてください。
- パネルデータをKaggleより取得し、回帰分析を実施してみてください。このとき、PooledOLS, 固定効果モデル、変動効果モデルによりどのような違いが生じるかテストしてください。

第6章 応用編; 機械学習と因果推論とテキスト分析

この章では、応用編として機械学習や因果推論および、テキスト分析の一般的な手法について解説します。

6.1 応用編; 機械学習と因果推論とテキスト分析

この章では、機械学習や因果推定を行うためのいくつかの技法についてご紹介したいと思います。具体的にイメージして頂くために、これまでの章と同じく、Kaggle で提供されているデータセットを雛形にコーディングの具体例をご紹介します。

6.2 機械学習 (1) 決定木分析

まず、決定木分析を取り上げます。決定木分析では、データを似た特徴を有するグループに分類することが出来ます。また、前章までに取り上げた線形回帰モデルと異なる主なポイントは、データセット全体を (a.) 教師データとそれ以外のデータに区分することで、まずは学習モデルを作成し、それに基づきデータセット全体の分析を行う点です。

ここでは、 Kaggle で提供されているフットボールゲームである FIFA19 のデータセットを利用します[1]。まず、前章までと同じく、分析にあたり利用する変数セットをNotebook 上に読み込みます[2]。

```
import pandas as pd
#Pandas.ExcelFile でデータを読み込む
input_book = pd.ExcelFile('FIFA19_data.xlsx')

input_sheet_name = input_book.sheet_names
num_sheet = len(input_sheet_name)
print(input_sheet_name)
print("Sheet の数:", num_sheet)
input_sheet_df = input_book.parse(input_sheet_name[0])

#GK のデータのみを外す
input_sheet_df = input_sheet_df[input_sheet_df['Position']
 ↪  != "GK"]

#最初の 10 行のみを表示する
input_sheet_df.head(10)
```

続いて、これらの変数のうち利用するものを、Pandas の concat を用いて横方向にデータをつなぎ合わせた行列を作成します。今回は被説明変数としてフットボール選手の Wage (給与) を利用しています。そのため、変数リストから被説明変数を drop する

[1] FIFA 19 complete player dataset https://www.kaggle.com/karangadiya/fifa19
[2] 関連するデータセットはホームページからダウンロード出来る状態にしています。また、「逆引き辞典」にデータの処理方法を紹介していますので、そちらもご確認ください。

作業を行います。続いて、異常値やNULLになっている列や行を特定し、除去する作業を行います。また、GK(ゴールキーパー)に求められる能力はフィールドプレイヤー(FW, MF, DF)と著しく異なることが想定されるので、PositionがGKのデータセットは除去する作業を行っています。

```
import numpy as np

#データを読み込む
age=input_sheet_df.Age #年齢
overall=input_sheet_df.Overall #総合能力
wage=input_sheet_df.Wage2 #給与
preferredfoot=input_sheet_df.preferredfoot #利き足
reputation=input_sheet_df.reputation #レピュテーション
least_contract=input_sheet_df.least_contract #残りの契約年数
height=input_sheet_df.height2 #身長
weight=input_sheet_df.weight2 #体重
crossing=input_sheet_df.Crossing #クロス精度
finishing=input_sheet_df.Finishing #フィニッシュ精度
heading=input_sheet_df.HeadingAccuracy #ヘディング精度
shortPassing=input_sheet_df.ShortPassing #ショートパス精度
dribbling=input_sheet_df.Dribbling #ドリブルの精度
Curve=input_sheet_df.Curve #カーブの精度
FKAccuracy=input_sheet_df.FKAccuracy #FK の精度
LongPassing=input_sheet_df.LongPassing #ロングパスの精度
BallControl=input_sheet_df.BallControl #ボールコントロール
```

```
21 Acceleration=input_sheet_df.Acceleration #飛び出し
22 SprintSpeed=input_sheet_df.SprintSpeed #スプリントスピード
23 Agility=input_sheet_df.Agility #アジリティ
24 Reactions=input_sheet_df.Reactions #リアクション
25 Balance=input_sheet_df.Balance #バランス
26 ShotPower=input_sheet_df.ShotPower #シュートパワー
27 stamina=input_sheet_df.Stamina #スタミナ
28 Jumping=input_sheet_df.Jumping #ジャンプ
29 Strength=input_sheet_df.Strength #ストレングス
30 LongShots=input_sheet_df.LongShots #ロングシュート
31 Aggression=input_sheet_df.Aggression #アグレッション
32 Interceptions=input_sheet_df.Interceptions #インターセプト
33 Positioning=input_sheet_df.Positioning #ポジショニング
34 Vision=input_sheet_df.Vision #ビジョン
35 Penalties=input_sheet_df.Penalties #ペナルティキック
36 Composure=input_sheet_df.Composure #冷静さ
37 Marking=input_sheet_df.Marking #マーキング
38 StandingTackle=input_sheet_df.StandingTackle
   ↪ #スタンディングタックル
39 SlidingTackle=input_sheet_df.SlidingTackle
   ↪ #スライディングタックル
40
41 #利用するパラメータを指定する
```

```
42 equation_df2=pd.concat([wage, age, preferredfoot,
    ↪  reputation, least_contract, height, weight, \
43 crossing, finishing, heading, shortPassing, dribbling,
    ↪  Curve, FKAccuracy, \
44 LongPassing, BallControl, Acceleration, SprintSpeed,
    ↪  Agility, Reactions, \
45 Balance, ShotPower, stamina, Jumping, Strength, LongShots,
    ↪  Aggression, \
46 Interceptions, Positioning, Vision, Penalties, Composure,
    ↪  Marking, \
47 StandingTackle, SlidingTackle], axis=1)
48
49 #被説明変数として利用するものを取り出す
50 wage2 = pd.DataFrame(equation_df2.Wage2)
51 #被説明変数を抜き取る
52 x_list2 = equation_df2.drop("Wage2",1)
53
54 #異常値や null になっている値を除去する
55 x_list2 =
    ↪  x_list2.drop(x_list2.columns[np.isnan(x_list2).any()],
    ↪  axis=1)
```

続いて行うのはデータの整形です。データについて、平均0, 標準偏差1.0にする標準化の作業を、sklearn パッケージの preporocessing.StandardScaler を用いて行います。

```
1 from sklearn import preprocessing, linear_model
```

```
import sklearn
import seaborn as sns
import matplotlib.pyplot as plt

#データの整形を行う
#データの標準化を行う
sc=preprocessing.StandardScaler()
sc.fit(x_list2)

X=sc.transform(x_list2)

#相関係数を確認する
plt.figure(figsize=(30, 24))
sns.heatmap(x_list2.corr(), annot=True, cmap='Blues')
```

コーディングの最後では、変数間の関係性を確認するために相関係数を heatmap を用いて出力しています。攻撃系のパラメータと防御系のパラメータはそれぞれ相関が強いようです。

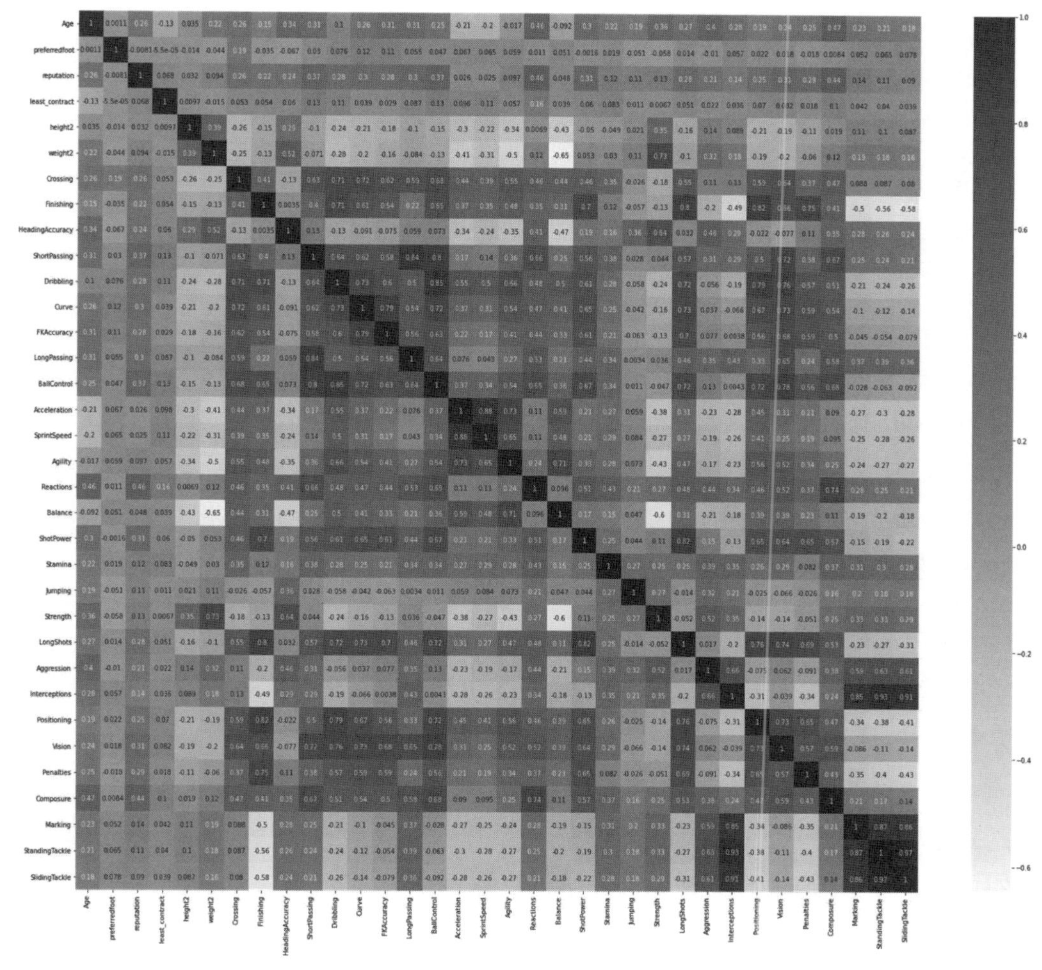

図 6.1　相関係数の出力結果

続いて、被説明変数 (wage2)、説明変数 (X) にそれぞれ分割したデータについて、model_selection を用いて学習データとテストデータへの分割を行います。

```
from sklearn import model_selection

```

```
3  #学習データとテストデータに分割する
4  #分割する割合は 2:8 で作業する
5  X_train, X_test, Y_train, Y_test =
   ↪  model_selection.train_test_split(X, wage2,
   ↪  test_size=0.2, random_state=0)
```

これにより、被説明変数と説明変数がそれぞれ, X_train, X_test, Y_train, Y_test に分割されます。これに基づき、決定木分析を行います。分析にあたっては sklearn より DecisionTreeClassfier を import します。続いて、criterion に entropy(エントロピー) を指定したうえで、モデルを作成します。このとき、max_depth の値を変更することで木の枝の深さを指定することが出来ます。また、score 値を取り出すことで、正解率を導出することが出来ます。

```
1  from sklearn.tree import DecisionTreeClassifier
2
3  #決定木分析を, X_train 値と Y_train 値に基づき行う
4  model3 = DecisionTreeClassifier(criterion='entropy',
   ↪  max_depth=3, random_state=0)
5  model3.fit(X_train, Y_train)
6
7  print('正解率 (train):{:.3f}'.format(model3.score(X_train,
   ↪  Y_train)))
8  print('正解率 (test):{:.3f}'.format(model3.score(X_test,
   ↪  Y_test)))
```

結果は以下のようになります。

```
1 正解率 (train):0.262
2 正解率 (test):0.266
```

続いて、決定木を描写してみましょう。描写にあたっては、dotの実行ファイルへのパスを指定する必要があります。Windows 10の場合は、Acacondaのgraphbiz内にあるdotへの実行ファイル(dot.exe)への絶対パスを指定します。このとき、"C:\\Users\\(ユーザー名)\\Anaconda3\\Library\\bin\\graphviz\\dot.exe"などの形式で、パスを記法する必要があることに注意しましょう。先ほど作成したmodelを指定し、dot_dataとして出力することを指定します。続いて、それを画像ファイルとしてNotebook上に描画します。

```
1  from sklearn import tree
2  import pydotplus
3  from sklearn.externals.six import StringIO
4  from IPython.display import Image
5
6  dot_data=StringIO()
7  tree.export_graphviz(model3, out_file=dot_data)
8  graph = pydotplus.graph_from_dot_data(dot_data.getvalue())
9
10 graph.progs = {'dot': u"(dot.exe へのパス)"}
11
12 Image(graph.create_png())
```

結果は以下の通りです。パラメータ数が多いので若干見ずらいですが、パラメータの特性に応じて区分け出来ていることが確認できます。

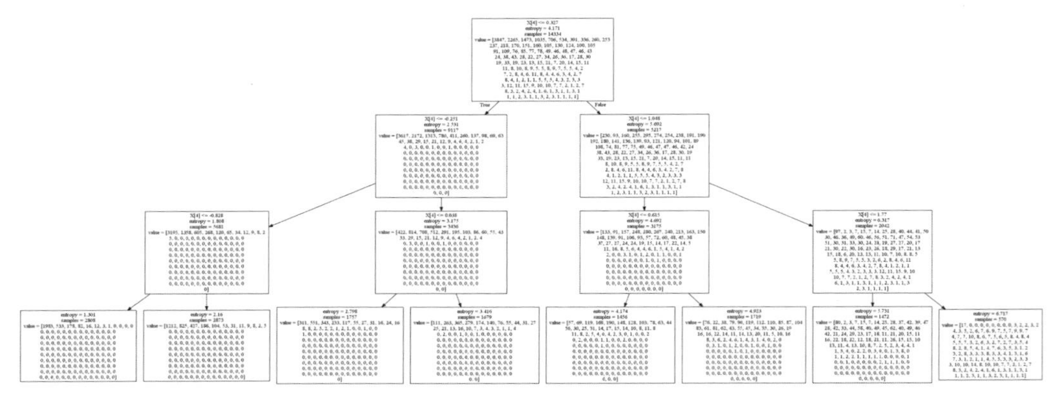

図 6.2　決定木の出力結果

また、どのパラメータが寄与したかは、以下のコードを実行することで可視化出来ます。

```
import matplotlib.pyplot as plt
%matplotlib inline

features = x_list2.columns
importances = model3.feature_importances_
indices = np.argsort(importances)

plt.figure(figsize=(6,6))
plt.barh(range(len(indices)), importances[indices],
 → color='b', align='center')
```

```
10 plt.yticks(range(len(indices)), features[indices])
11 plt.show()
```

結果は以下のようになります。Reactions や Ball Control、StandingTackle などが影響している様子です。

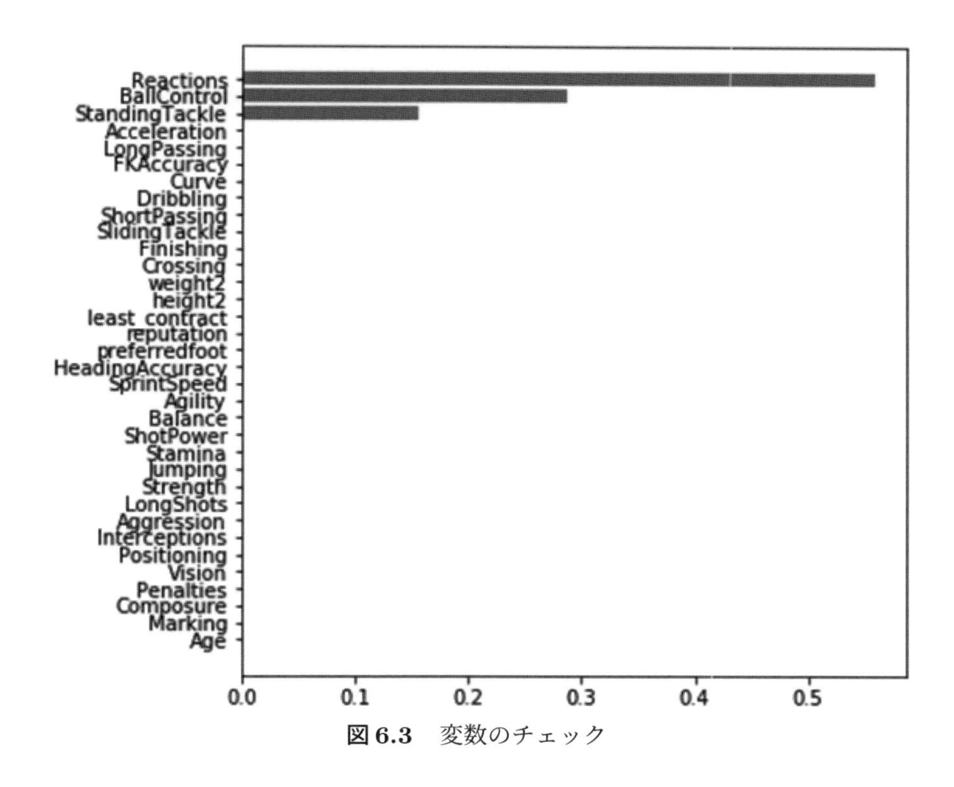

図 6.3　変数のチェック

6.3 機械学習 (2) SVM

SVM (Support Vector Machine) モデルに基づき、決定木分析で用いたFIFA19 データの分析を行いましょう。このとき, random_state は乱数のシード値であり、ここでは0を指定します[3]。

```
from sklearn.svm import LinearSVR

#LinearSVR モデルを用いる
clf2 = LinearSVR(random_state=0)
clf2.fit(X_train, Y_train)

print("SVM での係数")
print(clf2.intercept_)
print(clf2.coef_)
```

以下の通り、切片と係数の結果を得ることが出来ます。

```
SVM での係数
[7.25165678]
[-0.67265724  0.05190151  8.78582965  0.23301675  0.11466477
 ↪  0.12888482
```

[3] 委細については、https://scikit-learn.org/stable/modules/generated/sklearn.svm.SVC.html をご参照ください。

```
 0.21742927  0.46040108  0.82140554  0.31918258  0.10724732
  ↪  0.20661064
 0.01068851 -0.23499895  0.5094397   0.18227576  0.10220727
  ↪  0.01736777
 1.26179898 -0.11558093  0.15387145 -0.0590759   0.02252582
  ↪  -0.10517132
-0.24708564  0.10665598  0.0126076  -0.1637603  -0.0965805
 ↪  0.21385232
 0.64739528  0.09872227  0.30057279  0.10004555]
```

6.4 機械学習 (3) SGDRegressor

同様に、勾配降下法によって最適なパラメータを求める手法であるSGDRegressorを用いてモデルを解きましょう。このとき、max_iterを用い学習の回数を設定します[4]。

```
#SGD Regressorを適用する
clf = linear_model.SGDRegressor(max_iter=1000)
clf.fit(X_train, Y_train)

print("SGD Regressor での係数")
print(clf.intercept_)
```

[4] 委細については https://scikit-learn.org/stable/modules/generated/sklearn.linear_model.SGDRegressor.html をご参照ください。

```
print(clf.coef_)
```

結果は以下の通りです。前述した線形回帰の結果や後述するLasso(スパース推定)とは異なり、説明変数の作用の度合いが異なることが確認できます。

```
SGD Regressor での係数
[10.36639346]
[-3.21880162 -0.067645   12.70875649  0.83806568  0.48388129
 ↪  0.7590682
  0.01642296  1.30861889  1.31793479  0.90082191 -0.21414787
  ↪  -0.30946028
 -0.46386596 -0.64066446  1.6045956   0.68829526  0.30467384
 ↪  -0.116342
  3.90927468  0.65416155 -0.50029709  0.38917343  0.02963629
  ↪  0.2887311
 -0.7292193  -0.34112447 -0.47470906 -0.48870136  0.04924484
 ↪  -0.2959266
  1.4261217   0.50192619  0.30687679  0.69443422]
```

6.5 機械学習 (4) スパース推定 (Lasso)

スパース推定 (Lasso) では、説明変数 (特徴量) を自動的に選択することが出来ます。サンプルサイズよりも説明変数が多い場合なども、被説明変数に作用する説明変数を抽出することが出来ます。このとき、正則化パラメータ λ の設定により、使われる特徴量の数に違いが生じます[5]。

sklearn の linear_model から Lasso をインポートしたのち、alpha の値に正則化パラメータの値を指定します。このコードでは、alpha=0.01, 0.1, 1.0 の場合でそれぞれ実行し, モデルの特徴量として X_train を, 被説明変数として Y_train を指定しています。それらについて, intercept (切片) および coef (係数) を出力します。続いて、データに対する精度を score を用いて計算します。また、前述した通り正則化パラメータにより特徴量の数が異なるため、coef. 以外の数の総和を求めることで導出します。

```
from sklearn.linear_model import Lasso

lasso = Lasso(alpha=0.01).fit(X_train, Y_train)

print("\nLasso alpha=0.01 での係数")
print(lasso.intercept_)
print(lasso.coef_)

print(f"training data に対しての精度: {lasso.score(X_train,
↪  Y_train)}")
print(f"test set score に対しての精度: {lasso.score(X_test,
↪  Y_test)}")
print(f"使われている特徴量の数: {np.sum(lasso.coef_ != 0)}")

lasso2 = Lasso(alpha=0.1).fit(X_train, Y_train)
```

[5] 委細については、https://scikit-learn.org/stable/modules/generated/sklearn.linear_model.Lasso.html をご参照ください。

```
14
15 print("\nLasso alpha=0.1 での係数")
16 print(lasso2.intercept_)
17 print(lasso2.coef_)
18
19 print(f"training data に対しての精度: {lasso2.score(X_train,
   ↪ Y_train)}")
20 print(f"test set score に対しての精度: {lasso2.score(X_test,
   ↪ Y_test)}")
21 print(f"使われている特徴量の数: {np.sum(lasso2.coef_ != 0)}")
22
23 lasso3 = Lasso(alpha=1).fit(X_train, Y_train)
24
25 print("\nLasso alpha=1 での係数")
26 print(lasso3.intercept_)
27 print(lasso3.coef_)
28
29 print(f"training data に対しての精度: {lasso3.score(X_train,
   ↪ Y_train)}")
30 print(f"test set score に対しての精度: {lasso3.score(X_test,
   ↪ Y_test)}")
31 print(f"使われている特徴量の数: {np.sum(lasso3.coef_ != 0)}")
```

結果は以下の通りです。作用した特徴量の場合には値が導き出され、また特徴量の数も正則化パラメータによって著しく異なることが確認できます。

```
Lasso alpha=0.01 での係数
[10.22795747]
[-3.12492566  0.11054247 12.22801047  0.66637837  0.35494046  0.65252018
  0.0450172   1.31255697  1.34554317  0.80197074 -0.03468427 -0.02363567
  0.         -0.47795684  1.54630158  0.80099367  0.38879772 -0.08181274
  3.89036723  0.51258698 -0.26903504  0.37190946 -0.07533209  0.19350922
 -0.44133405 -0.31080296 -0.25024898 -0.55918816  0.         -0.
  1.38186899  0.48095718  0.31695362  0.63590156]
training dataに対しての精度: 0.5299082687009044
test set scoreに対しての精度: 0.5400550361012757
使われている特徴量の数: 31

Lasso alpha=0.1 での係数
[10.22322742]
[-3.04079598e+00  8.47380279e-03  1.21844006e+01  6.63658330e-01
  2.70437557e-01  4.88280583e-01  0.00000000e+00  3.34789545e-01
  1.28763801e+00  3.60133925e-01  0.00000000e+00 -0.00000000e+00
 -0.00000000e+00 -0.00000000e+00  1.40136008e+00  6.85685938e-01
  4.27583352e-01  0.00000000e+00  3.85936369e+00  1.27820823e-01
 -2.72050103e-02  2.84781269e-01  0.00000000e+00  0.00000000e+00
 -8.74309101e-02 -5.16131964e-03  0.00000000e+00 -0.00000000e+00
 -0.00000000e+00 -0.00000000e+00  1.29958317e+00  3.74788116e-01
  1.99296297e-02  3.10731077e-01]
training dataに対しての精度: 0.5287437001620592
test set scoreに対しての精度: 0.5380579738762696
使われている特徴量の数: 22

Lasso alpha=1 での係数
[10.21632981]
[-1.28011024  0.         11.62271899  0.33161531  0.          0.
  0.          0.          0.33231634  0.06441148  0.          0.
  0.          0.          1.30790109  0.          0.24349002  0.
  4.03586149  0.          0.          0.          0.          0.
  0.          0.          0.          0.          0.          0.
  0.78134663  0.          0.          0.        ]
training dataに対しての精度: 0.5147279711037791
test set scoreに対しての精度: 0.5214435802933963
使われている特徴量の数: 9
```

図 6.4　Lasso の出力結果

続いて、正則化パラメータの違いでどのパラメータが作用したかプロットしてみましょう。横軸に特徴量、縦軸に変数のプラス・マイナスをプロットします。

```
import matplotlib.pyplot as plt

plt.plot(lasso.coef_, 's', label="Lasso alpha=0.01")
plt.plot(lasso2.coef_, 's', label="Lasso alpha=0.1")
plt.plot(lasso3.coef_, 's', label="Lasso alpha=1")
plt.legend(ncol=2, loc=(0, 1.05))
plt.ylim(-25, 25)
plt.xlabel("Features index")
plt.ylabel("Coefficient magnitude")

plt.show()
```

結果は以下の通りです。今回のモデルの場合、フットボールプレイヤーの年齢 (age) や認知度 (reputation), 残り契約年数 (least_contract) や飛び出し能力 (Acceleration) などが有意に作用していることが確認できます[6]。

[6] Notebook 上ではカラー表示されています

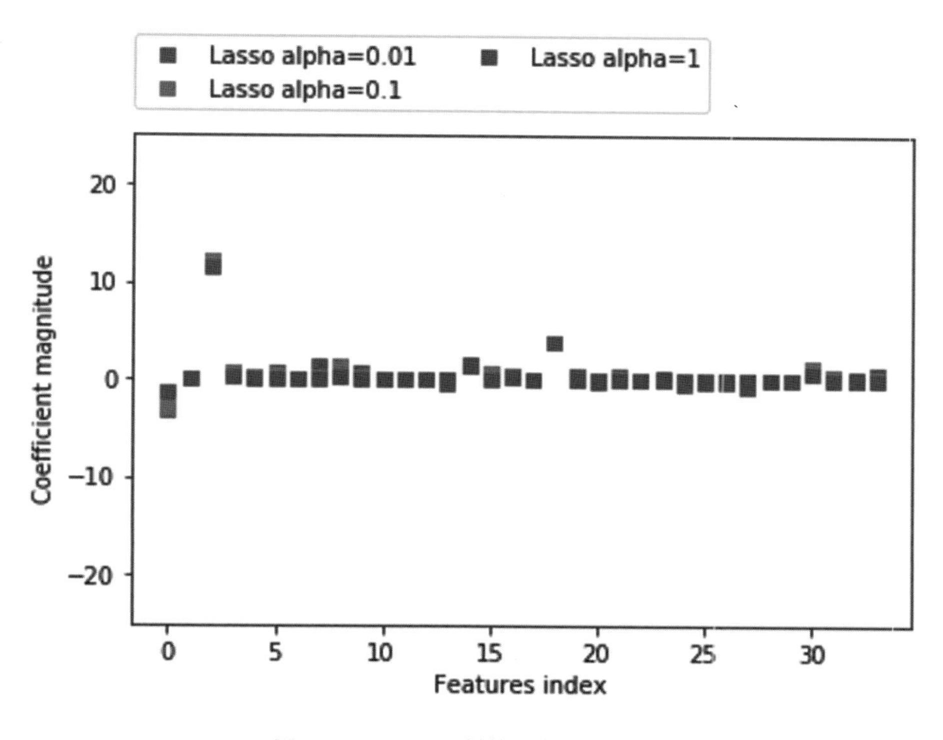

図 6.5　Lasso の係数を出力した結果

6.6 リッジ推定 (Ridge)

続いて、Ridge 推定を実行しましょう。sklearn.linear_model から Ridge をインポートします[7]。

[7] 委細については、`https://scikit-learn.org/stable/modules/generated/sklearn.linear_model.Ridge.html` をご参照ください。

```
#Ridge 推定を行う
from sklearn.linear_model import Ridge

clf3 = Ridge(random_state=0)
clf3.fit(X_train, Y_train)

print("Ridge での係数")
print(clf3.intercept_)
print(clf3.coef_)
```

結果は以下のように与えられます。

```
Ridge での係数
[10.22845713]
[[-3.13685292  0.12042355 12.23202355  0.66499638
 ↪  0.36414791  0.66414393
   0.09684856  1.41998771  1.36215767  0.84631083
   ↪  -0.14631173 -0.07125294
   0.04835798 -0.56190922  1.61574664  0.83660542
   ↪  0.39100016 -0.12914937
   3.90489913  0.57244594 -0.30089545  0.38613271
   ↪  -0.09568427  0.22367409
  -0.47829375 -0.33282207 -0.40734454 -0.62967628
  ↪  0.07027767 -0.0235057
   1.38988552  0.50651945  0.39929707  0.69710975]]
```

6.7 モデルの比較

では、これらのモデルはどの程度の説明力を有しているのでしょうか？ 線形回帰モデルも含め、比較を行うことにします。まずは、線形回帰 (LinearRegression), 決定木 (DecisionTreeRegressor), SVM(LinearSVR), Ridge, スパース推定 (Lasso) について、それぞれモデルおよびパラメータを指定します。Lasso については、正則化パラメータについて 3 パターンを指定します。

```
from sklearn.linear_model import LinearRegression, Ridge
from sklearn.tree import DecisionTreeRegressor
from sklearn.svm import LinearSVR
from sklearn.linear_model import Lasso
#モデルの比較
models = {
    'LinearRegression': LinearRegression(),
    'Ridge': Ridge(random_state=0),
    'DecisionTreeRegressor':
    ↪ DecisionTreeRegressor(random_state=0),
    'LinearSVR': LinearSVR(random_state=0),
    'Lasso(alpha=0.01)': linear_model.Lasso(alpha=0.01),
    'Lasso(alpha=0.1)': linear_model.Lasso(alpha=0.1),
    'Lasso(alpha=1.0)': linear_model.Lasso(alpha=1.0)
}
```

続いて、MSE (平均自乗誤差)、MSE(平均絶対誤差)、MedAE(中央値の絶対誤差)、R

自乗値 (R-Square) についてモデルごとに求めます。

```
from sklearn.metrics import mean_squared_error,
 ↪ mean_absolute_error, median_absolute_error, r2_score

#評価値の計算
scores = {}
for model_name, model in models.items():
    model.fit(X_train, Y_train)
    scores[(model_name, 'MSE')] = mean_squared_error(Y_test,
     ↪ model.predict(X_test))
    scores[(model_name, 'MAE')] =
     ↪ mean_absolute_error(Y_test, model.predict(X_test))
    scores[(model_name, 'MedAE')] =
     ↪ median_absolute_error(Y_test, model.predict(X_test))
    scores[(model_name, 'R2')] = r2_score(Y_test,
     ↪ model.predict(X_test))

#表示
pd.Series(scores).unstack()
```

以下の通り、モデルごとに値を出力します。R2 値で確認する限りは、Lasso モデルの説明力が若干高いように見えます。

	MAE	MSE	MedAE	R2
DecisionTreeRegressor	7.034840	330.101381	2.000000	0.379475
Lasso(alpha=0.01)	7.560308	244.677329	4.105589	0.540055
Lasso(alpha=0.1)	7.478694	245.739708	4.003064	0.538058
Lasso(alpha=1.0)	7.192486	254.578082	3.592143	0.521444
LinearRegression	7.574340	244.599643	4.118228	0.540201
LinearSVR	6.511957	301.417229	2.219490	0.433395
Ridge	7.574147	244.600463	4.115747	0.540200

6.8 因果推論 (1) 傾向スコアマッチング (PSM)

続いて、前節でも用いたFIFA19 データを用いて傾向スコアマッチング (Propensity Score Matching; PSM) を実施してみましょう。傾向スコアマッチングでは、ある特定の群について比較を行うことで、特定要素による効果を把握することが可能になります。今回は、「プロフットボール選手の利き足の違いは、年俸にどのくらい影響するのか？」についてPSM を用いて検証してみたいと思います[8]。

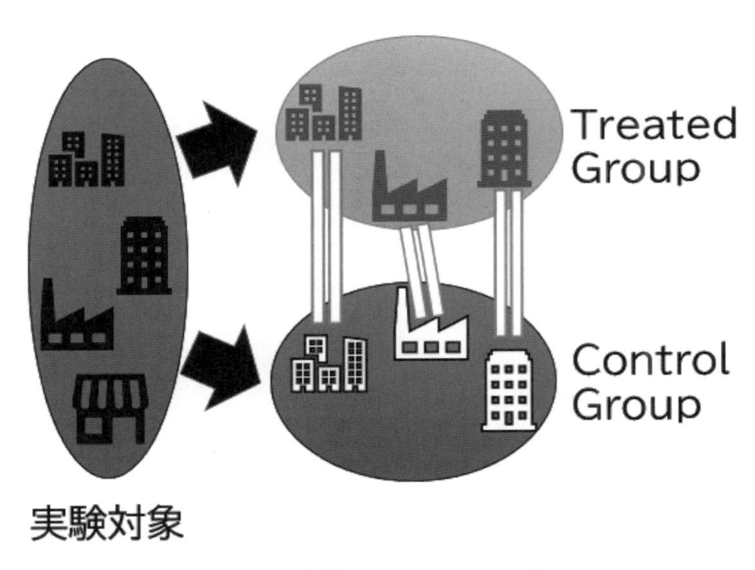

図 6.6　傾向スコアマッチング

[8] 当セクションの執筆にあたっては、http://rcommanderdeigakutoukeikaiseki.com/propensity_score.html およびhttps://www.randpy.tokyo/entry/python_propensity_score を参考にしました。

まず、利用するパラメータを設定します。今回は攻撃系や防御系のパラメータを潤沢に利用することにしましょう。決定木分析や Lasso と同じく、Pandas の concat を用いてデータを横方向につなぎ合わせます。

```
#利用するパラメータを指定する
equation_df3=pd.concat([wage, age, preferredfoot,
 ↪  reputation, least_contract, overall, finishing,
 ↪  dribbling, height, weight, \
 crossing, finishing, heading, headingAccuracy,
  ↪  shortPassing, Curve, FKAccuracy, LongPassing,
  ↪  BallControl, Acceleration, \
 SprintSpeed, Agility, Reactions, Balance, ShotPower,
  ↪  stamina, Jumping, Stamina, Strength, LongShots,
  ↪  Aggression, Interceptions, \
Positioning, Vision, Penalties, \
Composure, Marking, StandingTackle, SlidingTackle], axis=1)
```

続いて、値を二群に分けるためのパラメータを取り出します。今回のデータセットの場合、フットボールプレイヤーが左利きか、右利きかのデータが含まれています。利き足が右の場合は 0, 左利きの場合は 1 として、その二群を比較することにしましょう。

まず Pandas の DataFrame を用いて, foot の値を取り出します。続いて、当該値を説明変数のリストから除外します。そして、異常値や null になっている値を除外します。

```
#被説明変数として利用するものを取り出す
#今回は右利きか、左利きか
foot = pd.DataFrame(equation_df3.preferredfoot)
#被説明変数を抜き取り、説明変数だけにする
```

```
x_list3 = equation_df3.drop("preferredfoot",1)

#レピュテーションのデータも、同様に取り出す
reputation = pd.DataFrame(equation_df3.reputation)
x_list3= x_list3.drop("reputation",1)

#異常値や null になっている値を除去する
x_list3 =
↪   x_list3.drop(x_list.columns[np.isnan(x_list).any()],
↪   axis=1)
```

続いて、傾向スコアを求めます。ロジット回帰モデル (sm.Logit) を用い、被説明変数を foot (利き足)、説明変数としては攻撃系や防御系のパラメータを利用します。そして、x_list3 を用いた予測値を ps に代入していきます。

```
#傾向スコアを求める
#ロジットモデルを使い、被説明変数は foot (右利きか左利きか), 説明変数はその
↪   他
glm = sm.Logit(foot, x_list3)
result = glm.fit()

#x_list3 による解析の結果を ps に放り込む
ps = pd.Series(result.predict(x_list3))

#傾向スコアの値を確認する
```

```
print(ps)
```

結果、今回分析対象とした17,918人分のフットボール選手について、傾向スコアが出力出来たことが確認出来ます。

```
Optimization terminated successfully.
         Current function value: 0.498932
         Iterations 6

0        0.268253
1        0.186428
2        0.335197
3        0.035031
4        0.285153
           ...
18202    0.151388
18203    0.101696
18204    0.119211
18205    0.278998
18206    0.215532
Length: 17918, dtype: float64
```

続いて、傾向スコア(ps), 利き足(foot), 選手の給与(wage)を横方向につなぎ合わせて、DataFrameを作成します。

```
#傾向スコア, foot(右利き左利き), wage を列でつなぎ合わせて, table を作
↪ る
table = pd.concat([ps,foot,wage],axis=1)
#コラム名として, ps, foot, wage をそれぞれ指定する。
table.columns = ['ps','foot','wage']

#table の中身を確認する
#傾向スコアと, 利き足と、wage の情報が載っている
print(table)
```

以下のように、ps と foot と wage から構成されたテーブルが作成されます。

```
              ps  foot  wage
0       0.268253     1   565
1       0.186428     0   405
2       0.335197     0   290
3       0.035031     0   260
4       0.285153     0   355
...          ...   ...   ...
18202   0.151388     0     1
18203   0.101696     0     1
18204   0.119211     0     1
18205   0.278998     0     1
18206   0.215532     0     1

```

```
[17918 rows x 3 columns]
```

続いて、傾向スコア (ps) の値ごとに左足 (foot=1) と右足 (foot==0) の選手で給与水準に違いがあるか、値を導出していきます。このとき、numpy.arange を用いて等差数列を作成します。今回は、0 からスタートして,1.001 まで 0.01 ごとにマッチングさせていきます。続いて、同じ傾向スコアを持つ利き足が左足と右足の選手間で、給与にどのくらいの差が存在するか確認し、差分を求めていきます。この平均値 (mean) を求めることで、利き足での給与水準の違いを求めることが出来ます。

```
#等差数列を作る
#np.arange は (スタート値, ストップ値, 変分) の順番に指定する
#この場合, 0.01 ごとにマッチングさせる
interval = np.arange(0,1.001,0.01)
match_list = []
for i in range(0,len(interval)-1):
    temp0 = table[(table['foot']==0) & (interval[i] <
     ↪ table['ps']) & (table['ps'] < interval[i+1])]
    temp1 = table[(table['foot']==1) & (interval[i] <
     ↪ table['ps']) & (table['ps'] < interval[i+1])]
    if (len(temp0) > 0) & (len(temp1) > 0):
        match_list.append(temp1['wage'].mean()- \\
        temp0['wage'].mean())

np.mean(match_list)
```

結果を確認すると、0.04 が出力されます。つまり、左足のグループの方が右足のグ

ループに比べ、4パーセントほど年俸の水準が高いことが推測されます。フットボールにおける左利きの稀少価値を示しているのかもしれません。

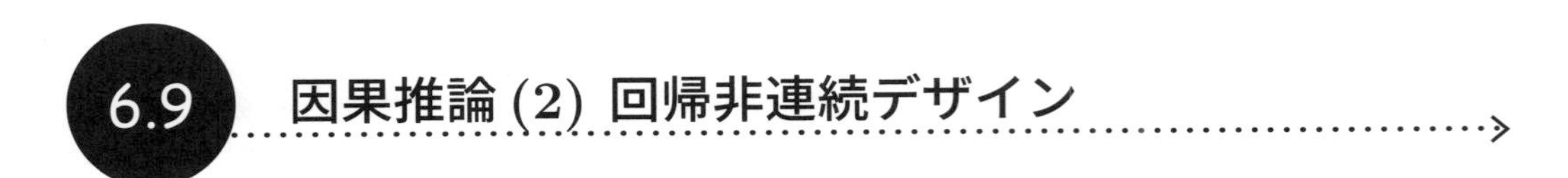

6.9 因果推論 (2) 回帰非連続デザイン

ここでは、回帰非連続デザイン (regression discontinuity design; RDD) の Python 上での実装方法についてご紹介したいと思います。ここでは、Evan Magnusson 氏による RDD パッケージ (`https://github.com/evan-magnusson/rdd`) およびそのチュートリアル (`https://github.com/evan-magnusson/rdd/blob/master/tutorial/tutorial.ipynb`) に基づきご説明します。RDD では、特定の政策や施策が実行されたことによる効果が存在するか否かについて推定することが出来ます。

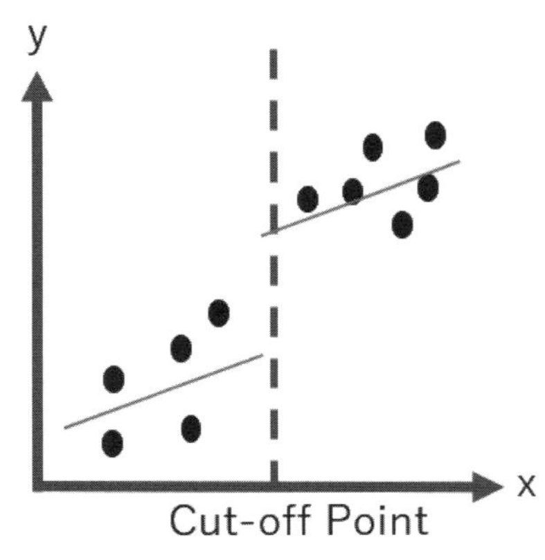

図 6.7 回帰非連続デザイン

まずは, pip を用い rdd パッケージをインストールします。

```
!pip install rdd
```

無事インストールが終わると、"Successfully installed rdd-0.0.3" というメッセージが表示されます。

続いて、必要なパッケージをインポートします。ここでは、numpy, pandas および pyplot を利用します。また、先程インストールした rdd をインポートします。

```
import numpy as np
import pandas as pd
import matplotlib.pyplot as plt

from rdd import rdd
```

続いて、サンプルデータを作成します。入力 x は平均 1、標準偏差 1 となるような正規分布に従う乱数値を 10,000 個、epsilon は平均 0、標準偏差 1 となるような正規分布に従う乱数値を 10,000 個それぞれ作成します。同様に、w1, w2 も作成します。スレッショルド値 (threshold) を 1 と指定して、それ以上の値を x が取る場合には 1 を、それ以外の場合には 0 を取る treatment を作成しています。

これにより、

$$y = 0.5 * treatment + 2 * x - 0.2 * w_1 + 1 + epsilon \quad (6.1)$$

といった入力 x と出力 y の関係を規定しています。

最後に、これら y,x,w1,w2 を束ねて Pandas の DataFrame に変換し、data に保存します。

```
np.random.seed(42)
```

```
#サンプルサイズ
N = 10000
x = np.random.normal(1, 1, N)
epsilon = np.random.normal(0, 1, N)

#しきい値
threshold = 1
treatment = np.where(x >= threshold, 1, 0)
w1 = np.random.normal(0, 1, N)
w2 = np.random.normal(0, 4, N)
y = .7 * treatment + 4 * x - .3 * w1 + 1 + epsilon

data = pd.DataFrame({'y':y, 'x': x, 'w1':w1, 'w2':w2})
data.head()
```

以下のようなデータが構築されたことが確認できます。

	y	x	w1	w2
0	3.238148	1.177766	0.265778	-5.351677
1	3.660949	1.150759	-0.309134	0.940209
2	-2.622516	-0.391109	-0.570920	0.233613
3	3.355751	0.512068	-0.933109	4.136212
4	6.415289	2.382799	0.505335	6.469592

続いて、しきい値(スレッショルド)に近い値にスコープを区切るために、分析対象とする帯域幅(bandwidth)を設定します。ここでは、rdd.optimal_bandwith を用い最適な帯域幅を探索します。

```
bandwidth_opt = rdd.optimal_bandwidth(data['y'], data['x'],
    cut=threshold)
print("Optimal bandwidth:", bandwidth_opt)
```

結果は以下のように与えられます。

```
Optimal bandwidth: 1.2590650447065002
```

続いて、rdd.truncated_data を用いて、先程導き出した帯域幅およびスレッショルド値に用いて、観察対象とするデータ部分のみを取り出す作業を行い、それを data_rdd に保存します。

```
data_rdd = rdd.truncated_data(data, 'x', bandwidth_opt,
    cut=threshold)

plt.figure(figsize=(12, 8))
plt.scatter(data_rdd['x'], data_rdd['y'], facecolors='none',
    edgecolors='r')
plt.xlabel('x')
plt.ylabel('y')
plt.axvline(x=threshold, color='b')
plt.show()
plt.close()
```

次に、x と y の散布図を描画します。ここでは、plt.axvline を用い、しきい値の部分で縦軸の青いラインを引いています。データセットの構築の仕方故に当然ですが、しきい値の部分で若干値の分布に違いが生まれているように見えることが確認できます。が、分かりづらいですね。

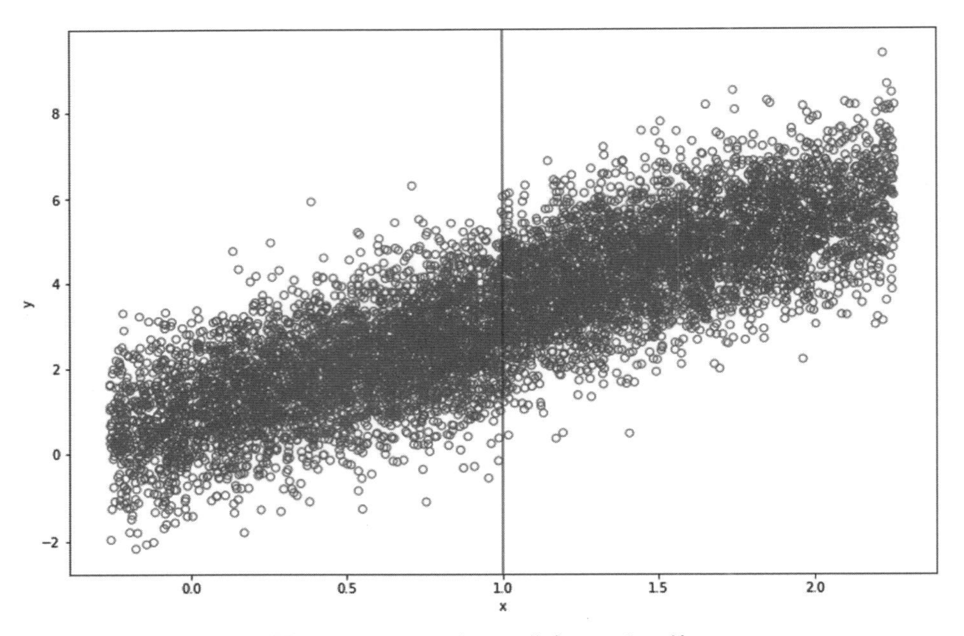

図 6.8　X および Y の分布としきい値

そこで、rdd.bin_data を用いデータを取りまとめることにします。ここでは、先程作成した data_rdd より y と x について、500 ペア抽出を行い、それらの平均値を抽出することにします。そして、先程と同じように x と y の関係について散布図を描画します。

```
data_binned = rdd.bin_data(data_rdd, 'y', 'x', 500)

plt.figure(figsize=(12, 8))
plt.scatter(data_binned['x'], data_binned['y'],
    s = data_binned['n_obs'], facecolors='none',
 ↪  edgecolors='r')
plt.axvline(x=threshold, color='b')
plt.xlabel('x')
plt.ylabel('y')
plt.show()
plt.close()
```

先程のグラフに比べ、かなりわかりやすくしきい値によって値の変動が起きていることが確認出来ますね。

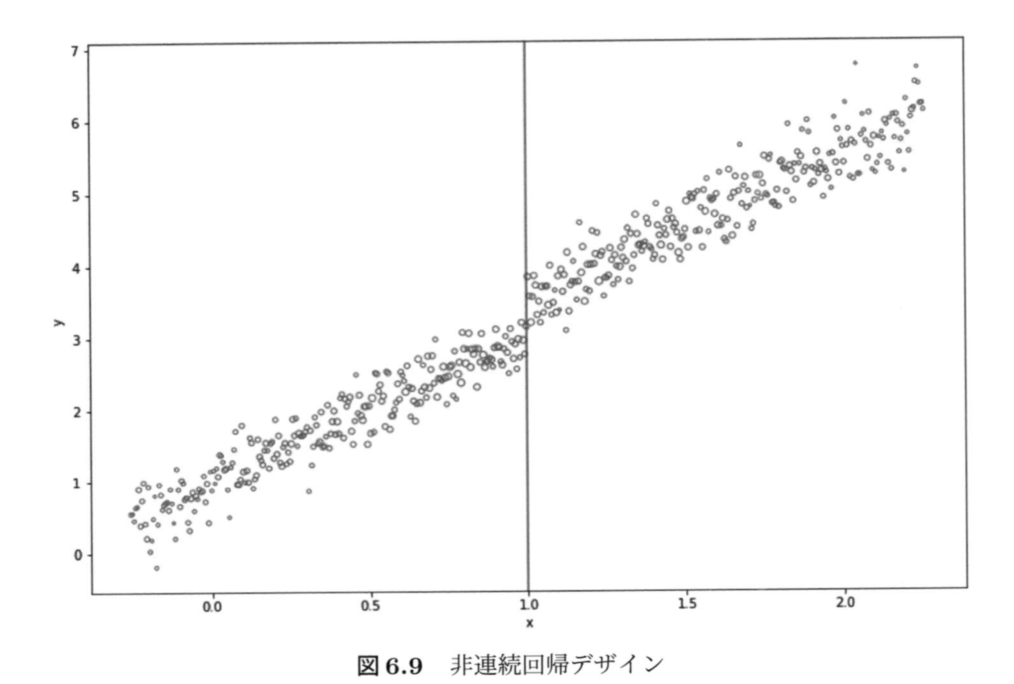

図 6.9　非連続回帰デザイン

では、このモデルで最初に規程した TREATED は有意に作用したのでしょうか。これを確認するためには、rdd.rdd を用い線形回帰を実行します。このとき、データセットとして data_rdd を利用し、カットオフ値 (cut) として threshold を利用します。

```
model = rdd.rdd(data_rdd, 'x', 'y', cut=threshold)
print(model.fit().summary())
```

結果は以下の通りです。Treated 変数は有意に作用していることが確認できます。

```
Estimation Equation:      y ~ TREATED + x
                            WLS Regression Results
==============================================================================
Dep. Variable:                      y   R-squared:                       0.695
Model:                            WLS   Adj. R-squared:                  0.695
Method:                 Least Squares   F-statistic:                     9038.
Date:                Wed, 16 Dec 2020   Prob (F-statistic):               0.00
Time:                        00:59:39   Log-Likelihood:                -11458.
No. Observations:                7946   AIC:                         2.292e+04
Df Residuals:                    7943   BIC:                         2.294e+04
Df Model:                           2
Covariance Type:            nonrobust
==============================================================================
                 coef    std err          t      P>|t|      [0.025      0.975]
------------------------------------------------------------------------------
Intercept      0.9844      0.022     45.069      0.000       0.942       1.027
TREATED        0.4858      0.043     11.268      0.000       0.401       0.570
x              2.0334      0.033     61.828      0.000       1.969       2.098
==============================================================================
Omnibus:                        1.150   Durbin-Watson:                   2.005
Prob(Omnibus):                  0.563   Jarque-Bera (JB):                1.180
Skew:                           0.027   Prob(JB):                        0.554
Kurtosis:                       2.974   Cond. No.                         7.51
==============================================================================

Warnings:
[1] Standard Errors assume that the covariance matrix of the errors is correctly specified.
```

図 6.10　非連続回帰デザインの実証結果

6.10 テキスト分析 (1) Twitter からデータを取得し、Mecab で分かち書きをする

本書ではここまで、数値化されたデータを用いた分析や可視化手法についてご紹介してきました。最後に、近年活用が進みつつあるテキストデータや自然言語処理を用いたデータ分析の具体例についていくつかご紹介したいと思います。

まず、世の中にあふれるテキストデータを取得するひとつの方法として、Twitter API をご紹介したいと思います。日本の場合は mixi や GREE, アメリカの場合は friendster の登場以来、日々の出来事や面白かったテレビ番組のこと、あるいは政治信条や日々のニュースへの所感などを、ソーシャルメディアに投稿する生活をされている皆様も多いように思います。

こうした人々のつぶやきについては、2020 年現在は、Twitter の無償 API を用いて公開されているツイート (tweet) を収集することが出来ます。申請方法は定期的に変わるため、ここでは Twitter API の申請が終わり、API を利用するために必要なアクセストークン (Access_token) やコンシュマーキー (Consumer_key) が取得出来た状態からスタートしたいと思います。

そのため、Twitter API の申請方法については Twitter の API について (`https://help.twitter.com/ja/rules-and-policies/twitter-api`) や、Twitter Developer (`https://developer.twitter.com/en`) などをご参照頂くことを推奨します。

Twitter からデータを取得するサンプルコードを以下に示します。ここでは、tweepy というパッケージを用いて、Twitter API との接続を確立し、ある特定のキーワード (今回は、「一橋大学」) を含むつぶやきをまとめて取得するスクリプトを示しています。無償の API で許諾されている過去一週間分の、ツイート内に「一橋大学」というタームが含まれたつぶやきについて、リツイート (RT) を除外する形でまとめて取得してい

ます。

最後に、取得したツイートデータをテキストファイル(txt)形式で保存しています。このとき、文字コードとしてutf-8を指定しています。

```
1  import tweepy
2  import datetime
3  import codecs
4  #python で Twitter APIを使用するための Consumerキー
5  #アクセストークン設定
6  #カッコ内を、Twitter API により取得した情報と置き換える
7  #必要があります
8  Consumer_key = '(API を利用するための Consumer_key)'
9  Consumer_secret = '(API を利用するための Consumer_secret_key)'
10 Access_token = '(API を利用するための Access_token)'
11 Access_secret = '(API を利用するための Access_secret)'
12
13 #認証
14 auth = tweepy.OAuthHandler(Consumer_key, Consumer_secret)
15 auth.set_access_token(Access_token, Access_secret)
16
17 api = tweepy.API(auth, wait_on_rate_limit = True)
18
19 #検索キーワードを設定する
20 query = "一橋大学 -RT"
21
22
```

```
23 #つぶやきを格納するリスト
24 tweets_data =[]
25
26 #Cursor を利用してつぶやきを取得する
27 for tweet in tweepy.Cursor(api.search, q=query,
   ↪  count=100,tweet_mode='extended').items():
28
29     #ツイート内容を取得する
30     tweets_data.append(tweet.full_text + '\n')
31
32 #ファイルに出力する
33 with codecs.open('./hit-u202008.txt', 'w','utf8') as f:
34     f.writelines(tweets_data)
35
36 f.close()
```

続いて、Mecab を用いて分かち書きを行います。分かち書きとは、文章を意味を有する最小限の単位に分解することです。例えば、「鳥がたまごを生みますよ」という一文は、主語と修飾語と述語から構成されています。これを品詞ごとに区分けすると、「鳥/が/たまご/を/生み/ます/よ。」となります。このように、文章が持つ意味合いを品詞ごとに分割することで、どのような文脈を有する文章なのか把握する際、Mecab を用いることで文章を分かち書きし、どのような品詞から構成されているか把握することが可能となります[9]。

[9] MeCab の委細や Python+Notebook 環境への実装方法のケースについては、https://taku910.github.io/mecab、https://qiita.com/kuro_hane/items/64e39d5deeb3f876b421 や

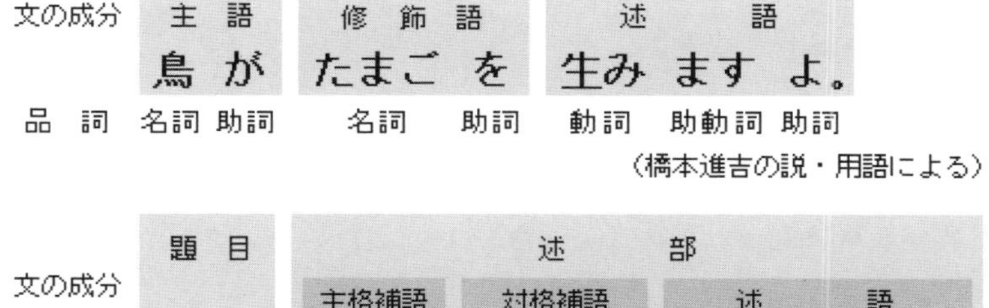

図 6.11 日本語の文の例 (Public Domain)

Mecab のインストールは、お使いの OS およびディストリビューションにより方法が異なるため本書では委細を明記することを敢えて省略出来ればと思います。Windows の場合には配布バイナリを用いたインストール、Mac OS X の場合には homebrew を使うことが本書執筆段階での最短ルートになるかと思います。

また、Mecab に併せ、Mecab-ipadic-NEOlogd (https://github.com/neologd/mecab-ipadic-neologd/) を合わせて導入することで、固有名詞やニュース記事を由来とする新語、ネット上の流行語などについて抽出を行うことが可能になります。

導入方法については、ここでは概要のみ記すことにします (具体的な導入方法は今後変更の可能性があるため、ここでは 2020 年段階での導入方法について記すことにします)。まず、git をお手元の環境にインストールした後、ファイル一式を取得します[10]。なお、以下のコマンドは Notebook 上ではなく git 上にて実行することにご留意ください。

`http://blog.livedoor.jp/oyajieng_memo/archives/1777479.html` をご参照ください。

[10] Windows の場合には、`https://git-scm.com/download/win` をご参照ください。

```
git clone --depth 1
 ↪  https://github.com/neologd/mecab-ipadic-neologd.git
```

取得した単語ファイルはxz形式で保存されているため、7zip (https://sevenzip.osdn.jp/) などを用いて解凍を行います。

続いて、単語ファイルを解凍したディレクトリ上で、辞書ファイルを作成します。以下のコマンドも、Notebook 上ではなく Windows 環境の場合にはコマンドプロンプト、Mac/Linux 環境の場合には Terminal 環境で実行してください。また、このとき、Mecab の導入時に利用した文字コードと同じ形式で辞書ファイルを作成することを忘れないようにしてください。今回のケースでは、utf-8 を選択しています。

```
mecab-dict-index -d /Mecab/dic/ipadic -u
 ↪  Neologd.20190625-u.dic -f utf-8 -t utf-8
 ↪  mecab-user-dict-seed.20190624.csv
```

次いで、辞書を MeCab のディレクトリ内に配置します。続いて、辞書ファイルを Mecab が参照できるように C:\Program Files\MeCab\etc 内にある mecabrc ファイルの記述を以下の通り差し替えます (Windows 10 の場合)。すなわち、userdic に NEologd ファイルへの絶対パスを指定します。

```
;
; Configuration file of MeCab
;
; $Id: mecabrc.in,v 1.3 2006/05/29 15:36:08 taku-ku Exp $;
;
dicdir =  $(rcpath)\..\dic\ipadic
```

```
7
8  ; userdic = /home/foo/bar/user.dic
9  userdic = C:\Program
    ↪  Files\MeCab\dic\ipadic\NEologd\NEologd.20190625-utf8.dic
10
11 ; output-format-type = wakati
12 ; input-buffer-size = 8192
13
14 ; node-format = %m\n
15 ; bos-format = %S\n
16 ; eos-format = EOS\n
```

これにより、固有名詞やネットタームなどが分かち書きされた状態で抽出することが可能になります。

・・・さて、いささか下準備に時間を要しましたが、先ほど取得したツイートデータを分かち書きする作業を行いましょう。一橋大学に関連するツイートデータを一行ずつ取り込み、MeCab を用いて分かち書きを行います。

具体的には、file_in に取り込んだツイートを保存したテキストデータを読み込み、一行ごと読み込みます。続いて、import した MeCab パッケージを用いて、分かち書きを実施していきます。結果については result に保存し、続いてそれを file_out に保存していきます。これにより、分かち書きをしたツイートデータを出力することが出来ます。

```
1  #MeCab と codecs パッケージをインポートする
2  import MeCab
3  import codecs
4
```

```
5  #MeCabを用いて分かち書きを行う
6  tagger = MeCab.Tagger('-O wakati')
7
8  #読み込むファイルをfile_in
9  #分かち書きをした結果をfile_outにそれぞれ指定する
10 file_in = codecs.open('hit-u202008.txt', 'r', 'utf8',
   ↪  'ignore')
11 file_out = codecs.open('hit-u202008_wakachi.txt', 'w',
   ↪  'utf8', 'ignore')
12
13 line = file_in.readline()
14
15 #一行ごとに読み込み、分かち書きの処理をする
16 while line:
17     tagger.parse("")
18     result = tagger.parse("  "+line)
19     file_out.write(result[1:])
20     line = file_in.readline()
21
22 file_in.close()
23 file_out.close()
```

結果は以下のようになります。ツイート情報が分かち書きされていることが確認頂けるかと思います。

```
1 トヨタ 新型 「 スターレット 」 21年ぶり 登場 の 衝撃 ! 消滅 し た
  ↪ 車 名 を 復活 さ せる 狙い と は ( くるま の ニュース ) -
  ↪ Yahoo!ニュース https :// t . co / P 3t Pxnfkqo
2 実家 に い た 頃 は スターレット ( 紺 )→ イスト ( 赤 ) でし た から
  ↪ ね キラ 子 は
3 スターレット と 同じ エンジン だ っけ か
4 トヨタ の エントリー カー として 親しま れ た 「 スターレット 」 が 、
  ↪ なんと 復活 !!  ただ 残念 ながら 、 日本 で は なく 、 遠い
  ↪ アフリカ で の お話 だ 。 新型 スターレット と は どんな クルマ
  ↪ なのか ?  名車 「 スターレット 」 の 歴史 を 振り返り ながら
  ↪ 、 21世紀 の スターレット の 詳細 を お 届け する 。 https ://
  ↪ t . co / aMYW 49 EoBe
5 首都高 で 車 高 を 落とし 過ぎ た S3 1 を B 面 やらかし て 廃車 に
  ↪ し た 後 、 61 スターレット は 物凄く 安く 買え た 個体 に 乗っ
  ↪ て い まし た 。
6 奥日光 で ダートラ し て 遊び 、 赤城 の 小沼 で 氷上 を 走ら せ たり
  ↪ し たら 壊れ て しまい まし た が … 。
7 一番 腕 を 磨け た 車 でし た ね 。
```

6.11 テキスト分析 (2) Wordcloud

続いて、データの取得および MeCab での分かち書きが完了したテキストデータについて、語句の出現確率によって文字の大きさのプロットを変える Wordcloud という手法でその特性を表現してみたいと思います。

まず、wordcloud や MeCab パッケージのインポートを行います。続いて、取得したツイートデータについて, text.replace を用いて改行を外します。このとき、Windows 環境上でツイート情報を取得した場合には、改行コードを示す特殊文字 `\r\n` を用います。続いて、助詞および助動詞を除く形で単語の結合を行い、splitted に保存します。

続いて、ストップワード (Stopwords) を指定します。ストップワードとは、テキストデータの処理結果を表示する際に利用しない語を指定することです。Wordcloud の作成では、多くの場合出力を何度か繰り返しながら、ストップワードの調整を行います。

続いて、wordcloud.WordCloud メソッドにパラメータを指定します。このとき、日本語のテキストデータを利用している場合には、font_path に日本語フォントへのパスを指定します。・・・個人的にはパスを通すのが面倒なので、フォントが存在するディレクトリへの絶対パスを指定するよりも、Notebook が動作してディレクトリに利用するフォント自体をコピーすることで対処しています[11]。続いて mask には言葉をプロットする画像を指定します。文字をプロットする部分を透過させた画像を準備することで、好みの形に WordCloud をプロットすることが出来ます。透過した画像は、従来は Windows 備え付けのペイントアクセサリなどでは作成出来ませんでしたが、今日では Android や iOS のアプリを用いれば比較的容易に作成できるかと思います。続いて、stopwords に先ほど stop_words に指定した言葉の配列を指定 (set) します。そし

[11] 今日のコンピューティング環境では HDD/SSD の容量に余裕があることに甘えているだけなので、必要に応じパスを指定して読み込むようにしましょう

て、width および height に作成する WordCloud の大きさを指定します。これらのパラメータを指定したうえで、先ほど splitted に指定した文字列に基づき WordCloud を作成し、それを wordc に代入します。

最後に、今回は to_file メソッドを用いてファイルを出力しています。

```
1  import numpy as np
2  import wordcloud, codecs
3  import MeCab
4  from PIL import Image
5
6  file = codecs.open('./hit-u202008_wakachi.txt','r', 'utf8',
   ↪ 'ignore')
7  text = file.read()
8  #msk = np.array(Image.open('(マスク用画像へのパス)'))
9
10 m = MeCab.Tagger('')
11 #取り込んだテキストの改行を外す
12 text = text.replace("\r\n","")
13 parsed = m.parse(text)
14
15 #助詞、助動詞を除き単語を結合する
16 splitted = ' '.join([x.split('\t')[0] for x in
   ↪ parsed.splitlines()[:-1] if
   ↪ x.split('\t')[1].split(',')[0] not in ['助詞',
   ↪ '助動詞']])
17 #print(splitted)
```

```
18
19
20 #ストップワード（出力結果に表示しないターム）を指定する
21 stop_words = [ u'',u'なる', u'でき', u'てる',u'する', u'よう',
   ↪  u'in', u'そう', u'思っ', u'光宏', u'モデル'
22                  ,u'ない' ,u'なり' ,u'こと' ,u'この' ,u'なっ'
                    ↪  ,u'さん' ,u'ください' ,u'co' ,u'https']
23
24 wordc =
   ↪  wordcloud.WordCloud(font_path='(日本語フォントへのパス)',
25     background_color='white',
26 #   mask=msk,
27     contour_color='steelblue',
28     contour_width=2,
29     stopwords=set(stop_words),
30     collocations = False,
31     width = 800,
32     height = 600).generate(splitted)
33 wordc.to_file('gaku-wordCloud-jpn.png')
```

出力結果を確認してみましょう。以下のように、一橋大学に関連して Twitter 上で多くつぶやかれているタームをプロットすることが出来ています。

図 6.12　一橋大学に関連するツイートを Wordcloud で表現した結果

・・若干不穏なタームが多い気がするので、似たようなケースとして、慶應義塾大学のツイートをあつめた結果についてもプロットしてみます。早稲田の大きさがとても示唆的でありますね。このように Wordcloud は、ある特定の事象の「なんとなくのイメージ」を可視化するときにはとても有用なツールではあります。

図 6.13　慶應義塾大学に関連するツイートを Wordcloud で表現した結果

社会科学の違いを「測る」 – Linked Open Data を使ったテキスト分析

ここでは、これまでに取り上げた技法をいくつか組み合わせて、日本における社会科学の違いについて推定してみたいと思います。まず、Linked Open Data のセクションで取り上げた、DBpedia.org の SPARQL Endpoint にアクセスして、日本の経済学者と経営学者の名前と概要についてまとめて取得します。

```
1  from SPARQLWrapper import SPARQLWrapper
2
3  #日本の経済学者の情報をまとめて取得する
4  sparql2 =
   ↪   SPARQLWrapper(endpoint='http://ja.dbpedia.org/sparql',
   ↪   returnFormat='json')
5  sparql2.setQuery("""
6      PREFIX dbpedia-owl:  <http://dbpedia.org/ontology/>
7      select distinct ?name ?abstract where {
8      ?company <http://dbpedia.org/ontology/wikiPageWikiLink>
       ↪   <http://ja.dbpedia.org/resource/Category:日本の経済学者
       ↪   > .
9      ?company rdfs:label ?name .
10     ?company <http://dbpedia.org/ontology/abstract>
       ↪   ?abstract .
11 }
```

```
""")
results2 = sparql2.query().convert()
```

このまま result2 を print すると json 形式のデータで出力されるため、name および abstract の value のみ取り出すことにしましょう。

```
#結果を整形
for result in results2["results"]["bindings"]:
    print("経済",";",result["name"]["value"],";",result["
    ↪ abstract"]["value"])
```

これにより, Wikipedia (DBPedia.org) に掲載された経済学者の名前およびその概要に関する情報を一括して取得することが出来ました (以下、一部抜粋)。

```
経済 ; 大村敬一 ; 大村 敬一（おおむら けいいち、1949年4月 -
    ↪ ）は日本の経済学者。専門は金融論。リアルオプション等、実証分析に重きを
おく。1993年、博士（経済学、法政大学）。博士論文は「オプション理論と
応用」。早稲田大学大学院ファイナンス研究科教授。
経済 ; 奥村宏 ; 奥村 宏（おくむら ひろし、1930年 -
    ↪ ）は、日本の経済学者、評論家。
経済 ; 家本秀太郎 ; 家本 秀太郎（いえもと ひでたろう 1908年 - 1979
    ↪ 年）は経済学者。神戸大学経済学部名誉教授。正四位勲三等瑞宝章。産業連関表
で有名な米国経済学者のワシリー・レオンチェフの主著「アメリカ経済の構造」を訳
した。クララオンラインの創業者である家本賢太郎は孫。
経済 ; 富塚良三 ; 富塚 良三（とみづか りょうぞう、1923年5月15日 -
    ↪ ）は、千葉県生まれ、
```

```
 9  日本のマルクス経済学者、中央大学名誉教授。
10  経済 ; 斎藤修 (千葉大学) ; 斎藤 修（さいとう おさむ、1951年 -
    ↪ ）は、日本の経済学者。
11  埼玉県生まれ。千葉大学大学院教授。専攻はフードシステム論。
12  経済 ; 東畑精一 ; 東畑 精一（とうばた
    ↪ せいいち、1899年（明治32年）2月2日 - 1983年（昭和58年）5月6日）は
13  、日本の農業経済学者。農学博士。専攻は農業経済学。
```

こうして得られた概要データを分かち書きし、WordCloud を書いてみることにします。結果は以下の通りです。

図 6.14　経済学者の DBpedia に掲載された概要を Wordcloud で表現した結果

図 6.15　経営学者の DBpedia に掲載された概要を Wordcloud で表現した結果

経済学と経営学の頻出単語を並べるだけで「キャラの違い」が見えてくるように思えます。今回は単純に WordCloud として描写しただけですが、この節以降でご紹介する word2vec モデルやトピックモデリング (LDA) を活用すれば、学術的なキャラクターの違いについて、さらに分析を深めることが出来るかと思います。

6.12 テキスト分析 (3) word2vec モデル

続いてはテキストデータに基づき word2vec モデルを作成しましょう[12]。Word2vec では、ニューラルネットワークを用い、ある語と周辺語の対応関係を示す重み付け行列を作成することで、ある特定の語群の中の語の特性をベクトル化することが可能になります。語句を数値で示すことが可能になるため、例えば語と語の類似度について、数値にて示すことが可能になります。類似のアプローチとして, doc2vec などが挙げられます。

まず、前節のコラムにて利用した DBpedia.org 由来の経営学者リストについて、MeCab を用いた分かち書きを行います。

```
import MeCab
import codecs

#Mecab で分かち書きをして, その結果を出力する
tagger = MeCab.Tagger('-Owakati')

fi = codecs.open('経営学者リスト_dbpedia.txt', 'r', 'utf8')
fo = codecs.open('経営学者リスト_dbpedia_wakachi.txt', 'w',
 ↪ 'utf8')

```

[12] 本セクションの作成にあたっては、https://www.randpy.tokyo/entry/python_word2vec、https://radimrehurek.com/gensim/models/word2vec.html、https://qiita.com/makaishi2/items/63b7986f6da93dc55edd、https://qiita.com/To_Murakami/items/cc225e7c9cd9c0ab641e などを参照しました。

```
line = fi.readline()

while line:
    result = tagger.parse("  "+line)
    #print(result)
    fo.write(result[1:])
    line = fi.readline()

fi.close()
fo.close()
```

Wordcloud 作成時と同様に、分かち書きした結果を別ファイルとして txt ファイルに保存します。結果は以下の通りです。Wikipedia (DBpedia.org) に掲載されている経営学者の概要と名称が、分かち書きされ表示されていることが確認出来るかと思います。

```
1 根来 龍之 （ ね ごろ たつ ゆき 、 1952年 9月19日 - ） は 、 三重県
    生まれ の 経営情報学 者 。 専攻 は 、 ビジネスモデル 論 、
    ネットビジネス 論 、 情報システム 論 、 システム 方法論 。 京都大
  ↪ 学 文学部 社会学 専攻 卒業 後 、 慶應義塾大学 大学院 経営管理
  ↪ 研究科 修了 （ MBA ） 。 鉄鋼 メーカー 、 英 ハル 大学
  ↪ 客員研究員 、 文教大学 など を 経 て 、 早稲田大学 商学 学術 院
  ↪ 教授 、 早稲田大学ビジネススクール 教授 。 同 ビジネススクール ・
  ↪ ディレクター （ 統括 責任者 ） （ 2010 - ） 、 早稲田大学 IT 戦
  ↪ 略 研究所 所長 （ 2003 - ） 。 学会 活動 として 、 経営情報 学会
  ↪ 会長 （ 2008 - 2009年度 ） 、 Systems Research 誌
  ↪ Editorial Board 、 経営情報 学会誌 編集長 、 Systems
  ↪ Practice 誌 International adviser 、 組織学会 評議員 、
  ↪ 国際 CIO 学会 理事 （ 同 学会誌 編集長 ） など を 歴任 。
  ↪ 社会活動 として 、 エグゼクティブリーダーズ・フォーラム 代表 幹事
  ↪ 、 国際 IT 財団 理事 、 CRM 協議会 副 理事長 、 会計検査院 契約
  ↪ 監視委員会 委員長 、 日本 オンラインショッピング 大賞 実行委員会
  ↪ 委員長 、 CRM & Datawarehouse Expo 企画 委員長 、 経済産業省
  ↪ IT 経営 協議会 委員 、 国土交通省 自律 支援 プロジェクト 評価
  ↪ 委員 、 経済産業省 IT 等 を 活用 し た サービス業 の 経営革新
  ↪ 研究会 委員 、 （ 社 ） コンピュータソフトウェア協会 理事 、 （ 社
  ↪ ） 日本自動車工業会 JNX 運営 委員 、 （ 社 ） 特殊 鋼 流通 協会
  ↪ 理事 、 （ 社 ） 特殊 鋼 倶楽部 監事 、 IT Japan Award 審査員
  ↪ 、 マイルズ 賞 （ VE ） 審査員 など を 歴任 。
```

こうした経営学者の特性を、word2vec で抽出してみたいと思います。続いて、この分かち書きされたテキストデータに基づき word2vec モデルの作成を行います。

word2vec パッケージの利用にあたっては、gensim.models からインポートを行います。分かち書きしたテキストファイルを, word2vec.LineSentense メソッドに取り込み、それを sentences に保存します。次いで word2vec.Word2Vec にパラメータを指定します。このとき、size は語を表現するためのベクトルの次元数、iter は学習を行う回数になります。ある程度安定した結果を得るためには、学習を一定回数以上繰り返す必要があります。また、min_count は出現回数が特定回以上の語のみをベクトル化する際に指定します。今回は、5 を指定しています。最後に、モデルの学習結果を`./econ_word2vec`として保存します。

```
1  #word2vec モデルを構築する
2  #分かち書きしたファイルを読み込み, 学習モデルを作成する
3
4  from gensim.models import word2vec
5
6  sentences =
   ↪   word2vec.LineSentence('経営学者リスト_dbpedia_wakachi.txt')
7  model = word2vec.Word2Vec(sentences,
8                            sg=1,
9                            size=300,
10                           min_count=5,
11                           window=10,
12                           hs=1,
13                           negative=0,
14                           iter=100)
```

```
model.save('./econ_word2vec')
```

お使いのコンピューティングリソースにも依りますが、word2vec モデルの構築には一定の時間を要するので、テレビを観ながらコーヒーを飲んでしばしお待ちください。

さて、作成が終わると先ほど指定したファイル名でファイルが保存されます。続いて、これを Notebook に読み込みます。続いて、どのようなタームがベクトル化されたのか、word_vectors に model.mv.index2word を代入し、print します。

```
#from gensim.models import word2vec

#モデルを読み込み, 取り出したwordを確認する
model = word2vec.Word2Vec.load("./econ_word2vec")

word_vectors = model.wv.index2word
print(word_vectors)
```

結果は以下の通りです (一部抜粋しています)。早稲田大学商学部や紫綬褒章を含め、如何にも経営学っぽいタームが取り出されていることが確認できるかと思います。

```
[ '観光', '知識', '前', '東北大学', '後期', '総合研究所', 'うえ',
    '財団', '多摩大学', '組織論', 'ぐち', '地域経済', '中小企業',
  ↪ '京都大', '客員研究員', '委員長', '社', '監事', '社長',
  ↪ '技術', '国立大学', 'もり', 'あ', '第一人者', '関係',
  ↪ 'やま', '非常勤講師', '消費者',
  ↪ '特定非営利活動法人', '京都産業大学', '社会科学', 'おか',
  ↪ '紫綬褒章', 'および', '期', '提唱', 'アドバイザー', '英語',
  ↪ '市立大学', '札幌学院大学', 'まさひろ', '早稲田大学商学部',
  ↪ '北海商科大学', '労働', 'テーマ', '試験', 'による', '同大', '
  ↪ 人', '経営学修士']
```

続いて、model.wv.most_similar を用いて、特定の語と似通った傾向を持つ単語リストを抽出します。

```
#特定のタームと類似している単語リストを抽出する
similar_words = model.wv.most_similar(positive=["イノベーショ
 ↪ ン"], topn=17)
print(*[" ".join([v, str("{:.2f}".format(s))]) for v, s in
 ↪ similar_words], sep="\n")
```

結果は以下の通りです。日本の大学に所属する経営学者の概要を示したテキストデータを用いると、イノベーションというタームは「技術経営」や「経営情報」という語と近しいことが確認できます。・・・少なくとも僕にとってはすごく自然な結果に思えるのですが、読者の皆様にとってはいかがでしょうか。

経営情報 0.45
センター 0.44
静岡 0.42
マネジメント研究科 0.40
MOT 0.39
技術経営 0.39
・ 0.37
医療 0.36
知識 0.36
長 0.36
マネジメント 0.35
経営情報学部 0.34
課題 0.33
領域 0.33
技術 0.32
組織 0.31
研究科 0.30

また、言葉のベクトル表現の中身についてはmodel.wvを用いて表示することが出来ます(数値が出力されるので、結果については省略します)。

```
word_vector = model.wv["一橋大学"]
print(word_vector)
```

続いて、特定の語と語の間で似たような傾向を有するタームを取り出すことにします。今回は、経営学者がそれなりに居ることで有名な一橋大学と東京大学について、近い語を取り出してみることにしましょう。

```
#ターム間で似ている用語を抽出する
results = model.wv.most_similar(positive=[u'一橋大学'],
    negative=[u'東京大学'], topn=7)
for result in results:
    print(result[0])
```

結果はこんな感じです。組織学会というタームが最初に出てくるのは、少なくとも僕にとってはとても自然な感じですが、日本の経営学に詳しい皆さんにとってはいかがでしょうか？

```
組織学会
同大
ほか
監査役
所長
経営者
ホスピタリティ
```

最後に、語句間の類似性について抽出します。最近は経営学と言えば早稲田大なので、早稲田大学と、この word2vec モデルで登場する語句との類似性について model.mv.similarity を用い抽出します。

```
#言語間の類似性を抽出する
import pprint
```

```
3 pprint.pprint(model.wv.similarity('早稲田大学', '東京大学'))
4 pprint.pprint(model.wv.similarity('早稲田大学', '九州大学'))
5 pprint.pprint(model.wv.similarity('早稲田大学',
  ↪ 'イノベーション'))
6 pprint.pprint(model.wv.similarity('早稲田大学', '組織学会'))
7 pprint.pprint(model.wv.similarity('早稲田大学', '経済学'))
```

結果は以下の通りです。早稲田大学にとって、東大よりは九州大学のほうが数字上では近いことが確認できます。またしても若干不穏な結果になったので、詳細な結果の検討はここで留めておきたく存じます。

```
1 0.09938066
2 0.17993978
3 -0.07815859
4 0.22979525
5 -0.0011182465
```

6.13 テキスト分析 (4) トピックモデル

続いて、トピックモデリング (LDA) についてご紹介します。トピックモデルでは、ある特定の要素について、語句が構成する割合を示すことが可能になります[13]。今回は、DBpedia.org から取得した社会学者のデータからモデルを作成します。まず、janome.tokenizer から Tokennizer パッケージをインポートします。続いて、テキストデータを取り込み分かち書き処理を行います。最後に、wvs に分かち書きしたベクトルを一行ずつ代入していきます。

```
import codecs as cd
import gensim
from janome.tokenizer import Tokenizer
from gensim import corpora, models, similarities

filename = '社会学者リスト_dbpedia.txt'
file = cd.open(filename,  'r', 'utf-8')
lines = file.readlines()

t = Tokenizer()
wvs = []

for i, line in enumerate(lines):
```

[13] 本セクションの作成にあたっては、https://paper.hatenadiary.jp/entry/2016/11/06/212149 、https://qiita.com/icoxfog417/items/7c944cb29dd7cdf5e2b1 などを参照しました。

```
14     # 社会学者ごとの語のベクトルを作成する
15     word_vector = []
16 
17     # 短すぎる場合は無視する
18     if len(line)<10:
19         continue
20    # 記号以外はベクトルを作成する
21     else:
22         tokens = t.tokenize(line)
23 
24         for token in tokens:
25             if token.part_of_speech[:2] == '名詞':
26                 word_vector += [token.base_form]
27 
28     # データを連結する
29         wvs += [word_vector]
```

ここで得られたwvsをprintします。Wikipedia(DBpedia.org)から取得した社会学者の紹介文ごとに、名詞の語が取り出されていることが確認できます(抜粋)。

```
[['平松', '隆', '円', 'りゅう', 'えん', '1980', '年', '8', '月
    ', '1', '日', '-', '日本', '化粧', '心理', '学者',
↪   'スアンスナンタ・ラチャパット', '大学', '専任', '講師', '専門',
↪   '化粧', '心理', '学', '化粧', '文化', '論'], ['長谷川',
↪   '公一', 'はせがわ', 'こういち', '1954', '年', '-', '日本',
↪   '社会', '学者', '東北大学', '大学院', '文学', '研究', '科',
↪   '教授', '東京大学', '博士', '社会', '学', '環境', '社会', '
↪   学', '社会', '運動', '論', '研究'], ['作田', '啓一',
↪   'さく', 'けい', 'いち', '1922', '年', '1', '月', '31', '
↪   日', '-', '日本', '社会', '学者', '京都大', '学', '名誉',
↪   '教授'], ['村', '俊之', 'まさ', 'むら', '1953', '年', '-',
↪   '日本', '社会', '学者', '大妻女子大学', '社会', '情報',
↪   '学部', '教授', '専門', '社会', '学', 'コミュニケーション', '
↪   論', 'メディア', '論']]
```

いま、wvs は社会学者のエントリごとに名詞がとりだされたベクトルが保存された行列になっています。続いて、wvs に基づき辞書およびコーパス（machine readable なテキストデータ）を作成します。

```
# 辞書を作成する
dictionary = corpora.Dictionary(wvs)
dictionary.filter_extremes(no_below=2, no_above=0.1)
dictionary.save_as_text('dict_sociology.txt')

```

```
# コーパスを作成する
corpus = [dictionary.doc2bow(text) for text in wvs]
corpora.MmCorpus.serialize('cop_sociology.mm', corpus)
```

二つのファイルが作成されました。続いて、これらをそれぞれ dictionary および corpus に読み込みます。

```
dictionary = gensim.corpora.Dictionary.load_from_text('dict_sociology.txt')
corpus = corpora.MmCorpus('cop_sociology.mm')
```

続いて、gensim.models.ldamodel.LdaModel を用いてトピックモデルの結果を出力します。社会学の多面性を示すかのように、コミュニケーションに関する課題を中心に取り組むグループ、メディアの課題を中心に取り組むグループ、歴史や政治に関する課題を中心に取り組むグループなどが存在することが類推できるかと思います。

```
topic_number = 15
lda = gensim.models.ldamodel.LdaModel(corpus=corpus, num_topics=topic_number, id2word=dictionary)

for i in range(topic_number):
    print('トピック:', i, '__', lda.print_topic(i))
```

```
トピック: 0 __ 0.019*"学会" + 0.015*"情報" + 0.010*"(" + 
↪ 0.009*"会長" + 0.008*"環境" + 0.008*")" + 0.008*"福祉" + 
↪ 0.007*"経済" + 0.007*"理事" + 0.007*"4"
```

```
トピック: 1 __ 0.018*"3" + 0.016*"関係" + 0.010*"理論" +
↪  0.010*"地域" + 0.009*"史" + 0.009*"環境" + 0.008*"的" +
↪  0.008*"家" + 0.008*"4" + 0.007*"都"
トピック: 2 __ 0.011*"一橋大学" + 0.009*"10" + 0.008*"学会" +
↪  0.008*"史" + 0.008*"メディア" + 0.008*"法学" + 0.007*"的" +
↪  0.007*"客員" + 0.007*"員" + 0.007*"理論"
トピック: 3 __ 0.010*"京都大" + 0.008*"経済" + 0.008*"賞" +
↪  0.008*"ジェンダー" + 0.008*"9" + 0.007*"広島" + 0.007*"卒"
↪  + 0.007*"定年" + 0.007*"10" + 0.007*"4"
トピック: 4 __ 0.009*"関西学院大学" + 0.009*"史" + 0.008*"7" +
↪  0.008*"9" + 0.008*"家" + 0.007*"(" + 0.007*"問題" +
↪  0.007*"福祉" + 0.006*"定年" + 0.006*"学校"
トピック: 5 __ 0.012*"学会" + 0.009*"賞" + 0.009*"情報" +
↪  0.009*"東北大学" + 0.007*"理事" + 0.007*"中国" + 0.007*"心
↪  理" + 0.007*"総合" + 0.007*"会長" + 0.006*"都市"
トピック: 6 __ 0.010*"広島大学" + 0.010*"9" + 0.009*"5" +
↪  0.009*"退学" + 0.009*"京都大" + 0.009*"定年" + 0.008*"理論"
↪  + 0.008*"研究所" + 0.007*"早稲田大学" + 0.007*"満期"
トピック: 7 __ 0.012*"環境" + 0.010*"地域" + 0.010*"現代" +
↪  0.009*"学会" + 0.009*"宗教" + 0.008*"関係" + 0.008*"3" +
↪  0.007*"思想" + 0.007*"委員" + 0.007*"人間"
トピック: 8 __ 0.016*"メディア" + 0.014*"福祉" + 0.013*"10" +
↪  0.010*"5" + 0.010*"1947" + 0.010*"京都大" + 0.010*"4" +
↪  0.008*"現代" + 0.008*"1956" + 0.008*"女性"
```

```
10 トピック: 9 __ 0.016*"学会" + 0.012*"法人" + 0.011*"会長" +
 ↪ 0.011*"会" + 0.010*"理事" + 0.010*"情報" + 0.009*"長" +
 ↪ 0.009*"研究所" + 0.008*"6" + 0.007*"昭和"
11 トピック: 10 __ 0.010*"情報" + 0.009*"的" + 0.008*"12" +
 ↪ 0.008*"賞" + 0.007*"人間" + 0.007*"家" + 0.007*"問題" +
 ↪ 0.007*"大阪大学" + 0.007*"6" + 0.006*"9"
12 トピック: 11 __ 0.012*"史" + 0.011*"政策" + 0.011*"福祉" +
 ↪ 0.011*"京都大" + 0.011*"家族" + 0.010*"学会" + 0.010*"政治"
 ↪ + 0.009*"委員" + 0.009*"経済" + 0.008*"地域"
13 トピック: 12 __ 0.016*"9" + 0.008*"的" + 0.008*"法政大学" +
 ↪ 0.007*"現在" + 0.007*"4" + 0.007*"11" + 0.007*"10" +
 ↪ 0.007*"3" + 0.006*"開発" + 0.006*"後"
14 トピック: 13 __ 0.020*"家族" + 0.014*"情報" + 0.011*"メディア" +
 ↪ 0.010*"コミュニケーション" + 0.008*"10" + 0.007*"福祉" +
 ↪ 0.007*"研究所" + 0.007*"単位" + 0.006*"的" + 0.006*"学会"
15 トピック: 14 __ 0.011*"史" + 0.009*"政治" + 0.009*"退学" +
 ↪ 0.008*"学術" + 0.008*"7" + 0.007*"部" + 0.007*")" +
 ↪ 0.007*"早稲田大学" + 0.007*"学長" + 0.007*"取得"
```

6.14 さいごに

さて、本書ではデータの読み込みから基礎的な統計処理、回帰分析からテキスト分析まで、データ分析のいろいろなトピックを取り上げてきました。しかしながら、まだまだ本書では取り上げられていない分析手法やトピックは数多くあります。イベントスタディ、ニューラルネットワークやクラスタリングなども実装可能ですし、また、API を活用すれば様々な政府・企業データを入手することが可能です。是非とも本書を入り口として、様々なデータ分析の技法やデータの取得方法について、習得頂ければと考えています。

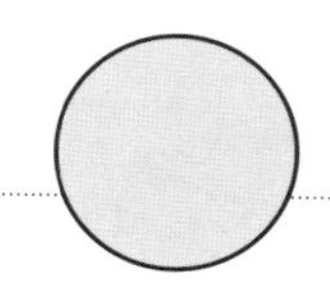

困ったときの逆引き事典

❶ Python で基本的なプログラミング構文を学ぶ　255

1　標準出力　255
2　数値演算　257
3　データ型の変換　258
4　for 文　259
5　enumerate 文　265
6　zip 文　267
7　enumerate と zip 文を一緒に使う　269
8　for 文を用いた多重ループ　269
9　itertools を使った多重ループ　271
10　if 文　272
11　論理演算子　273
12　while 文　274
13　無限ループと例外処理　276

❷ Python での基本的な数理計算　277

1　四則演算　278
2　三角関数と Math パッケージ　279
3　ベクトルの計算　282
4　行列の計算　284
5　Pandas を使った処理　289

❸ **pip でパッケージを導入する　294**

❹ **パッケージのバージョンを確認する　297**

❺ **エラーコードの対処方法　298**

1　Name is Not Defined な場合　298

2　データの型がそろっていない場合　299

3　砂山からダイヤモンドを探す方法 (エラーの倒し方)　307

1 Python で基本的なプログラミング構文を学ぶ

ここでは、Python 上で利用できる基本的なプログラミング構文についてご紹介します。世の中には多くのプログラミング言語があり、その書き方には絶妙に違いがあるのですが、for 文や while 文, if 文など、どの言語でも必ず使う基本的な構文というものは存在します。そうした基本構文になれておけば、たとえば Python が「話せる」ようになった後に、R や C, C++ や Ruby に移ることは、英語をマスターした後にドイツ語やフランス語を習得するくらいには、心理的障壁が低くなります (決して、「簡単になる」とは書いていないことにご留意ください)。

1 標準出力

まずは、入力したことをそのまま出力してみましょう。多くのプログラミング教則本では、"Hello, World!" という文字列を出力することからすべてが始まっています。今回は Python3.x 系を利用しているため、日本語で「こんにちは、世界」とタイプし、それを print で囲みましょう。このとき、表示したい文字列をダブルクオーテーション (") で区切るのを忘れないようにしてください。

```
1 print("こんにちは、世界")
```

結果は以下の通りです。print 内にダブルクォーテーションで指定した内容が出力されます。

```
1 こんにちは、世界
```

続いて、変数を用いてみましょう。C や Fortran などでは、事前にどのような型で変数を作成するか指定することがありますが、Python の場合には変数の作成時、値を代入することで型を指定することができます。ここでは、s に"うさぎさん", i に 48 を指定します。print 文では、シングルクオーテーション (') 内に指定する文字列を記述します。このとき %s では文字列を出力すること、%d には数値を代入した形で出力することを指定します。次いで、"% (s, i)" に、利用する変数を指定します。

```
s = 'うさぎさん'
i = 48

print('%s は %d 歳です。' % (s, i))
# %s に文字列を指定できる
# %d に数字を指定できる
```

このときの出力は、以下のようになります。うさぎさんは 48 歳。

```
うさぎさんは48歳です。
```

また、値の型を確認してみましょう。先ほどそれぞれ"うさぎさん"と"48"という値を指定した s および i について、型のタイプを確認します。

```
print(type(s))
print(type(i))
```

結果は以下の通りです。s は str (文字列) 型の変数、i は int(整数) 型の変数であることが確認できます。

```
<class 'str'>
<class 'int'>
```

2　数値演算

続いて、数値計算を行ってみましょう。それぞれ、足し算と割り算と掛け算と引き算の例を示しています。このとき、/ と表記した場合、可能な限り割り切ること、// と表記した場合は小数点以下は省略することがご確認頂けるかと思います。

```
#足し算
print(100+1)
#割り算
print(100/3)
#割り算 (小数点以下省略)
print(100//3)
#掛け算
print(10*3)
#引き算
print(100-3)
```

結果は以下の通りです。

```
101
33.333333333333336
33
30
97
```

3 データ型の変換

Python ではデータの型を変換することが出来ます。以下の例では、int 型で作成したデータを float 型や string 型に変換しています。

```
#int 型でデータを作成する
data=123
print(data, "データ型:",type(data))

#float 型に変換する
data2=float(data)
print(data2, "データ型:",type(data2))

#str 型に変換する
data3=str(data)
print(data3,  "データ型:",type(data3))

#String 同士になるので、接合出来る
string = "うさぎ"
string2 = "%"
print(string+data3+string2)

#data2 は float 型なので、TypeError が発生する
print(string+data2+string2)
```

結果は以下の通りです。最後の print 文は float 型と string 型のデータを足し合わせようとしているので、エラーが発生しています。

```
123 データ型: <class 'int'>
123.0 データ型: <class 'float'>
123 データ型: <class 'str'>
うさぎ123%
---------------------------------------------------------------------------
TypeError                                 Traceback (most
  ↪ recent call last)
<ipython-input-12-e128f7c8766c> in <module>
     17
     18 #data2 はfloat 型なので、TypeError が発生する
---> 19 print(string+data2)

TypeError: must be str, not float
```

4 for 文

続いて for 文のご説明です。複数の属性を有し、多くのサンプルサイズを持つようなクロスセクションデータなどの多変量データを扱うことの多いであろう本書の (想定) 読者の場合、おそらく for 文を用いることが最も多くなるのではないかと考えています。そのため、いくつかの具体的な手法について記すことにします。

まずは基本から進めてみましょう。animals という変数を宣言し、そこに「うさぎ」、「くま」、「パンダ」の 3 つの文字列を代入します。このとき、それぞれの情報はシングルクオーテーション (') で囲み、カンマ (,) で区切るようにしています。このとき、animals は動物の名前が収められた配列になっています。

続いて、for 文の出番です。"for name in animals" では、animals の項目ごとに、name

に値を代入し繰り返すことを指定しています。そして、最後のコロン(:)以下に、繰り返し行いたい作業を指定します。Python の場合は、改行後タブ(Tab)でインデントした箇所に、for 文によるループ内で繰り返し行いたい作業を記述します(プログラミング言語によってこの辺りの書き方は異なるのご注意ください)。ここでは、animals の内容をループ1回ごとに先頭から取り出し、name に取り出し、それを出力する。という動作を行っています。

```
1  animals = ['うさぎ', 'くま', 'パンダ']
2
3  #animals のリストの中にうさぎとくまとパンダが入っている
4  #animals のリストが続く間 name に値を放り込み、それを print に表示させる
5
6  for name in animals:
7      print(name)
```

結果は以下の通りです。先ほどの animals の場合、配列内に覚められている要素が順番に取り出されていることが確認できると思います。

続いて、for 文で分岐させる処理について具体例を示してみます。先ほどと同じく、animals を配列として作成し、「うさぎ」と「くま」と「パンダ」を指定します。先ほどと同じく "for name in animals:" で、animals の項目数分ループを繰り返すことにしますが、ここでは、6行目以降に if 文を指定しています。

if 文は、特定の条件を満たす場合に行動を分岐させるために用います。ここでは、"if

name == 'くま':" としています。くまという文字列がname内に存在する場合に、コロン以後の改行の、タブ(tab)でインデントした部分に記述した動作を行います。ここでは、print 文を用いて"途中終了します"という文字列を出力し、ループを止める(break)ことを記しています。

```
animals = ['うさぎ', 'くま', 'パンダ']


#name 内の値がくまの場合、for 文の処理が途中で終了する

for name in animals:
    if name == 'くま':
        print('途中終了します')
        break
    print(name)
```

そのため、結果は以下のようになります。animals のひとつめである「うさぎ」はそのまま出力されますが、配列内の二つめに入っている「くま」は、if 文の上限と合致するために出力されず、その代わりに文字列として "途中終了します" が出力され、break 文によってループが終了します。

```
うさぎ
途中終了します
```

先ほどのfor 文内の処理の場合にはbreak 構文を用いループ処理を途中終了しましたが、今度は継続するパターンについてもご紹介したいと思います。以下の構文の場合、"if name == 'うさぎ':"のコロン以下の、改行後のタブでインデントした部分で、

name の内容が「うさぎ」だった場合の処理について記述しています。具体的には、print 文を用い「スキップします！」という出力を行い、続いて、continue 構文を用いて、ループを止めることなく次のループに進むことを指定しています。

```
1 animals = ['うさぎ', 'くま', 'パンダ']
2 
3 #name 内の値がうさぎの場合、当該ループは出力をスキップする
4 
5 for name in animals:
6     if name == 'うさぎ':
7         print('スキップします！ ')
8         continue
9     print(name)
```

この場合、出力は以下のようになります。「うさぎ」の代わりに「スキップします！」という言葉が出力されます。

```
1 スキップします！
2 くま
3 パンダ
```

………人生で Python を使って「うさぎ」、「くま」、「パンダ」を順番に出力する実務上の要請はおそらくないかと思いますが、この配列に入っているのが卒論、修論や博論、学術論文のためのデータセットですと、こうしたデータの特性ごとの分岐は様々な場面でお使いいただくことがあるかと思います。かくして、もうしばらくいろいろな for 文の記法にお付き合い頂ければと思います。

以下でご紹介しているのは for〜else 構文です。1 行目から 4 行目は最初に示した for

文と同じですが、ここでは5行目に"else:"を追記しています。これにより、animals の項目数分のループ処理が終了した後の、処理を記述することが出来ます。これまでと同じく、コロンの後に改行し、タブ(tab)でインデントした後にprint 文で出力内容を指定しています。

```
animals = ['うさぎ', 'くま', 'パンダ']

for name in animals:
    print(name)
else:
    print('うさぎとくまとパンダがあらわれた！ ')
```

結果は以下のようになります。より実践的には、ループ終了後の処理を記述しておき、処理した配列をまとめて出力する、などの処理が可能になります。

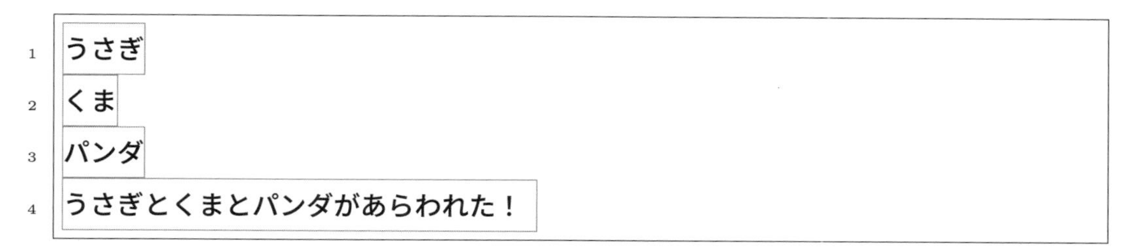

```
うさぎ
くま
パンダ
うさぎとくまとパンダがあらわれた！
```

続いて、rangeを用いた処理についてご紹介します。rangeの括弧内に繰り返し処理を行う回数を指定することで、ループ処理を行うことが可能になります。ここでは、iに値を代入することでうさぎの号数を順番に増やしています。このとき、初学者が注意する必要があるのは、こうしたコンピューターの処理の多くは0からスタートすることです。

```
for i in range(5):
```

```
    print("うさぎ",i,"号")
```

そのため以下に結果を示すように、range(5) と指定すると、うさぎは0号から4号まで存在することになります。Python をつかって眠るときにうさぎを数えるにしても、ちょっと困ることになりそうです。

```
うさぎ 0 号
うさぎ 1 号
うさぎ 2 号
うさぎ 3 号
うさぎ 4 号
```

そこで、出力時に0からではなく1から始めることにします。その場合、for 文内のループ時に指定している print 文内で i ではなく、i+1 と指定することにします。

```
for i in range(5):
    print("うさぎ",i+1,"号")
```

結果は以下のようになります。range(5) を指定した場合、for 文内で i は0から4まで5回分変化することになります。そこで、i+1 とすることで、出力時には1から5まで変分したことを出力しています。うさぎ1号、うさぎ2号、うさぎ3号....zzz...

```
うさぎ 1 号
うさぎ 2 号
うさぎ 3 号
うさぎ 4 号
```

```
5 うさぎ 5 号
```

range では、開始の値を 0 以外にすることも可能です。以下の例では range(開始値, 終了値, 変分値) として指定しています。

```python
for i in range(18, 0, -3):
    print("うさぎ",i,"号")
```

結果は以下の通りです。18 号から開始し、3 号まで-3 ずつされながら出力されています。

1 うさぎ 18 号
2 うさぎ 15 号
3 うさぎ 12 号
4 うさぎ 9 号
5 うさぎ 6 号
6 うさぎ 3 号

5 enumerate 文

続いて enumerate 文の説明を行います。enumerate 文は Python 独自の構文で、その配列の入っている番号 (インデックス値; Excel でいう、左端にある列の数字) と実際の項目を同時に取り出すことが出来ます。

これまでと同じく、animals に動物の名前を入れます。続いて、for 文を用いて値を取り出していくのですが、先ほどと異なり range ではなく、enumerate の括弧内に animals を指定しています。また、for 文の添え字として, name のみならず i を指定しています。

```
animals = ['うさぎ', 'くま', 'ぱんだ', 'ねこ']

#enumerate文
#インデックス（連番）と結果を同時に取得する

for i, name in enumerate(animals):
    print(i, name)
```

結果は以下のようになります。animals に収められた順番に、「うさぎ」、「くま」、「ぱんだ」、「ねこ」が取り出されていますが、それと同時に、配列番号として0から3が同時に出力されていることがわかります。

```
0 うさぎ
1 くま
2 ぱんだ
3 ねこ
```

そのため、先ほどの for 文と同様、出力時に i ではなく i+1 を指定することで、0 からではなく 1 から配列番号を出力することが出来ます。

```
animals = ['うさぎ', 'くま', 'ぱんだ', 'ねこ']

#enumerate文
#インデックス（連番）と結果を同時に取得する

```

```
for i, name in enumerate(animals):
    print(i+1, name)
```

この場合、以下のような出力になります。

```
1 うさぎ
2 くま
3 ぱんだ
4 ねこ
```

6 zip 文

続いてはzip 構文です。同時に複数の項目を取り出せるのがzip のメリットです。同じ配列の長さのデータがバラバラになっている場合、zip で「つなぎ合わせる」ことで様々な処理を行うことが出来るようになります。

以下の例では、"名前"に「うさぎ」と「くま」と「ぱんだ」を、"年齢" に具体的な数値を入れています (1-2 行目)。for 文を用い項目ごとの値を取り出すときに、zip の中にそれぞれの変数名をカンマで区切り指定しています (6 行目)。また、zip で接合した変数リストを、それぞれ name と age に取り込み表示することを指定しています。最後に、print(name, age) で、値を出力しています (7 行目)。

```
名前 = ['うさぎ', 'くま', 'ぱんだ']
年齢 = [48, 33, 46]

#名前と年齢を同時に取り出せる

```

```
for name, age in zip(名前, 年齢):
    print(name, age)
```

結果は以下の通りです。動物ごとに、年齢が出力されています。

```
うさぎ 48
くま 33
ぱんだ 46
```

zip では2つの項目ではなく、複数以上の配列を繋ぎ合わせることが可能です。以下の例では、先ほどの"名前"と"年齢"に加え、"身長"も併せて出力しています。

```
名前 = ['うさぎ', 'くま', 'ぱんだ']
年齢 = [48, 33, 46]
身長 = [50,180,220]

#名前と年齢を同時に取り出せる

for name, age, height in zip(名前, 年齢, 身長):
    print(name, age, height)
```

結果は以下のようになります。

```
うさぎ 48 50
くま 33 180
ぱんだ 46 220
```

7 enumerate と zip 文を一緒に使う

ここまでに取り上げた enumerate と zip 文を組み合わせて出力を行いましょう。先ほどの zip 文の場合と記法はほぼ同じですが、ここでは、for 文でループを指定する際に、"enumerate(zip(名前, 年齢))"と指定しています (6 行目)。これにより、名前と年齢を同時に取り出すと同時に、配列の番号も同時に出力することが出来ます。

```
1  名前 = ['うさぎ', 'くま', 'ぱんだ']
2  年齢 = [48, 33, 47]
3
4  #名前と年齢を同時に取り出せる
5
6  for name, age in enumerate(zip(名前, 年齢)):
7      print(name, age)
```

結果は以下の通りです。「名前」に収められた項目が name に、「年齢」に収められた項目が age を通じて出力されると同時に、その項目の番号が出力されていることが確認できます。

```
1  0 ('うさぎ', 48)
2  1 ('くま', 33)
3  2 ('ぱんだ', 47)
```

8 for 文を用いた多重ループ

つづいて、極めて利用用途が多いであろう多重ループのご説明です。for 文の中にさらに for 文を記述することで、ある特定のループ内で、さらにループでの処理を行うことが出来るようになります。

Python の場合、for 文や if 文など、ある特定の命令を行ったあとの処理はタブ (Tab) を用いインデントすることで記述します。以下の例の場合、出力する項目として loop1 には「うさぎ」、「くま」、「ぱんだ」、「ぬこ」を、loop2 には「にんじん」、「プリン」、「笹」、「魚」をそれぞれ指定しています (とりあえず、好物ということにさせてください)。

まず、4 行目ではひとつめのループを指定しています。ここでは、loop1 の項目ごとに、i を変化させていくことを指定しています。続いて 5 行目では、改行しタブ (tab) を用いてインデントした中に、次のループの内容を指定しています。ここでは、loop2 の項目ごとに、j の項目を変化させていくことを指定しています。続いて 6 行目では、さらに改行しタブ (tab) を用いてインデントした中に、この多重ループ内で行う動作を指定しています。ここでは、print(i, j) と、それぞれのループ内で取り出した項目を出力することを命令しています。

```
1 loop1 = ['うさぎ', 'くま', 'ぱんだ', 'ぬこ']
2 loop2 = ['にんじん', 'プリン', '笹', '魚']
3
4 for i in loop1:
5     for j in loop2:
6         print(i, j)
```

結果は以下のようになります。まず、loop1 の先頭の項目である「うさぎ」が取り出されます。続いて、そのループ内で loop2 の項目である「にんじん」、「プリン」、「笹」、「魚」が取り出され、「うさぎ」と共に出力されていきます。「魚」まで出力されると、5 行目で指定されたループが終了し、続いて 4 行目で指定されたループの二週目がはじまります。かくして、「くま」とともに各項目が出力されます。

```
1 うさぎ にんじん
```

```
うさぎ プリン
うさぎ 笹
うさぎ 魚
くま にんじん
くま プリン
くま 笹
くま 魚
ぱんだ にんじん
ぱんだ プリン
ぱんだ 笹
ぱんだ 魚
ぬこ にんじん
ぬこ プリン
ぬこ 笹
ぬこ 魚
```

9 itertools を使った多重ループ

先ほどの多重ループは itertools パッケージを用いても実装することが出来ます。

```
import itertools
#itertools というパッケージを利用する

loop1 = ['うさぎ', 'くま', 'ぱんだ', 'ぬこ']
loop2 = ['にんじん', 'プリン', '笹', '魚']

```

```
7  #intertools の product メソッドを用い二重ループを作成する
8
9  for i, j in itertools.product(loop1, loop2):
10     print(i, j)
```

先ほどと同じ結果が出力されます。

10 if文

続いて、if 文のご説明です。すでに for 文の説明で利用しましたが、if 文を用いることで特定条件による分岐を設けることが可能になります。ここでは、if_test という関数を作成することで動作を確認しています。4 行目の"def if_test(number)" で if_test という関数を作成し、その引数 (関数に取り込む値) として number を利用しています。続いて、5 行目から 8 行目で関数の内容を記述しています。これまでと同様、タブ (tab) を用いてインデントしています。まず、5 行目では number の値が 2 から 8 の間に入るかどうかを確認し、その場合には、6 行目で"1 < number < 9" と出力することを指定します。続いて、7 行目では"else:" と記述します。5 行目に示した条件に沿わない場合の動作を、この行から以下で指定することを示しています。今回の場合、8 行目で"number <= 1 or number >= 9" と出力することを示しています。10 行目および 11 行目では、この関数 if_test に 5 および 0 を指定し、値の判断を行っています。

```
1  #def 文は関数を指定する
2  #この場合、if_test という関数を作成している
3
4  def if_test(number):
5      if 1 < number < 9:
6          print('1 < number < 9')
```

```
7       else:
8           print('number <= 1 or number >= 9')
9
10  if_test(5)
11  if_test(0)
```

結果は以下の通りです。

```
1  1 < number < 9
2  number <= 1 or number >= 9
```

11　論理演算子

Python でも論理演算を行うことが出来ます。ここでは、うさぎさんを True(真=True)、くまさん (偽=False) として演算を行ってみましょう。

たとえば、うさぎさん ∧ くまさん としてこの二つの論理積を取ってみましょう。うさぎさんは True, くまさんは False なので、結果は False になります (4 行目)。

続いて、うさぎさん ∨ くまさん としてこの二つの論理和を取ってみましょう。うさぎさんは True, くまさんは False なので、結果は True になります (8 行目)。

また、それぞれの否定を取ってみます。True であるうさぎさんの否定 ¬ うさぎさんを取るため、結果は False になります (12 行目)。

同様に、False であるくまさんの否定 ¬ くまさんを取るため、結果は True になります (12 行目)。

```
1  うさぎさん = True
2  くまさん = False
3
```

```
print(うさぎさん and くまさん)
#うさぎさんが True でくまさんが False。
#AND [論理積] なので、False になる

print(うさぎさん or くまさん)
#うさぎさんが True でくまさんが False。
#AND [論理和] なので、True になる

print(not うさぎさん)
#うさぎさんは True
#逆を取るので、False になる

print(not くまさん)
#くまさんは False
#逆をとるので、True になる
```

結果は以下の通り出力されます。

```
False
True
False
True
```

12 while文

最後に、こちら利用用途の多いwhile文をご紹介したいと思います。while 文は、す

でにご紹介したfor 文と似たように見えますが、「ある条件を満たすまで繰り返し続ける」と点で違いがあります。

以下の例では、まず変数i に0 を代入しています (2 行目)。そして、"while i < 5:"と指定することで、i の値が5 になるまでは作業を繰り返し続けることを指定しています (5 行目)。続いて、6 行目では"くまさん"という言葉とともに、i の値を出力しています。このとき、i の値には0が代入されているため、最初は"くまさん 0" と出力されます。7 行目では、"i += 1" と明記しています。これは、"i=i+1"と同様で、現在のi の値に1 を足し合わせています。これにより、次のループではi の値が2 となり、これをi の値が5 になるまで繰り返すことになります。

```
1  #変数 i に 0 を入れる
2  i = 0
3  
4  #i が 0 から 5 になる間繰り返す
5  while i < 5:
6      print("くまさん",i)
7      i += 1
```

結果は以下の通りです。For 文と出力結果は似ていますが、条件の指定の方法が異なることを覚えておいて頂けると良いかなと思います。

```
1  くまさん 0
2  くまさん 1
3  くまさん 2
4  くまさん 3
5  くまさん 4
```

13　無限ループと例外処理

最後は無限ループです。文字通り、永久に同じ作業を繰り返すことを行います。ただし、コンピューターが動いている限り文明の滅亡まで同じ作業を繰り返すことになるため、例外処理という仕組みを併せてご紹介します。

まず、1行目ではtimeパッケージをインポートしています。続いて、4行目で"try:"を指定しています。これは、例外処理を行うための宣言文になります。ここでは、8行目にある"except KeyboardInterupt:" にて例外処理を実施します。キーボードの命令により中断処理が行われたとき、改行しインデントされた箇所に記載されている命令を実行します。ここでは、"終了します!" と出力することにしています(9行目)。キーボードによる中断は、Windowsの場合Controlキーと D を同時を同時に押すことが実行できます。さて5行目から7行目に指定された無限ループ内では以下の作業を行います。まず5行目では "while True:"と記載されています。Trueである間、永久に動作を繰り返すことになります。続いて、6行目ではtime.sleep(1) と指定されています。1秒間、動作を止める作業をしています(第2章で詳説した、Webスクレイピングのコードの一部でも利用しています)。次いで、7行目では「うさぎとくま...」と出力することを指定しています。すなわち、このソースコードでは、キーボードによる中断操作が行われない限り、1秒ごとに永久に「うさぎとくま...」が出力されるようになっています。

```
1 #time パッケージをインポートする
2 import time
3
4 try:
5     while True:
6         time.sleep(1)
7         print('うさぎとくま...')
8 except KeyboardInterrupt:
```

```
9     print('!終了します!')
```

結果は以下の通りです。

```
1  うさぎとくま...
2  うさぎとくま...
3  うさぎとくま...
4  うさぎとくま...
5  うさぎとくま...
6  うさぎとくま...
7  うさぎとくま...
8  うさぎとくま...
9  うさぎとくま...
10 うさぎとくま...
11 うさぎとくま...
12 !終了します!
```

2 Pythonでの基本的な数理計算

ここでは、メインの章で取り上げている多変量分析の手前の、基礎的な数理演算やベクトル・行列の扱い方について取り上げたいと思います。すでにパッケージが備え付けられている統計モデルを利用するだけの場合には、あまりご参照頂く必要はない「逆引き」かもしれません。ただ、新たな数理モデルを学術論文で学び、数式に基づきそれをコード化する過程では、前節や本節の内容を押さえておくと、勘所がわかりとても便利であります。なにより、Python をはじめとするプログラミング言語は、自分で自分の好きなようにコードを書くのが、一番のだいご味ですからね。

1 四則演算

まずは、四則演算を行ってみましょう。まずは足し算です。$100+100+70$ を実行します。

```
100+100+70
```

答えは以下の通り、270 です。

```
270
```

次の問題は、$3*9-12+14/3$ です。

```
3*9-12+14/3
```

実行すると、答えを以下の通りすぐに得ることが出来ます。

```
19.666666666666668
```

たしかにすぐに計算してくれて便利ですが、若干見ずらいですね。そこで、任意の桁数で小数点以下を丸めることにしましょう。

```
e=3*9-12+14/3
#そのまま出力する
print(e)
#小数点以下 3 桁で「丸める」
```

```
print(round(e, 3))
```

結果は以下の通りです。

```
19.666666666666668
19.667
```

ここで、Python3.x 系の round() 関数は一般的な四捨五入ではなく、偶数への丸めであることに注意しましょう。すなわち、端数が 0.5 より小さい場合には切り捨て、端数が 0.5 より大きな場合には切り上げ、端数が 0.5 の場合には、切り捨てと切り上げのうち、結果が偶数となる方に丸めるように動作します。

2　三角関数と Math パッケージ

続いて、三角関数を利用します。三角関数を利用するには、math パッケージをインポートします。続いて、print 文を用い $sin(1)$、$cos(1)$、$tan(1)$ の結果をそれぞれ出力しましょう。

```
import math
print(math.sin(1))
print(math.cos(1))
print(math.tan(1))
```

結果は以下の通りです。

```
0.8414709848078965
0.5403023058681398
```

```
1.5574077246549023
```

続いて、同様に円周率を求めてみましょう。これには、math.pi を指定し出力します。

```
print(math.pi)
```

結果は以下の通りです。

```
3.141592653589793
```

同様に、Math パッケージを用いることで階乗や絶対値、log などの操作を行うことが出来ます。

```
#math パッケージをインポートする
import math

#絶対値を返す
print(math.fabs(-10))
#階乗 4! = 4*3*2*1 を返す
print(math.factorial(4))
#-10/4 のうち割り切れた値を返す
print(math.fmod(-10,4))
#1から10まで足し合わせた値を返す
print(math.fsum([1,2,3,4,5,6,7,8,9,10]))
#100と40の最大公約数を探す
print(math.gcd(100,40))
#e=2.71828... を自然対数の底として、e の x 乗を返す
```

```
15 print(math.exp(1))
16 #eを底とするlog を返す
17 print(math.log(1))
18 #10を底とするlog を返す
19 print(math.log10(10))
20 #xのy乗を返す
21 x=10
22 y=3
23 print(math.pow(x,y))
24 #平方根を返す
25 print(math.sqrt(100))
26 #浮動小数の正の無限大を返す
27 print(math.inf)
```

結果は以下の通りです。

```
1 10.0
2 24
3 -2.0
4 55.0
5 20
6 2.718281828459045
7 0.0
8 1.0
9 1000.0
10 10.0
```

```
inf
```

3 ベクトルの計算

続いて、ベクトルの計算を行います。ここでは、数値計算ライブラリとして numpy を用います。numpy をインポートする際、エイリアス（別名）として np を指定します (as np)。

まず、ベクトル

$$\vec{a} = (1, 2, 3, 4) \tag{2.1}$$

$$\vec{b} = (5, 6, 7, 8) \tag{2.2}$$

をそれぞれ作成し、print 文で出力します。

```
import numpy as np

a = np.array([1,2,3,4])
b = np.array([5,6,7,8])

print(a)
print(b)
```

結果は以下の通り与えられます。

```
[1 2 3 4]
[5 6 7 8]
```

ベクトルに対して、実数を与え計算することも出来ます。

例えば

$$\vec{a}^2 = (1^2, 2^2, 3^2, 4^2) = (1*1, 2*2, 3*3, 4*4) = (1, 4, 9, 16) \tag{2.3}$$

は、以下のように計算できます。

```
print(a**2)
```

計算結果は以下の通りです。

```
[ 1  4  9 16]
```

また、ベクトル同士の演算も行うことが出来ます。

$$a \vec{*} b = (1*5, 2*6, 3*7, 4*8) = (5, 12, 21, 32) \tag{2.4}$$

の場合は、ベクトル同士を以下の通り掛け合わせることで求めることが出来ます。

```
print(a*b)
```

結果は以下の通りです。

```
[ 5  12  21 32]
```

また、ベクトル間の内積を求めることが出来ます。このとき、

$$a \vec{\cdot} b = (1*5 + 2*6 + 3*7 + 4*8) = (5 + 12 + 21 + 32) = 70 \tag{2.5}$$

で、同様に

$$b \vec{\cdot} a = (5*1 + 6*2 + 7*3 + 8*4) = (5 + 12 + 21 + 32) = 70 \tag{2.6}$$

として与えられます。Python で内積を求めるには、a.dot(b) と記法します。

```
print(a.dot(b))
print(b.dot(a))
```

このとき、結果は以下の通りです。

```
70
```

4　行列の計算

続いて、行列を利用してみましょう。ここでも、同様に numpy を利用します。まず、numpy の random.radint を用い、5*5 サイズの行列を作成し、c に代入します。このとき、各要素は乱数に基づき生成されます。

```
import numpy as np
c = np.random.randint(-9, 10, size=(5,5))

print(c)
```

このとき行列 c は、

$$c = \begin{pmatrix} 4 & 7 & -7 & -9 & 4 \\ 3 & 5 & -9 & 1 & 6 \\ 0 & -6 & 1 & 4 & 1 \\ 0 & 6 & -5 & -6 & -9 \\ 1 & 8 & 6 & 9 & 5 \end{pmatrix} \tag{2.7}$$

として与えられます。また、Python 上では以下のように出力されます。

```
[[ 4  7 -7 -9  4]
```

```
 [ 3  5 -9  1  6]
 [ 0 -6  1  4  1]
 [ 0  6 -5 -6 -9]
 [ 1  8  6  9 -5]]
```

続いて行列について、転置を行いましょう。このとき、行列であるcに.Tを付与することで、転置を行うことが出来ます。行と列の項目が入れ替わっていることが確認できるかと思います。

```
print(c.T)
```

結果は

$$c^T = \begin{pmatrix} 4 & 3 & 0 & 0 & 1 \\ 7 & 5 & -6 & 6 & 8 \\ -7 & -9 & 1 & -5 & 6 \\ -9 & 1 & 4 & -6 & 9 \\ 4 & 6 & 1 & -9 & -5 \end{pmatrix} \tag{2.8}$$

として与えられます。Notebook 上では以下のように出力されます。

```
[[ 4  3  0  0  1]
 [ 7  5 -6  6  8]
 [-7 -9  1 -5  6]
 [-9  1  4 -6  9]
 [ 4  6  1 -9 -5]]
```

続いて、逆行列を求めてみましょう。逆行列の導出方法には余因子行列や掃き出し法などがありますが、ここでは具体的な導出は省略します (個人的には、3*3 の行列について掃き出し法を使ってひたすら手計算で逆行列を求めるのは、いくらでも時間つぶしになるのでお勧めです)。これには、numpy の np.linalg.inv を用います。このとき、桁数が多いと見ずらくなるので、小数点3桁まで表示するように変更してから出力します。

```
1 #小数点 3 桁まで表示するように変更する
2 np.set_printoptions(precision=3, floatmode='fixed')
3 np.linalg.inv(c)
```

このとき、逆行列は以下の通り与えられます。

$$c^{-1} = \begin{pmatrix} 0.304 & -0.116 & 0.471 & 0.036 & 0.132 \\ -0.032 & 0.034 & -0.166 & -0.023 & 0.023 \\ 0.065 & -0.101 & -0.016 & -0.063 & 0.041 \\ -0.059 & 0.068 & 0.036 & 0.005 & 0.032 \\ -0.018 & 0.033 & -0.126 & -0.095 & -0.029 \end{pmatrix} \tag{2.9}$$

Notebook 上では以下のように出力されます。

```
1 array([[ 0.304, -0.116,  0.471,  0.036,  0.132],
2        [-0.032,  0.034, -0.166, -0.023,  0.023],
3        [ 0.065, -0.101, -0.016, -0.063,  0.041],
4        [-0.059,  0.068,  0.036,  0.005,  0.032],
5        [-0.018,  0.033, -0.126, -0.095, -0.029]])
```

続いて、こうして得られた行列 c と逆行列 c^{-1} を掛け合わせることで、単位行列 E になることを確認してみましょう (これも、手計算で行うと暇つぶしには最適です)。これには、以下の通り c.dot を用います。

```
1 #行列と逆行列を掛け合わせ、単位行列になることを確認する
```

```
c.dot(np.linalg.inv(c))
```

結果は以下の通り、

$$c * c^T = E = \begin{pmatrix} 1 & 0 & 0 & 0 & 0 \\ 0 & 1 & 0 & 0 & 0 \\ 0 & 0 & 1 & 0 & 0 \\ 0 & 0 & 0 & 1 & 0 \\ 0 & 0 & 0 & 0 & 1 \end{pmatrix} \tag{2.10}$$

と与えられます。Notebook 上でも、浮動小数点表記ですが単位行列になっていることが確認できます。

```
array([[ 1.000e+00,  0.000e+00,  8.327e-17,  0.000e+00,
 ↪  -1.110e-16],
       [-4.441e-16,  1.000e+00, -2.776e-17,  1.110e-16,
        ↪  -3.331e-16],
       [-2.220e-16, -2.220e-16,  1.000e+00,  1.332e-15,
        ↪  0.000e+00],
       [ 0.000e+00, -3.886e-16, -1.388e-16,  1.000e+00,
        ↪  -7.772e-16],
       [ 2.220e-16, -8.327e-17,  4.163e-17, -5.551e-17,
        ↪  1.000e+00]])
```

続いて、固有値と固有ベクトルを導出してみましょう。

```
eigen_value, eigen_vector = np.linalg.eig(c)

#固有値
```

```
print("固有値\n", eigen_value)
#固有ベクトル
print("固有ベクトル\n", eigen_vector)
```

結果は以下のようになります。あの手計算で面倒だった固有値や固有ベクトルの計算がコマンド一行で出来るようになったなんて、良い時代になったものです。

```
固有値
 [ 14.04358491+0.j           2.45124546+0.j
 -10.15238951+0.j          -3.67122043+8.78230075j
  -3.67122043-8.78230075j]
固有ベクトル
 [[-0.63380696+0.j          -0.94966659+0.j
 ↪  -0.31259736+0.j
    0.24540144+0.43142439j  0.24540144-0.43142439j]
 [-0.66096214+0.j          0.1653904 +0.j
 ↪  0.48877163+0.j
  -0.06898175-0.10911378j -0.06898175+0.10911378j]
 [ 0.24274794+0.j         -0.2017579 +0.j
 ↪  0.49921169+0.j
  -0.11599429-0.24539539j -0.11599429+0.24539539j]
 [-0.12632618+0.j          0.15589625+0.j
 ↪  -0.60144696+0.j
   0.60531349+0.j          0.60531349-0.j          ]
 [-0.29416478+0.j          0.07595716+0.j
 ↪  -0.22898564+0.j
```

```
-0.13817341-0.52708343j -0.13817341+0.52708343j]]
```

5 Pandas を使った処理

続いて、Pandas を用いた基本的な処理について記すことにします。メインの章の中でも Pandas を用いたデータの処理を行っていますが、ここでは基本的なトピックについて「逆引き」出来るようまとめて記載することにします。

まず、先ほど Numpy を用いて作成した 5*5 の行列について、Pandas の n 次元配列の表現である DataFrame に変換します。一行目では、import pandas で Pandas パッケージを読み込んでいます。このとき、エイリアスとして pd を指定しています (as pd)。続いて 2 行目では、前節で作成した行列 c を引数とする形で、df1 に DataFrame を作成します。続いて、4 行目で print を用い結果を出力します。

```
import pandas as pd
df1 = pd.DataFrame(c)

print(df1)
```

結果は以下のように出力されます。numpy の場合と異なり、行と列それぞれにインデックス値が付与されたことがご確認頂けるかと思います。ちょっと、Excel に近くなりましたね。

```
   0  1  2  3  4
0  1  3  2  3  0
1  6 -9 -5 -6 -2
2  1  9  0 -1 -8
3 -1 -7 -5 -4 -6
```

```
4 -7 -6 -3 -1 -7
```

Pandas では、行名と列名をそれぞれ指定することが出来ます。ここでは、列 (=column) には動物の名前を、列 (=index) には場所の名前を指定することにしましょう。それぞれ、df1.columns および df1.index に配列を渡す形で指定します。

```
#列名を指定する
df1.columns =['うさぎ', 'くま', 'ぱんだ', 'ねこ', 'いぬ']
#行名を指定する
df1.index = {'東京', '大阪', '名古屋', '仙台', '西葛西'}

df1
```

結果は以下のようになります。先ほどとは異なり、行と列に属性情報が付与されたことが確認できます。

場所	うさぎ	くま	ぱんだ	ねこ	いぬ
仙台	1	3	2	3	0
西葛西	6	-9	-5	-6	-2
名古屋	1	9	0	-1	-8
大阪	-1	-7	-5	-4	-6

続いて、Numpy で行ったのと同様に転置を行ってみたいと思います。先ほど同様、df1.T と指定すると、行と列の要素を入れ替えることが出来ます。

```
df1.T
```

結果は以下の通りです。

	仙台	西葛西	名古屋	大阪	東京
うさぎ	1	6	1	-1	-7
くま	3	-9	9	-7	-6
ぱんだ	2	-5	0	-5	-3
ねこ	3	-6	-1	-4	-1
いぬ	0	-2	-8	-6	-7

続いて、特定の要素をこのDataFrame上から取り出してみましょう。以下の例では、列→行の順番に属性名を指定することで、中身の値を取り出しています。このとき、属性名を[]の中で、シングルクオーテーション(')で囲む形で指定することに注意しましょう。ここでは、「うさぎ」の「仙台」での値を取り出し、それをprintしています。

```
1 #特定の行および列の項目を取り出す
2 print(df1['うさぎ']['仙台'])
```

結果を以下に示します。先ほどの表から確認できるように、うさぎの仙台での値は1とのことです。

```
1 1
```

では、続いて特定の列を取り出しましょう。ここでも、先ほどと同じように特定の列名について[]とシングルクオーテーションで区切る形で指定します。ここでは、くまの値をまとめて取り出すことにします。

```
1 #特定の列を取り出す
```

```
print(df1['くま'])
```

結果は以下の通りです。くまは名古屋では 9、西葛西では-9 とのことです。

```
仙台      3
西葛西   -9
名古屋    9
大阪     -7
東京     -6
Name: くま, dtype: int32
```

値の箇所の指定は、at を用いても行うことが出来ます。ここでは、df1.at['名古屋','ぱんだ'] と指定することで、当該箇所での値を取り出そうとしています。

```
print(df1.at['名古屋','ぱんだ'])
```

結果は 0 でした。名古屋はパンダというより、コアラな気がしますけどね。

```
0
```

先ほどの列と同じく、特定の行を取り出すことも可能です。ここでは、df1.loc['東京'] と指定することで、東京の行の値を取り出しています。

```
#特定の行を取り出す
print(df1.loc['東京'])
```

結果は以下の通りです。動物たちは、東京はあまり好きじゃないんでしょうか。自然少ないですしね。

```
うさぎ    -7
くま      -6
ぱんだ    -3
ねこ      -1
いぬ      -7
Name: 東京, dtype: int32
```

さて、続いて特定列を取り出した形での値の一括処理を行ってみたく思います。まずは、statistics パッケージをインポートします。続いて、df1['うさぎ'] として、うさぎの列のみ値を取り出します。ここで、statistics.mean の括弧内に当該列を変数と指定することで、平均値の計算を行います。結果は mean に保存し、それを print で出力します。

```
import statistics
mean = statistics.mean(df1['うさぎ'])
print(mean)
```

結果は以下の通りです。$(1+6+1-1-7)/5=0$ なので、0 が出力されます。

```
0
```

続いてメディアン (中央値) を求めます。先ほどと異なり、statistics.median と指定します。

```
import statistics
median = statistics.median(df1['うさぎ'])
```

```
print(median)
```

結果は以下の通りです。少ない順に、$-7, -1, 1, 1, 6$ と並べることが出来るので、結果は 1 になります。

```
1
```

同様に、母集団標準偏差と標本標準偏差を求めることが出来ます。

```
#母集団標準偏差
pstdev = statistics.pstdev(df1['うさぎ'])
print(pstdev)
#標本標準偏差
stdev = statistics.stdev(df1['うさぎ'])
print(stdev)
```

結果は以下の通り与えられます。

```
4.1952353926806065
4.69041575982343
```

3 pip でパッケージを導入する

Python 上で利用できる新たなパッケージを導入する際、簡便な方法としてパッケージ管理システムである pip を利用する方法が挙げられます。ここでは、Notebook 上から pip を実行する方法をご紹介します。

今回は、論文データベースである Web of Science と Scopus のデータセットをマージするツールである scopus_of_science (https://pypi.org/project/scopus-of-science/) を例にします。

Notebook 上で Python のコマンドを実行するには、先頭に「!」を付与します。

```
!pip install scopus-of-science
```

ファイルの収集が行われ、無事インストールされたことが確認出来ます。

```
Collecting scopus-of-science
WARNING: You are using pip version 20.1.1; however, version
↪ 20.2.4 is available.
You should consider upgrading via the
↪ 'C:\Users\yhara\Anaconda3\python.exe -m pip install
↪ --upgrade pip' command.

  Downloading scopus_of_science-0.0.2-py3-none-any.whl (18
  ↪ kB)
Requirement already satisfied: pandas in
↪ c:\users\yhara\anaconda3\lib\site-packages (from
↪ scopus-of-science) (1.0.4)
Requirement already satisfied: python-dateutil>=2.6.1 in
↪ c:\users\yhara\anaconda3\lib\site-packages (from
↪ pandas->scopus-of-science) (2.8.1)
```

```
8  Requirement already satisfied: pytz>=2017.2 in
   ↪  c:\users\yhara\anaconda3\lib\site-packages (from
   ↪  pandas->scopus-of-science) (2020.1)
9  Requirement already satisfied: numpy>=1.13.3 in
   ↪  c:\users\yhara\anaconda3\lib\site-packages (from
   ↪  pandas->scopus-of-science) (1.18.1)
10 Requirement already satisfied: six>=1.5 in
   ↪  c:\users\yhara\appdata\roaming\python\python36\site-
   ↪  packages (from
   ↪  python-dateutil>=2.6.1->pandas->scopus-of-science)
   ↪  (1.12.0)
11 Installing collected packages: scopus-of-science
12 Successfully installed scopus-of-science-0.0.2
```

同様の作業は、Notebook からアクセス出来る Terminal 上からも行うことが出来ます。Terminal にアクセスするには、Jupyter Labs 環境の場合 New -> Terminal を選択します。

ここでは、先頭に「!」は必要ではなくなります。一例として、pip 自体のアップグレードを実施しましょう。

```
1 Windows PowerShell
2 Copyright (C) Microsoft Corporation. All rights reserved.
3
4 新しいクロスプラットフォームの PowerShell をお試しください
  ↪  https://aka.ms/pscore6
```

```
PS C:\Users\yhara\Documents> pip install --upgrade pip
Requirement already up-to-date: pip in
 ↪  c:\users\yhara\anaconda3\lib\site-packages (20.2.4)
PS C:\Users\yhara\Documents>
```

4 パッケージのバージョンを確認する

導入したパッケージを確認するには、該当するパッケージを import した後、パッケージ名の末尾に"__version__" を付与することで確認することが出来ます。

```
import sklearn
import seaborn as sns
import gensim
import SPARQLWrapper
import tweepy
import statsmodels.api as sm

print("sklearn version", sklearn.__version__)
print("seaborn version", sns.__version__)
print("gensim", gensim.__version__)
print("SPARQLWrapper version", SPARQLWrapper.__version__)
print("tweepy version", tweepy.__version__)
print("statsmodels.api version", sm.__version__)
```

以下のように、バージョン番号が出力されます。

```
sklearn version 0.22.1
seaborn version 0.10.1
gensim 3.7.3
SPARQLWrapper version 1.8.4
tweepy version 3.7.0
statsmodels.api version 0.11.1
```

5 エラーコードの対処方法

ここでは、Notebook 環境上で Python を実行する際におけるエラーコードの対処方法について、具体例をいくつかお伝え出来ればと思います。

1 Name is Not Defined な場合

例えば、円周率を呼び出してみることにします。

```
math.pi
```

すると、以下のようにエラーメッセージが表示されます。

```
-----------------------------------
NameError                                   Traceback (most
↪  recent call last)
<ipython-input-1-c49acc181da4> in <module>
```

```
----> 1 math.pi

NameError: name 'math' is not defined
```

Python、ひいてはプログラミングのエラーコードに対処するときのコツは、得られたエラーコードをななめ読みするのではなく、素直に受け入れることです。例えば、このエラーコードの場合 "name 'math' is not defined" と書かれています。つまり、math という名前が定義されていないので、math のパッケージをインポートするメッセージをひとつ加えることにしましょう。

```
import math
math.pi
```

この場合の結果は以下のようになります。無事、円周率が取り出せています。

```
3.141592653589793
```

2 データの型がそろっていない場合

FIFA19 の回帰分析のケースを再度取り上げます。ここでは、Wage と Overall について単回帰を実行します。

```
import matplotlib.pyplot as plt
import scipy.stats

#データを読み込む
#行数を指定し, 各変数に流し込む
```

```
6  overall=input_sheet_df.iloc[:,6]
7  wage=input_sheet_df.iloc[:,12]
8
9  #単回帰を行う
10 #説明変数が overall, 被説明変数が wage
11 result = scipy.stats.linregress(overall,wage)
12 print('傾き=', result.slope.round(4), '切片=',
    ↪  result.intercept.round(4), '信頼係数=',
    ↪  result.rvalue.round(4), 'p 値=', result.pvalue.round(4),
    ↪  '標準誤差=', result.stderr.round(4))
13 result_slope = result.slope
14 result_intercept = result.intercept
15 plt.plot(overall, [result_slope * u + result_intercept for u
    ↪  in overall])
16 plt.scatter(overall,wage)
17 plt.title('stamina and height of Players in FIFA19')
18 plt.ylabel('wage')
19 plt.xlabel('overall')
20 plt.show()
```

すると、以下のようなメッセージが表示されます。

```
1  ---------------------------------------------
2  TypeError                                 Traceback (most
    ↪  recent call last)
```

```
3  <ipython-input-106-98a13cb0d328> in <module>
4        48 #単回帰を行う
5        49 #説明変数がage, 被説明変数がwage
6  ---> 50 result = scipy.stats.linregress(overall,wage)
7        51 print('傾き=', result.slope.round(4), '切片=',
         ↪  result.intercept.round(4), '信頼係数=',
         ↪  result.rvalue.round(4), 'p値=',
         ↪  result.pvalue.round(4), '標準誤差=',
         ↪  result.stderr.round(4))
8        52 result_slope = result.slope
9
10 ~\Anaconda3\lib\site-packages\scipy\stats\_stats_mstats_
   ↪  common.py in linregress(x,
   ↪  y)
11     111     n = len(x)
12     112     xmean = np.mean(x, None)
13 --> 113     ymean = np.mean(y, None)
14     114
15     115     # average sum of squares:
16
17 <__array_function__ internals> in mean(*args, **kwargs)
18
19 ~\Anaconda3\lib\site-packages\numpy\core\fromnumeric.py in
   ↪  mean(a, axis, dtype, out, keepdims)
20    3333
```

```
   3334         return _methods._mean(a, axis=axis, dtype=dtype,
-> 3335                               out=out, **kwargs)
   3336
   3337

~\Anaconda3\lib\site-packages\numpy\core\_methods.py in
↪  _mean(a, axis, dtype, out, keepdims)
    161             ret = ret.dtype.type(ret / rcount)
    162         else:
--> 163             ret = ret / rcount
    164
    165         return ret

TypeError: unsupported operand type(s) for /: 'str' and
↪  'int'
```

エラーコードを確認すると、"result = scipy.stats.linregress(overall,wage)" を実行する、すなわち、単回帰を実行する段階でエラーがおきたようです。さらに、エラーコードの末尾では、" TypeError: unsupported operand type(s) for /: 'str' and 'int'" と表示されています。どうやら、変数として利用した overall, wage のいずれかの変数タイプが str であることがわかります。

そこで、これらの変数の型タイプを確認します。

```
print(wage.dtypes)
print(overall.dtypes)
```

結果は以下の通りです。

```
object
int64
```

どうやら、wage が数値ではなく、文字列 (object) になっていることがわかります。中身を確認すると、

```
wage
```

以下のように、貨幣コードが付与されたままの状態になっていることがわかります。

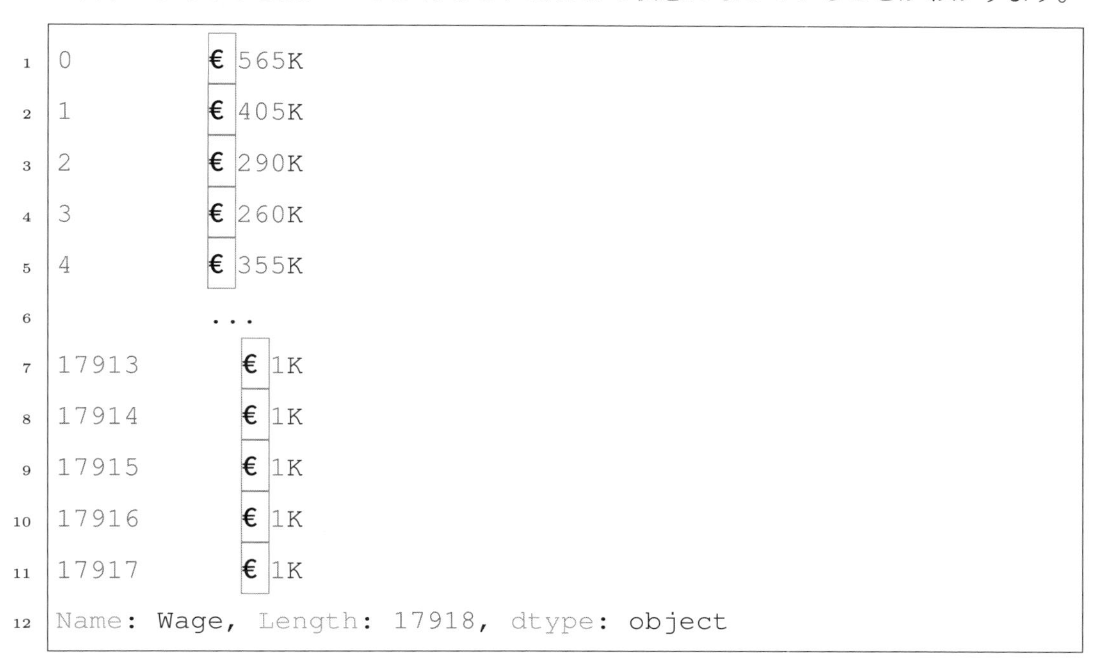

```
0        €565K
1        €405K
2        €290K
3        €260K
4        €355K
         ...
17913      €1K
17914      €1K
17915      €1K
17916      €1K
17917      €1K
Name: Wage, Length: 17918, dtype: object
```

そこで、この Wage データから数値を取り出す作業を行いましょう。ここでは、正規表現パッケージの re を利用します。続いて、Wage のデータを enumerate を用いて一

件ずつ取り出し、貨幣記号について正規表現を用いて除去したものを temp2 に保存します。それを、空のリスト temp に、int (整数) データとして保存していきます。

最後に、Series データに変換します。

```
import re

#空のリストを用意する
temp=list()

for i, player in enumerate(wage):
    #正規表現を用いて、値のみを取り出す
    temp2 = re.sub("\\D", "", player)
    #temp2 の値を int に変換し、temp リストに
    temp.append(int(temp2))

#Series に変換する
wage2=pd.Series(temp)

wage2
```

このとき、wage2 データは以下のようになります。

```
0        565
1        405
2        290
3        260
4        355
```

```
6           ...
7 17913       1
8 17914       1
9 17915       1
10 17916       1
11 17917       1
12 Length: 17918, dtype: int64
```

こうして得られたwage2を用いて、再度単回帰を実施してみましょう。

```
1 #単回帰を行う
2 #説明変数がage, 被説明変数がwage2
3 result = scipy.stats.linregress(overall,wage2)
4 print('傾き=', result.slope.round(4), '切片=',
  ↪  result.intercept.round(4), '信頼係数=',
  ↪  result.rvalue.round(4), 'p値=', result.pvalue.round(4),
  ↪  '標準誤差=', result.stderr.round(4))
5 result_slope = result.slope
6 result_intercept = result.intercept
7 plt.plot(overall, [result_slope * u + result_intercept for u
  ↪  in overall])
8 plt.scatter(overall,wage2)
9 plt.title('overall and wage of Players in FIFA19')
10 plt.ylabel('wage')
11 plt.xlabel('overall')
```

```
12 plt.show()
```

結果は以下の通りです。Wage が数値として認識され、無事回帰式を作成できたことが確認出来るかと思います。

```
1 傾き= 1.8404 切片= -112.0216 信頼係数= 0.5759 p値= 0.0 標準誤差=
  ↪ 0.0195
```

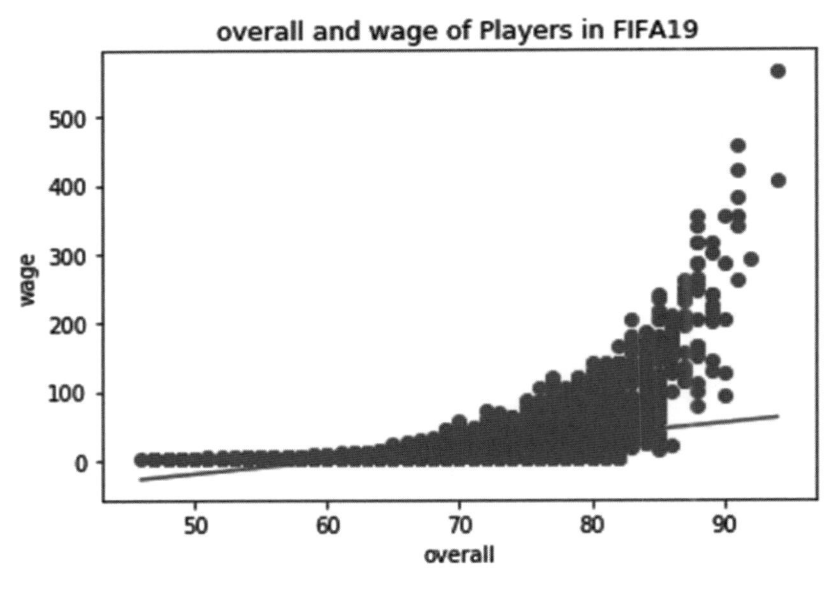

図 5.1　FIFA19 における wage と overall の関係

3　砂山からダイヤモンドを探す方法(エラーの倒し方)

エラーメッセージの対処方法について、いくつか具体例をお示ししてきました。ただし、プログラミングというのは教科書やインターネット上に書いていること通りに動かないことが常であります。そこでこの本の最後に、インターネット上や書籍からコードを動かすためのコツを探す方法について、僕自身の経験をまとめておきたいと思います。

- まずは、エラーコードでそのままググりましょう。Stack Overflow や類似のサイトに、エラーコードが発生したときにどのように対処したか、手順を丁寧にまとめてくれている場合があります。出来れば、英語のサイトを閲覧するのがベターです。後述しますが、日本語の情報は限られているため、本当に必要な情報が見つからないパターンが多々あります。
- Google や Bing で検索した際、1つ目か2つ目に表示されるサイトは参考程度にしましょう。SEO により、検索自体は上位に表示されていますが、参照しても本質的な情報が書かれていないケースがあったりします。具体名を出すことは差し控えますが、より袋小路にはまり込む可能性があるのであまり参照しないことをオススメします。
- 本に書かれた通りに実行しましょう。本書を含め、データが社内や社外や、卒論の題材としてすでに存在しており、そのデータをなんとか処理するためにデータ分析本を手に取られている方がほとんどだと思います。そのため、「Airbnb の価格なんてどうでもいい」、「メッシとクリスチャーノ・ロナウドの区別もついていない」という方が、この本で取り上げたようなサンプルデータを見てもピンと来ず、なんとなく一部分だけを入れ替えてソースコードを走らせようとすることがほとんどではないかなと想像しています。ただし、本書でも何度か書いてきたように、ソースコードというものはほんのちょっとしたズレで途端に動かなくなります。まずは、本や Web サイトにかかれていた通り、そのまま動かすことが、近道になったりします。

- 誰かを頼りましょう。最後から最後までひとりですべて実行しようとしても、言語習得と同じく、心が折れる瞬間がたくさんやってきます。僕自身も、午前4時までかけて書いたコードが、間違えていたことを朝6時に気づいた。なんてこともたくさんありました。幸い今は、Kaggle や Slack など、共通の課題に取り組む仲間を見つけることが極めて容易であります。まずは、同じくらいのレベルの、同じコミュニティにいる仲間で、習得を始めるのが良いのかなと考えています。

索　引

●あ●
アナログ 6
因果性 9, 11
インターネット 2
IoT 6
インタープリター 22
Web スクレイピング 6, 10, 47, 56
API 47, 62, 92
Excel 1, 92, 117
エクセル 35
オープンソースソフトウェア 2
オペレーティングシステム 23

●か●
Kaggle 10
回帰非連続デザイン 212
回帰分析 11
機械学習 8, 92
企業 94
規模の経済性 6
Google Chrome 56
クラウド 2
傾向スコアマッチング 11
計量経済学 1
COVID-19 48, 55
コンパイラ 22

●さ●
サンクコスト 8
seaborn 153
社会科学 94, 95
重回帰分析 92
スタートアップ 4
Stata 2, 117
ストップワード 228
正規表現 52
セマンティックデータ 95
相対価格 9
ソーシャルメディア 2, 5

●た●
多変量解析 95
Twitter 5, 220
DBpedia.org 81
定性分析 3
定量 2, 47
定量分析 100
データ iii, 1, 47, 54, 95
データサイエンス iii, 1, 7, 10
データセット 2
DataFrame 49, 56
データベース 4
データレイク 7
デジタル 6
デジタルトランスフォーメーション 1, 6
東京大学 95
統計学 1
トピックモデル 246
トレードオフ 95

●は●
Python 11, 17, 56
パネルデータ 5
Pandas 49, 67, 97
Beautiful Soup 56
プライバシー 94, 95
プログラミング 22

●ま●
Mecab 222

●や●
USPTO 3

●ら●
Linked Open Data 2, 60, 81

●わ●
Word2vec 244
早稲田大学 244

〈著者紹介〉

原　泰史（はらやすし）

1982年　愛知県みよし市生まれ

2002年　株式会社クララオンライン

2009年　日本学術振興会 特別研究員 DC1

2012年　一橋大学イノベーション研究センター特任助手

2015年　政策研究大学院大学科学技術イノベーション研究センター (GRIPS SciREX センター) 専門職

2018年　パリ社会科学高等研究院日仏研究センター (CEAFJP/EHESS) ミシュランフェロー

現在、一橋大学大学院経済学研究科特任講師。および、学習院大学非常勤講師。早稲田大学、政策研究大学院大学、関西学院大学、HR 総研客員研究員

専門は、産業組織論。イノベーションプロセスの定量的分析

主要な業績に、Who explores further? Evidence on R&D outsourcing from the survey of research and development (2020年, R&D Management), Drug Discovery in Japan (2019年, Springer) 20 Years of Human Pluripotent Stem Cell Research: It All Started with Five Lines (2018年, Cell Stem Cell) など

Python（パイソン）による経済（けいざい）・経営分析（けいえいぶんせき）のためのデータサイエンス

〜分析の基礎から因果推論まで〜

2021年 2月25日　第1版第1刷発行

2021年10月25日　第1版第4刷発行

著　者　原　　泰　史

発行所　**東京図書株式会社**

〒102-0072　東京都千代田区飯田橋 3-11-19

振替 00140-4-13803 電話 03(3288)9461

URL http://www.tokyo-tosho.co.jp

ISBN 978-4-489-02350-7